商业地产
决策理论与战略实践
Shopping Centre Theory and Practice

王 玮 著

中国建筑工业出版社

图书在版编目（CIP）数据

商业地产决策理论与战略实践 = Shopping Centre Theory and Practice / 王玮著. —北京：中国建筑工业出版社，2022.5

ISBN 978-7-112-27339-3

Ⅰ.①商… Ⅱ.①王… Ⅲ.①城市商业—房地产开发—运营管理—研究—中国 Ⅳ.① F299.233

中国版本图书馆 CIP 数据核字（2022）第 066558 号

责任编辑：周方圆 封 毅
责任校对：李美娜

商业地产决策理论与战略实践
Shopping Centre Theory and Practice

王 玮 著

*

中国建筑工业出版社出版、发行（北京海淀三里河路9号）
各地新华书店、建筑书店经销
北京点击世代文化传媒有限公司制版
北京云浩印刷有限责任公司印刷

*

开本：787毫米 × 1092毫米 1/16 印张：15 字数：291千字
2022年7月第一版 2022年7月第一次印刷
定价：**68.00**元
ISBN 978-7-112-27339-3
（39016）

版权所有 翻印必究
如有印装质量问题，可寄本社图书出版中心退换
（邮政编码 100037）

推荐序 I

十年前，人们在问什么是商业地产？五年前，人们在问谁在做商业地产？今天，人们在问的是谁还没有做商业地产？五年后，谁还在做商业地产？这是五年前我关于中国商业地产发展历程的一个总结与预判。

我的系列诘问背后既道出了商业地产有目共睹的成就，同时，也点出了野蛮生长的一面。我将问题概括为三个主要方面：重数量轻质量、重开发轻运营、重实践轻理论。前两个方面带来的后果，目前正在开始显现，许多粗放型项目在疫情面前经不起考验。前两个方面问题的产生，我认为，除了开发商为利所诱之外，重实践轻理论也是一个重要原因。所以，当王玮先生请我为他的新书《商业地产决策理论与战略实践》作序，我欣然应允。

这些年，市场上关于住宅地产的书籍铺天盖地、比比皆是，但是关于商业地产特别是购物中心的书刊却并不太多，有独到专业见解的更是凤毛麟角，商业地产理论研究与行业发展相比很不适应。商业地产与住宅地产有着许多根本性的区别。通俗地说，住宅地产好比娶媳妇，商业地产则是养孩子。媳妇是成年人，娶进门就会洗衣服、做饭、生孩子，住宅地产卖楼花就可以迅速回笼资金。而养孩子前期需要大量精力、财力的投入，商业地产的成长都是有个培育的过程。再打个比方，如果住宅地产是西餐，商业地产就是中餐。住宅地产如同西餐容易标准化，好复制，而商业地产如同中餐，不容易标准化，书上写的经常是盐少许、温火，你也不知道少许是几克，也不知道温火是几摄氏度，拼的都是团队手艺。因此，住宅地产的思维模式与商业逻辑断然不可简单套用到商业地产上面。商业地产的发展必须遵循自身发展规律。否则，一定会撞个头破血流。

作为一个国家级的商业地产行业商会，我们自觉负有理论研究的行业责任。我们商会以"商业地产行业推荐专业读物"的形式，长年帮助推广这些书刊，迄今已推荐出版了包括《商业地产赢家战略》等一批系列专业读物，受到了业界广泛好评。

王玮先生长期从事购物中心行业，既有国内经历，又有海外背景，既有实操经验，又有理论功底。他多年在国际购物中心协会市场研究专业委员会任亚太区专家委员，这让他对于行业的发展有了更多的宏观认识与理论思考。我粗看了他送我的《商业地产决策理论与战略实践》书稿，书中一些观点我也是有共识与共鸣，特别是对于购物中心资本化与可持续发展的论述。书中对包括购物中心和百货商场以及商业综合体的概念都做了独到和清晰的定义和阐述。中国的商业地产可谓成也综合体、败也综合体，商业综合体发展模式究竟有哪些方面值得总结与反思？希望本书的出版能够引起行业更多的思考。

我记得早年的电视剧《北京人在纽约》中有句经典的台词：如果你爱她就送她去纽约，因为那里是个天堂；如果你恨她，也送她去纽约，因为那里是个地狱。其实，套用到商业地产行业也是如此。如果你爱他就送他去做商业地产，因为那里是个天堂；如果你恨他，也送他去做商业地产，因为那是个地狱。而理论知识即使不能把你送往天堂，至少可以不把你推向地狱。

是为序。

王永平

全联房地产商会商业地产工作委员会会长
2022年6月　于北京

推荐序 Ⅱ

王玮先生以他近30年从事零售和商业地产的敬业精神和专业积累在业内有一致的口碑。他以国际到国内的视角、过去到现在的脉络、理论到实践的探索，所提出的诸多具有国际高度视野和国内深度洞察的分析和总结，常常可以使行业耳目一新并从中获得启发。例如他对购物中心和百货商场的本质区别的独特定义，对商业地产和住宅地产不同模式的深刻剖析以及从国内市场理解的角度对资本化率概念的科普性解释和推证等，都对行业深入理解商业地产的本质和指导购物中心的开发和营运实践产生了积极的意义。这些内容在书中第1到第4章节中都有系统的阐述。

华润万象商业这些年与王玮先生在项目改造和创新咨询、国际交流以及专业培训方面有过较多的互动和合作。2016年，王玮先生协助组织万象商业的管理团队赴澳大利亚学习考察，零距离接触并了解国际购物中心优秀企业的先进理念和前沿实践。2018年，在他为"万象将才"班所做的零售创新和演变及资产管理的两次授课中，我对王玮先生有了更深入的了解，给我印象深刻的就是他并不是将国外的东西简单直接照搬，而是会根据他对国内市场情况的深刻理解而有所侧重并且有所发展。这也是我在阅读这本书第5章时的感受。

近年王玮先生以网络思维的幂次法则对国内购物中心市场的独到分析，比如购物中心销售额的二八分布和购物中心企业和市场的成长路径，包括国内究竟有多少个销售额过10亿元的购物中心等问题的研究以及疫情下的新思考等，这些都拓展了商业地产企业对行业发展和变化的升维视角。这也是他在书中第6章和结尾部分所阐述的内容。

《商业地产决策理论与战略实践》在对零售和商业发展历史的综合和全面介绍的基础上，结合经典理论的研究抓住了购物中心开发和营运中的规模、组合和价值等关键决策要素，并通过他近年对复杂系统理论的研究成果，对于地产和零售企业如何面对易变、不确定、复杂和模糊（VUCA）时代的挑战下的战略决策和可持续发展战略的制定提供了有益的参考和借鉴。该书全文通俗易懂，非常贴近我们实际生活和工作的情况，不失为适合零售和商业地产从业和研究人员阅读的一本好的参考和指导书籍，而且该书推出的时间也是恰逢其时。

  作为同道中人，当王玮先生要我为他的新书作序的时候，我欣然应允。特别是在阅读了全书的内容后，我写下了上面的推荐语。

喻霖康

华润万象生活有限公司总裁

2022 年 3 月　于深圳

推荐序Ⅲ

在充满模糊性、不确定性、复杂性和易变性（简称 VUCA）的环境下，人们很难沉下心来，定心定意去做好一件事情。用变化响应变化、以快打快这些似乎很有道理的策略常常让我们更迷茫，更感到应对 VUCA 的挑战是如此巨大。其实，相由心生，VUCA 大多是幻象，是因为我们心动而造成的幡动，是我们因应变化和复杂性等的理论和方法不当而带来的变化和复杂性。见怪不怪其怪必败，当我们内心坚定、简单时，外界也就变得稳定和简单。就像现在的博士生，压力很大，看不完的文献，焦虑丛生。各种专业书越来越多、越来越厚，不少人可能一本书也没有读完就又出来了更新说法的书了。知识和思维越来越碎片化，所花的时间越来越耗散，离博士要求的"坚实宽广的理论基础"也就越来越远，其结果是 D 越来越多，Ph 越来越少（注：学术博士一般简称为 Ph.D.，其中 D 是指博士，Ph 是指哲学）。如果管理学的博士生每天像一个员工一样到一个企业去上班一个月，如果关掉知网而花上一个月只看完一本经典的专业书，就能知道企业运作和管理是怎么一回事，就能对某一知识领域有了较全面的认识。

王玮博士尽管攻读的是属于专业学位的工商管理博士（Doctor of Business Administration, DBA），但我个人认为他在其从事的业务领域具备了 Ph 的水准，也就是说他在洞察商业地产发展的规律上具备了系统性的、能够透过现象看本质的水平。这本《商业地产决策理论与战略实践》是他思想的汇集，是在他近 30 年在零售和商业地产从业的实践基础上结合深入系统的理论学习得到的研究成果。没有理论指导的实践是盲目的实践，没有实践支持的理论则是空洞的理论。在 VUCA 环境下，中国的商业地产面临的挑战错综复杂，投资量大、回收周期长、社会影响面大的商业地产项目如何决策，不仅需要借鉴西方经济学和决策理论的相关成果，更需要对中国国情下商业地产发展趋势有敏锐的洞察，需要提出能够有效适应中国市场和社会走向的商业地产决策理论和方案。王玮博士的这本著作做到了这一点。

在本书中，王玮博士对商业地产的相关概念以及发展历史的回顾视角都是独到的，他强调了从战略视角关注商业地产的规模、组合和价值，并将网络思维与决策相结合，阐述了中心地理论和规模定位、同类零售聚合理论、零售需求的外部性理论，并以深入浅出的创新方法诠释了商业地产的价值评估的本质和资本化率的运用以及无尺度网络与非线性世界的幂次法则等。这些概念、理论和方法能够对构建中国购物中心等商业地产的可持续发展理论、对商业地产信托的发展有积极的推动意义，也有助于商业地产决策者判断景气周期和作出有效的决策。

王玮博士不是纯理论学者，因此本书的写作风格与纯理论书籍不同。一些经济学、管理学的术语和理论阐述阅读起来并不晦涩。对于从事理论工作的读者来说，可以从本书中找到理论运用的场景；对于从事实践工作的读者来说，更能产生诸多同感或反思。王玮博士在本书中提出的许多观点曾在专业网站和杂志上发表，获得了众多读者的热烈反响，常常位居阅读量和排行榜首。我相信，本书的出版能够帮助读者对这些观点有更系统、更深入的理解。

造成 VUCA 环境的客观原因是社会发展带来的冲突加剧，而主观原因则是我们读书太少、阅历太少而又想法太多生出来的障眼法。《西游记》中的第十四回标题是"心猿归正，六贼无踪"，说的就是这个道理。其实，《西游记》中多次谈到"正心猿"，因为只有正了心猿才能取回真经。做企业、做学问、做事情又何尝不是如此呢。企业家还是要多读书、读好书。

祝大家阅读愉快。

丁荣贵

山东大学管理学院教授、博士生导师
国际项目管理协会副主席
中国工程咨询协会工程管理副主任委员
2022 年 2 月　于济南

前　言

商业地产，顾名思义是指以购物中心为主导的，包括办公建筑、酒店、出租公寓、物流地产等所有以出租作为盈利和回报方式的物业形态。而以销售型为主的住宅地产则不属于商业地产的范畴。商业地产和销售型的房地产具有本质的区别，商业地产是资产，住宅地产是生产，商业地产的盈利对于开发商来说是持续性获益的资产，而住宅地产的盈利对于开发商来说则是一次性的生产。所谓获益不仅包括租金收入，还有资产增值，而获利就是销售价格减去生产成本。两者的交易结构和盈利模式也完全不同。

商业地产的相关理论主要是围绕商业地产的主打产品——购物中心而展开的，因为购物中心的开发、运营包括调整和改造的专业度要明显比办公和酒店等业态复杂。我们熟知的商业综合体就是购物中心综合酒店和办公的综合商业建筑，国外称为多用途购物中心（Mixed Use Shopping Center），就是指各种不同用途的建筑体的综合，但其核心还是其中的购物中心。所以，掌握了购物中心的关键理论也就掌握了商业地产的核心理论。

围绕购物中心的理论无论从管理学还是经济学方面都可以列出许多，但是作为购物中心开发和营运最关键的核心理论就是与决策相关的理论，主要可以概括为以下5个方面：

（1）中心地理论；
（2）同类零售的聚合理论；
（3）零售需求的外部性理论；
（4）资本化率和估值理论；
（5）网络思维的决策理论。

其中第（1）、（2）、（3）条都是购物中心的经典理论，对于购物中心开发的规模和组合定位具有绝对的指导意义。购物中心的规模和组合直接决定了购物中心的有效供给与市场需求以及项目的收益，是购物中心资产价值创造的基础。

第（4）条资本化率和估值理论是在传统经济学估值理论的基础上，随着商业地产信托的出现和国际商业地产市场的发展而日趋完善的科学理论。资本化率和租金收益决定了购物中心资产的最终价值，也是商业地产开发和营运的终极目的所在。

第（5）条网络思维的决策理论是基于全球近20年兴起的跨学科复杂系统理论研究的最新成果。复杂系统理论认为万物皆网络，因而根据构成世界万物的网络机理和构造的网络思维解释和发现事物的内在规律。网络思维在很大程度上颠覆了人们此前根据线性思维的逻辑和正态分布的理论作出的许多对市场的分析和判断。网络思维的幂次法则和自相似性原理等对商业地产企业面对不确定性的决策具有直接的意义，同时提供了定量分析的有力工具，不仅从规模变量、更是从状态变量的系统视角打开升维分析的空间，是商业、科学与生活的全新思维。

所谓商业地产的决策理论，就是规模、组合和价值及如何以网络思维应对不确定性的未来。复杂系统理论的网络思维认为决策就是建立网络，对于商业地产或购物中心企业来说，建不建购物中心？在哪里建？建多大规模？做什么组合？创造多大价值？这些都是商业地产的决策问题。因此规模、组合、估值构成了商业地产决策的战略要素，而购物中心的设计、建设、营销、招商和管理则属于网络营运的范畴，相对于规模、组合、价值的战略考量，处于从属的对策和战术地位。因此本书重点围绕购物中心的规模、组合和估值相关的决策理论及战略实践而展开，具体的招商、营销、推广和物业管理虽有涉及，但不是本书的重点。书中所有的决策理论的阐述都配有大量具有战略实践意义的中外案例的分析和说明，关注规模、组合和价值及不确定性。

复杂系统理论的网络思维也在更高的层面上夯实和整合了购物中心的三大经典理论和科学的估值理论，构成了当今在复杂多变和不确定的环境下指导商业地产和购物中心开发和营运的核心理论体系的框架。跨学科的复杂系统理论的网络思维与购物中心的传统经典理论及估值理论的结合，为VUCA时代的商业地产企业的战略决策以及应对未来不确定性的挑战，提供了强有力的理论指南和实践准则。

本书第1章首先对零售和商业地产相关的诸如"百货和购物中心""商业地产和房地产"等概念进行梳理和澄清，也是为后续的理论阐述和案例分析打好基础，因为只有在正确理解定义的基础上的分析和论述才会有意义。目前国内行业一些流行的误导和偏见其实源于对基本概念的误解和混淆。

第2章是对零售和购物中心发展历史的综合回顾。丘吉尔说过，能看到多远的过去就能看到多远的未来。第2章从最早的邮购产生讲到了今天的电商轮回，包括期间从百货商场到食品杂货店，再到超市、连锁经营、大型超市、品类杀手、折扣业态及购物中心包括奥特莱斯和 TOD 模式等所有主要商业模式的产生和发展，其本质都是网络和链接的变化，并从中了解商业模式演变的脉络，从中感悟创新发展的驱动力和源泉。

第 3 章和第 4 章是作者在对传统经典理论文献的发掘、研究和整理的基础上，对商业地产的经典规模和组合理论的综合阐述，填补国内行业普遍存在的对这方面认知的缺失；目前商业地产行业的结构性供给过剩和商业组合方面存在的诸多误解，例如在大肆渲染"体验和差异"或者"首店和场景"的论调中，几乎听不到关于规模和组合的评述，说明行业对商业的基本规模、组合概念和理论的忽视。在决定购物中心成功与否的诸多要素中，其实最关键的要素就是规模和组合。

第 5 章是在传统的估值理论的基础上，针对国内市场对于资产价值意识相对薄弱的情况对资本化率概念作的普及性推证和意义揭示。同时根据西田集团基于其 60 多年的全球最佳实践的总结和为国内商业地产领导企业华润置地的资产管理培训的范本，但不是简单地照搬，而是针对国内市场特点有所侧重和补充并结合国际国内行业的最新发展，对购物中心资产管理科学理念和前沿实践系统和综合的介绍。对于购物中心企业的开发、营运、改造及价值提升具有直接的指导和借鉴意义。然后，在建立资产价值意识的基础上，结合马克思的资本论和地租理论对国内热衷的"轻资产"现象进行剖析。

第 6 章介绍网络思维和地产企业如何应对 VUCA 时代不确定性的挑战，包括从我们生活的非线性世界的幂次法则和无尺度网络的本质，从克莱伯定律的拓展到对国内购物中心系统性表现的分析，再到西田集团基于网络思维的战略转变的深层原因揭秘。

第 7 章是对构建中国购物中心可持续发展的理论框架和战略模式的总结。同时本书结合创新理论大师熊彼特的周期理论，对我们所面对的新冠疫情和挑战提出新的思考，以及如何迎接下一个景气周期的展望。

总之，全书遵循从过去到现在、从国际到国内、从实践到理论的脉络，以国际高度的视野和国内深度的洞察，对购物中心的五大核心决策理论的形成和发展综合诠释，结合国内外大量具有战略实践意义的案例研究和解析，为房地产企业的战略决策提供经典、科学、前沿的全新思维和方法。

本书的意义和主要贡献在于：

（1）对国内外零售和购物中心发展历史的综合回顾和趋势展望；

（2）对购物中心经典的规模和组合理论的系统和综合的论述，填补行业的缺失；

（3）以西田集团基于全球最佳实践的科学理念的总结与国内市场情况相结合，对购物中心资产管理战略实践的系统性阐述；

（4）复杂系统理论的网络思维与商业地产企业面对不确定的 VUCA 时代的决策相

结合的全新思维的展示。

非常荣幸该书能得到全联房地产商会王永平会长、华润万象生活喻霖康总裁、和山东大学丁荣贵教授的热情作序推荐。他们各自从行业和企业、实践和理论的视角给予该书高度评价，对于读者从不同背景和需求阅读该书具有启发和引导作用。也非常感谢中国房地产研究院陈晟院长的大力推荐并最终通过中国建筑工业出版社发行。

在这本书即将出版之际，身处巨变时代的自己由衷地感激并感恩这些年与国内商业地产领导企业华润置地的互动经历。应该说如果没有与华润置地商管团队一起赴澳大利亚深入学习的机遇，就不会有今天书中购物中心资产管理理论和实践准则的提炼和综合，也很难达到后续的基于实践导向的理论延展和学术创新。正如我的导师丁荣贵教授指出的面对中国经济发展面临的挑战错综复杂，不仅需要借鉴西方经济学和理论研究的相关成果，更需要提出能够有效适应中国市场和国情的理论和方法。这些年通过 DBA 学习最大的收获和感悟（也是与之前 MBA 不同的）就是——MBA 是理论指导实践，而 DBA 是实践发展理论。

本书书名为《商业地产决策理论与战略实践》，针对理论和实践，强调决策和战略。以商业的基本概念和历史发展为基础，对购物中心的决策理论和战略实践进行系统和综合的论述。本书将有助于建立适合国内商业地产发展的系统性理论框架和认知，成为商业地产企业在新形势下作出战略决策的参考和指导书籍。读者在阅读过程中也无需按部就班，因为每一个章节都是独立的主题，可以根据不同需要和兴趣跳跃阅读以获得针对某一具体问题的提示和启发。本书努力做到通俗易懂、文理皆宜，适合普通大众读者和零售及地产相关行业的从业人员和在校学生阅读，也可以作为商业地产研究人员和行业机构的参考书籍，当然也包括地产企业的高管和决策者们，大家都可以通过阅读本书或其中的部分章节结合自身实践获得感悟和启发。

目 录

第 1 章 商业地产的基本概念 / 1
- 1.1 什么是购物中心 / 2
- 1.2 什么是百货商场 / 3
- 1.3 什么是商业综合体 / 4
- 1.4 什么是商业地产 / 5
- 1.5 商业地产的盈利模式和交易结构 / 5

第 2 章 商业发展的历史和演变 / 7
- 2.1 早期零售的发展和演变 / 8
  - 2.1.1 远古时代的零售 / 8
  - 2.1.2 中世纪的欧洲和 17 世纪至 19 世纪的零售 / 10
- 2.2 近代零售的发展和演变 / 12
  - 2.2.1 百货商场的诞生 / 12
  - 2.2.2 邮购与西尔斯百货（配送中心）的诞生 / 13
  - 2.2.3 超市的发展和连锁经营模式的诞生 / 14
- 2.3 现代购物中心的发展回顾 / 20
  - 2.3.1 美国购物中心的发展回顾和趋势展望 / 21
  - 2.3.2 澳大利亚购物中心的发展回顾 / 27
  - 2.3.3 美澳购物中心对比和对国内业界的启示 / 32
  - 2.3.4 中国购物中心的发展回顾 / 34
- 2.4 实体和数据交融的大趋势 / 41
  - 2.4.1 PC 互联网和移动互联网的发展对零售的影响 / 41
  - 2.4.2 国内电商的发展——从"马王之赌"到"新零售"的转变 / 45
  - 2.4.3 电商的优势和零售的本质 / 47

第 3 章　商业地产的五大核心理论概述 / 51

3.1 中心地理论 / 52
    3.1.1 中心地理论——单目的购物 / 最近距离 / 52
    3.1.2 中心地理论——多目的购物 / 更远距离 / 52

3.2 同类零售商的聚集理论 / 53
    3.2.1 最小差异化理论 / 53
    3.2.2 比较购物概念 / 54
    3.2.3 规划的购物中心概念 / 55

3.3 零售需求的外部性理论 / 56
    3.3.1 外部经济概念应用于零售 / 56
    3.3.2 正负外部效应 / 57

3.4 购物中心的价值理论 / 59
    3.4.1 古典经济学的地租理论 / 59
    3.4.2 20 世纪以来西方地租理论的发展 / 62
    3.4.3 关于购物中心的租赁价值的研究 / 63

3.5 网络思维与商业地产的决策 / 63
    3.5.1 问题的提出和概念的引入 / 63
    3.5.2 网络思维的定义和意义 / 68
    3.5.3 网络思维的规模法则 / 70
    3.5.4 网络思维与商业地产企业的决策 / 74

第 4 章　商业地产经典理论与规模和组合定位 / 77

4.1 中心地理论与规模定位 / 78
    4.1.1 购物中心规模定位的相关理论和延展 / 78
    4.1.2 人均商业面积和人均购物中心面积 / 80
    4.1.3 国内人均商业面积探究 / 84

4.2 同类零售聚合理论与同类零售商的聚合 / 87
    4.2.1 同类零售商聚集的稳定性条件 / 87
    4.2.2 比较购物概念的研究和发展 / 87

4.3 零售需求的外部性理论与异类零售商的聚合 / 88
    4.3.1 外部性理论产生与聚集类产业的影响 / 88
    4.3.2 外部性理论的正向和负向作用 / 88

4.4 规划购物中心的概念 / 89

4.4.1 规划购物中心概念的提出和意义 / 89

4.4.2 规划购物中心概念对美国购物中心的影响 / 90

4.5 从美澳对比看购物中心组合理论的发展 / 90

4.5.1 澳大利亚的基于给消费者 What You Need 的组合定位导向分析 / 90

4.5.2 美国的基于给消费者 What You Want 的组合定位导向分析 / 91

4.5.3 西田美国购物中心和美国区域型购物中心的对比 / 92

4.6 规模和组合的综合案例分析 / 94

4.6.1 关于澳大利亚区域型购物中心两个超市同类聚集的典型案例分析 / 94

4.6.2 上海七宝万科赏味市集的同类聚合案例分析 / 97

4.6.3 对苏宁云店战略的剖析 / 100

第 5 章 估值理论和资本化率以及资产管理的科学理念 / 105

5.1 商业地产的价值构成和评估方法 / 106

5.1.1 商业地产的价值构成 / 106

5.1.2 商业地产的三种估值方法 / 107

5.2 资本化率的概念和意义及其运用 / 110

5.2.1 针对国内市场情况对资本化率概念的普及性推证 / 110

5.2.2 资本化率定义的内涵和外延 / 113

5.2.3 资本化率对于国内商业地产行业发展的四点意义 / 117

5.2.4 资本化率运用案例解析 / 118

5.3 资产管理的科学理念与前沿实践 / 120

5.3.1 什么是资产管理 / 120

5.3.2 把开发阶段和营运阶段都作为资产进行管理 / 121

5.3.3 确保跨部门间的合作,尤其针对改造 / 129

5.3.4 资产的生命周期分析(例如改造、扩建或出售)/ 132

5.3.5 通过估值和净营运收入不断提升购物中心的价值 / 140

5.4 以资本的运动和资产的价值对"轻资产"的剖析 / 148

5.4.1 资本的定义和资本的流通过程 / 148

5.4.2 一个投资 10 亿元的购物中心的资本运动的静态分析 / 149

5.4.3 以马克思的地租理论对案例的深入分析 / 150

第 6 章 以网络思维开启商业地产企业决策新思路 / 155

6.1 不确定的 VUCA 时代与商业和管理的四大挑战 / 156

6.1.1　世界就应该是信息不对称的 / 156

6.1.2　越无形的知识越有价值 / 156

6.1.3　正常人都是有限理性的 / 157

6.1.4　未来都是不确定性的 / 159

6.2　无尺度网络与非线性世界的幂次法则 / 161

6.2.1　幂次法则和我们生活的非线性世界 / 161

6.2.2　无尺度网络与幂次法则的内在联系 / 166

6.2.3　克莱伯定律和我们为什么会停止生长 / 170

6.3　网络思维开启商业地产企业决策新思路 / 173

6.3.1　以网络思维对国内购物中心市场的分析 / 173

6.3.2　以网络思维抓住事物的主要矛盾 / 179

6.3.3　以网络思维面对不确定的未来 / 181

6.4　城市规模的缩放法则和西田成功原因的深层揭秘 / 182

6.4.1　城市是生态系统和社会系统的集合 / 182

6.4.2　网络思维与城市规模缩放的两个法则 / 186

6.4.3　西田集团成功原因的深层揭秘 / 195

6.5　企业战略决策的价值观与企业的社会责任 / 200

6.5.1　企业追求发展的理想路径与价值观的转变 / 200

6.5.2　企业面对不确定性的决策与价值观的体现 / 203

6.5.3　企业的社会责任与环境社会治理（ESG）的价值观 / 206

第7章　总　结 / 211

7.1　构建中国购物中心可持续发展的理论框架和战略模式 / 212

7.2　创新理论大师熊彼特的周期理论与疫情下的新思考 / 214

7.3　迎接和开创下一个景气周期 / 216

参考文献 / 218

第 1 章
商业地产的基本概念

本章首先对购物中心、百货商场、商业综合体的基本概念和定义进行梳理和澄清,并在此基础上明确商业地产和住宅地产的本质区别。

1.1 什么是购物中心

根据国际购物中心协会的定义,购物中心是零售和其他商业场所的集合,这些场所被作为单个物业规划、开发、拥有和管理,包括多个品牌的零售空间和公共区域及停车场,净可租赁面积不低于2万平方英尺(1 860m^2)。对于商业综合体,即购物中心综合酒店、办公其他用途的建筑,购物中心不包括那些非零售目的区域,如办公和酒店区域等。

国际购物中心协会的定义强调了开发、拥有和管理及物业这些购物中心相关的关键词汇。但也提出尽管这是全球公认的描述,但每个地区仍存在较大变化。零售地产的专业人士需要针对每个区域的不同情况对购物中心进行标准化分类,以便促进跨地区和国境的比较,作出财务和运营对标及行业规模的评估。

中国商务部在国内贸易行业标准《购物中心业态组合规范》SB/T 10813—2012中也对购物中心作了如下定义:"多种零售店铺、服务设施集中在由企业有计划地开发、管理、运营的一个建筑物内或一个区域内,向消费者提供综合性服务的商业集合体。这种商业集合体内通常包含数十个甚至数百个服务场所,业态涵盖大型综合超市、专业店、专卖店、饮食店、杂品店以及娱乐健康休闲等。"中国商务部关于购物中心的定义是对购物中心表面现象的较为全面的表述,但是停留在消费者层面(B2C)的概括,而没有涉及购物中心最重要的(B2B)本质。

笔者根据多年从事零售和购物中心行业的实践和观察,对购物中心的定义作了简单的概括,购物中心是"实施统一管理、分散经营的商业集合体"。购物中心定义的内涵是统一管理和分散经营,即统一管理场所空间而自身并不介入零售经营,而由零售商和服务商各自分散经营。比如上海南京路步行街是分散管理和分散经营的,所以不是购物中心;而上海新天地的步行街则是购物中心,因为它是由瑞安集团的商管公司统一管理的;太平洋百货是自行管理和自行经营的,所以也不是购物中心;沃尔玛和家乐福等大型超市也是以自行管理和自行经营为主,因此也不属于购物中心;农贸市场或大型专业市场管理程度较为松散,不能达到购物中心的水准,所以人们也不会把它们称为购物中心。

"统一管理、分散经营"是购物中心区别于所有其他商业业态的试金石。购物中心根据商圈、地域、业态、业种和档次可以进一步分为很多种类,如从区域型到社区型、从城市型到郊区型、从奢侈品型到大众型、从商务型到家庭型,以及专业类的家具、娱乐和餐饮购物中心等。

1.2 什么是百货商场

百货商场的定义是实施自行管理和自行经营的商业集成商。与购物中心的区别在于,百货商场强调的是自行管理和自行经营,以及不是做场而是做商的概念。这也是百货商场与购物中心的本质区别。

探究中国商务部对购物中心的定义,确实比较难以分辨购物中心与百货商场的本质区别。比如一般消费者很难分辨上海第一八佰伴商场与上海正大广场的区别。但是两者的区别还是很明显的,第一八佰伴关注的是做商,而正大广场关注的是做场。不过读者依然可以根据所购买商品的发票判断一个购物场所是购物中心还是百货商场,比如你到正大广场的优衣库商店购买了衣服后,优衣库出具给你的发票一定是优衣库旗下的公司的发票,而不可能是上海正大广场或者上海帝泰发展有限公司的发票,因为正大广场是做场而不是做商的;而你如果到第一八佰伴内的优衣库柜台或者优衣库的商店,你购买衣服后拿到的发票则一定是上海第一八佰伴有限公司的发票,因为第一八佰伴主要就是做商的(图1-1)。

图1-1 第一八佰伴和正大广场

中国商务部关于购物中心的定义有其历史的原因,因为中国的百货商场尤其是新中国成立以后的百货商场都实行联营制,所谓联营就是百货商场业主自己并不拥有自主或买断的商品,而是和零售商合作,实际上就是通过出租零售空间主要是柜位给零售商，允许其以百货商场的名义经营。所以将中国的百货称为购物中心也有其合理的成分，中国的百货就是一个准购物中心。

全球零售业发展几十年来的一个趋势就是购物中心百货化和百货商场购物中心化。购物中心学习百货强化管理，公共区域的边界变得模糊，购物中心将 POS 机连接到每一家租户店铺内实施保底加扣点，就是向百货学习的结果；百货商场学习购物中心引入餐饮、休闲和娱乐业态，极大地丰富了百货商场对消费者的吸引力和竞争力。百货型购物中心也成为以日本、泰国和中国台湾地区为代表的亚洲购物中心发展的主要形式，也被一些业内人士认定为更适合亚洲地域环境特点的购物中心发展模式。国内的大商、王府井主要也是采用这种百货型购物中心的发展模式。从北京的 SKP 和上海的八佰伴身上都可以追溯到这种日本和中国台湾地区的零售基因。英文 Hybrid Mall 就是对这种百货型购物中心的定义。

这种百货化的购物中心的优势是空间利用紧凑，销售坪效一般也高于传统的购物中心。但是也是因为空间的限制，达不到购物中心的聚众效应，也没有办法举办大型的社群活动。从品牌展示的角度看，达不到品牌旗舰店集中展示的要求。而且就目前的经济发展水准，百货型购物中心依然是亚洲和国内大多数地区的主导商业形态。

1.3 什么是商业综合体

商业综合体的英文是 Mixed Use Shopping Mall，即混合或多用途的购物中心。这里的用途不是指吃喝玩乐购的业态的综合，而是指各种不同功能或用途的建筑体的综合，如酒店、办公、公寓或会展等。所以，商业综合体是购物中心综合酒店、办公或其他用途的建筑结合而形成的复合型购物中心。简单地说，商业综合体就是一个更加复杂的购物中心。

商业综合体不是指某一个单一零售建筑内各种零售或服务业态的综合，而强调的是购物中心和其他用途的建筑在一起发挥协同作用和资源共享。比如对于一个商业综合体中的停车位，星期一到星期五的白天主要是提供给综合体中的办公人群停车；而到了下班后的夜晚和周末，这个停车位就可供来购物中心购物和消费的人们停车。所以一个综合体中停车位的使用效率要比单一的办公建筑或是单一的购物中心中的停车位高出许多。同时，办公楼的日间人群也为购物中心提供了白天的客流和午餐的需求。一个综合体中的酒店或是公寓更是为购物中心提供了 7 天 24 小时不间断的人流。商业综合体中资源共享的例子还有很多，所以综合体也成为现在购物中心发展的一大趋势。上海的国金中心 IFC 和北京的国贸中心都是典型的综合体购物中心。

而武汉广场、上海八佰伴都是百货商场与办公塔楼的复合，一般没有人把它们称为商业综合体。关键就是因为裙楼是做商的百货而不是做场的购物中心，只有做场的购物中心体与相应的办公体或酒店体相提并论构成的综合建筑才能称为综合体。

国内曾经有一段时间用 HOPSCA 形容商业综合体，其实是把英文的酒店（Hotel）、办公（Office）、广场（Plaza）、购物（Shopping）、会展（Convention）和公寓（Apartment）中的首字母组合在一起成为国内形容综合体建筑的一个流行词。这对于形象理解商业综合体的组成是有帮助的，但是必须牢记构成商业综合体的核心是其中的购物中心。

1.4 什么是商业地产

商业地产的基本定义就是泛指所有的收租物业。商业地产是指以购物中心为主导的，包括办公建筑、酒店、出租公寓、物流地产等所有以长期招商出租作为盈利和回报方式的物业形态。明确商业地产的定义是为了区别商业地产与住宅地产。住宅地产主要为销售型的房地产，不属于商业地产的范畴。商业地产和住宅地产具有本质的区别，商业地产是资产，住宅地产是生产，因而交易结构和盈利模式也完全不同。

区分商业地产和住宅地产的概念，理解资产和生产的本质不同对于国内购物中心行业的长期可持续的健康发展具有特别重要的意义。

1.5 商业地产的盈利模式和交易结构

商业地产的盈利模式是：租金收入 + 资产增值

住宅地产的盈利模式是：销售收入 − 开发成本

为帮助读者加深对商业地产盈利模式的理解，这里将商业地产和住宅地产的盈利模式并列展示。

商业地产的交易结构是由商业地产的盈利模式和资产的收益法估值公式决定的。

商业地产作为资产的估值公式是：估值 = 收益 / 资本化率

因此，商业地产的交易结构就是由分子收益和分母资本化率共同决定的。本书将在第 5 章中详细阐述。

小结

本书开始的时候,首先对零售和商业地产的几个关键概念做了梳理和澄清。不然的话,如果把做场的购物中心和做商的百货商场混淆,或者把具有资产性质的商业地产和只具生产性质的住宅地产混为一谈,任何关于购物中心理论的阐述及资产和价值的概念都很难引入。目前行业内存在的一些对购物中心或商业地产的偏见或误解其实都是源于对基本概念的错误理解和混淆。

第2章
商业发展的历史和演变

丘吉尔说过,"能看到多远的过去就能看到多远的未来"。本章对零售和商业发展的历史从过去到现在、从国际到国内进行回顾和综述。从远古到现代,从邮购到电商,通过百货商场、食品杂货店、超市、连锁经营、大型超市、品类杀手、购物中心、折扣业态的模式演变及实体与数据交融的大趋势,了解零售商、品牌商、地产商和技术进步对于零售业发展的推动作用以及各种模式的产生和变迁,本质上都是顺应社会发展和科技进步的网络变化。

2.1　早期零售的发展和演变

2.1.1　远古时代的零售

零售市场远古时代就已存在。考古发现证明，贸易包括易货交易可以追溯到1万多年之前。随着文明的发展和货币的发明，易货交易逐渐被零售贸易所替代。

考古学发现，在当代的土耳其到埃及地域有许多公元前7500年到公元前2600年的市场的遗址或遗迹。这些市场都是普遍占据了城镇的中心位置，市场周边工匠和艺人如铁匠和皮匠在通向市场的路边占有固定的位置，他们在这里直接销售他们的制品或者为市场开放的日子准备商品。由此可见零售和艺术最早的联系。

在古希腊，市场是在叫作阿高洛（Agora）的市集内运作，那是一个开放的空间，赶集的时候，商品都被放在地毯上或临时的货摊上；在古罗马，市场就是人们集会的广场（Forum），图2-1展示了罗马的图拉真（Trajan）广场，它区域开阔，由数个建筑组成，店铺分散在4个楼层中。罗马的图拉真广场被认为是最早具有店面的商店。在古代，通过商人或货贩的直接销售或易货交易已经很普遍。

图2-1　罗马的图拉真广场被认为是最早具有店面的商店

腓尼基人，传说中的犹太人的近邻，以航海为生，在公元前9世纪以统治地中海的海上贸易闻名，他们在地中海沿岸国家游弋（图2-2左），转卖木材、纺织品和玻璃，还生产红酒、食用油、干水果和坚果等。他们不仅交易可触摸的物质，还输出文化。他们发明的腓尼基字母用于商贸交流，比古埃及的象形文字要简便很多（图2-2右），大大提高了当时的交易效率，也成为后来希腊和罗马字母的原形。

图 2-2 腓尼基人在地中海游弋的区域和他们的文字

由此我们可以看出零售对于社会发展、经济繁荣和文明进步的巨大作用,还有零售与艺术的由来已久的密切联系及零售对于文化和文字的促进。

最近的研究发现,中国的古代也具有深厚零售底蕴和历史。早在公元前200年,中国人就知道用包装和品牌代表家庭,标注品名和产品质量。在公元前900年到公元前600年间,就使用政府批准的产品标识。西方世界认为到了宋朝(公元960年到1127年),中国社会形成了一个高消费的文化,全社会包括广大普通百姓的各种消费都达到了很高的水准而不仅限于少数精英阶层。四川出现的"交子"被认为是最早的纸币(图2-3),我们熟知的清明上河图(图2-4)就是对那个繁荣时代的生动写照,人们都说宋朝最富有,其实说的是老百姓有钱,就是源于当时零售消费的发达。

图 2-3 四川的"交子"——人类社会最早的纸币

图 2-4 清明上河图

2.1.2 中世纪的欧洲和 17 世纪至 19 世纪的零售

在中世纪的英国和欧洲大陆没有发现太多的像在土耳其和埃及那样固定的店铺的遗迹，但是人们通常走到商人的工坊进行交易。在 13 世纪，布料和服饰商人就已经存在。食品商人销售各种小型制品，也包括香料和药品。鱼和易腐烂的食品则是通过集市或流动的商贩销售的。

土耳其的大巴扎（巴扎在土耳其语中就是集市的意思）是这类市场的典型代表，它建立于 1455 年，被认为是最古老的依然在营运的有顶盖的市场（图 2-5）。

图 2-5 土耳其的大巴扎

来源：global-geography.org

在一些人口较多的城市，一些成集群的商店在 13 世纪开始出现。在切斯特城，一个有顶盖的购物拱廊代表了重大的创新，吸引了几英里以外的顾客光顾。英文叫"The Row"，意思是成排的有屋檐店铺的走廊（图 2-6）。

图 2-6　Chester Rows

拱廊或街廊的概念源于阿拉伯，经意大利细化，然后在伦敦、那不勒斯、米兰、布鲁塞尔和莫斯科开始流行。时尚华丽的玻璃屋顶和中庭组成的可以容纳数十家甚至上百家商店封闭的步行街成为消费者购物和散步的好地方，也可以使其免受日晒风吹和雨淋的困扰。

1880 年，在意大利米兰诞生的维托伊曼纽二世拱廊（Galleria Vittorio Emanuele）是这种拱廊和广场最典型的代表。它其实是建立在有着 1 000 多年历史的米兰大教堂和比它更早些时候成立的意大利文艺复兴（La Rinascente）百货商场中间的一条巨大的购物拱廊。一些独立的工坊在这里营业，包括 Prada 品牌的第一家店也是开在这里的。业内有观点认为维托伊曼纽二世拱廊是第一个现代购物中心。但由于当时依然是百货商场主导的年代，购物中心的优势远没有得到充分体现（图 2-7）。

图 2-7　意大利米兰的 Galleria Vittorio Emanuele

2.2 近代零售的发展和演变

近代零售的定义期间是从工业革命到 21 世纪，经历了百货商场、邮购、超市、品类杀手（集合店）、折扣业态、购物中心、奥特莱斯及电商等业态的诞生和发展。

2.2.1 百货商场的诞生

在 19 世纪的中期和后期，百货商店在许多城市诞生。百货商店重塑了消费者的习惯，重新定义了服务和奢侈的概念。在 19 世纪的英国，第一个百货出现在牛津街和摄政街，这里也是现代英国零售街区的一个组成部分，英国布商威廉姆·怀特利在他的布店增加一个卖肉和卖菜的部门及一个出售东方商品的部门，构成由一个个品类不一样的部门（department）组成的百货商店（department store）。不过 department store 一词最早是美国人开始用的，英国一开始管这种百货店叫作 emporia 或者 emporium（也就是集合的大商店的意思）。

英国哈罗德百货应该是一站式购物的鼻祖和先驱（图 2-8），而不是我们讲的购物中心。很多早期的百货商店并不仅是一个零售品类的集合店，它们还设置了很多供消费者休闲和娱乐的地方。一些百货商店提供阅读室、艺术展廊和音乐会。大多数的百货商店都有茶室和餐厅，并且为妇女提供美容护理的服务。服装秀也是 1907 年从美国的百货公司开始的，名人到访加持效应也成为许多百货商店的主要的活动特征。主题活动还包括展示进口的陶器，让消费者感受来自东方和中东的异国文化。

图 2-8　1834 年英国的哈罗德百货成为一站式购物的鼻祖

澳大利亚的大卫·琼斯（David Jones）也是世界上最早诞生的百货商场之一，1838 年开始营业，同时唤醒了 19 世纪零售巨人安东尼·霍顿、农夫商场和格雷斯·兄弟百货的诞生，那时澳大利亚的城郊还是非常安静的。到 1896 年，安东尼·霍顿百货的展厅就有100m长，雇用了4 000名员工，一年柜台的成交交易就达600万笔之多，再加上200万个通过马车传递的包裹。图2-9为20世纪初的安东尼·霍顿百货，看上去它将永远地统治零售世界——一个能够通过马车和目录访问的地方。它在百货商场的时代成为澳大利亚经济的中坚，与极富社会声望的牧羊业交相辉映，随着时间的推移，百货商场的时代消失了，但是许多名字依然保留。今天的大卫·琼斯百货依然矗立在澳大利亚的商业大街和购物中心之中。

1912年的农夫百货商场，也是澳大利亚一个宏大、现代并充满最新和进口时尚商品的地方，当时的人们很难想象这样的商场为什么不能延续？（图2-10）

图2-9　20世纪初的安东尼·霍顿百货，一个马车或邮购目录可以访问的地方

资料来源：Westfield Fifty Years

图2-10　1912年的农夫百货商场

资料来源：Westfield Fifty Years

2.2.2　邮购与西尔斯百货（配送中心）的诞生

1863年，在西尔斯百货成立的30年前，理查德·西尔斯先生就开始从事邮购业务了。当时美国的东西部被崇山峻岭阻挡，彼此并不连通，那时巴拿马运河也没有开通，从纽约运送一个邮购包裹到旧金山要用船绕到南美洲最南端的合恩角，耗时6个月。但是1869年，横跨美国东西的太平洋铁路的建成改变了一切，它使得从美国东部邮寄包裹到西部的时间缩短到7天，这自然极大地促进了邮购业务的发展(图2-11)。

西尔斯先生还因此发明了"货到付款"的方式。他的邮购业务也从之前的钟表和珠宝扩展到了人们吃、穿、用的各个方面。于是理查德在1893年铁路中部的枢纽地带芝加哥创立了西尔斯百货公司。西尔斯百货成立的初衷就是要成为邮购业务的配送中心，通过西尔斯百货的邮购目录把小到图钉、大到汽车的商品送到美国农村的千家万户。一直到1931年，西尔斯百货营运的38年间，西尔斯百货的邮购业务占比一直都是超过西尔斯百货柜台交易的。从20世纪30年代到60年代的很长的一段时间内，统治美国百货业的两大巨头西尔斯百货和蒙哥马利沃德百货都是邮购和柜台交易并举的。即使在近几年，电商取代了邮购，西尔斯百货的电商业务也仅次于亚马逊、苹果、沃尔玛等，排名美国第五。所以在美国业界，人们把西尔斯称为亚马逊的鼻祖。

图2-11 从地球仪上看太平洋铁路（红实线）开通之前的邮购线路（黄虚线）和西尔斯百货的成立

2.2.3 超市的发展和连锁经营模式的诞生

超市是采取自助服务方式为消费者分门别类地提供食品、饮料和生活用品的商业业态，它是在早年的食品杂货店的基础上发展而来的，但比早年的食品杂货店规模更大、选择更多。然而，超市通常小于大型超市或者大盒子业态（品类杀手）。一个全食品线的超市与日用百货商场的组合通常被称为大型超市，如今的沃尔玛和家乐福都是大型超市的典型代表。大盒子业态则首推1943年成立的以家居产品为主的宜家商场。

早年的零售方式通常都是站在柜台后的营业员根据柜台前顾客的要求，从背后的货架上选取顾客想要的商品，通常食品和商品的尺寸和大小并不正好适合顾客的要求，很多情况下营业员要帮助顾客按量选取和包装（图2-12）。这也同时提供了社交互动的机会，所谓"零售的社交属性"就是在这样长期的情景和环境中形成的。这一买卖过程通常缓慢而且占用大量人力，因此人工成本非常昂贵。能够被照顾的顾客人数完全受限于店铺的营业员数量，而且消费者为了购买食品杂货，通常都要去好几家不同类型的杂货店，比如蔬菜水果店、肉店、面包店、鱼店和干货店等，因为早年的食品杂货店一般只关注某一类食品，如干货、罐头或其他不易腐烂的食品，肉类和果蔬则完全是分离的。像牛奶这种只能在货架上存放很短时间的商品则是由专门的送奶人员每天送货上门的。

图 2-12　早年的食品杂货店

文森·阿斯特于 1915 年在纽约百老汇的第 95 街角创建的阿斯特市场是创造廉价食品市场的最早尝试，阿斯特希望通过扩大规模降低成本。他耗费了在当时堪称巨大财富的 75 万美元，建立了一个 165 英尺长、125 英尺宽（50m 长 ×38m 宽）的开放式商场，出售肉类、水果、杂食和鲜花。他希望可以吸引数英里外的人到此购买，结果连覆盖曼哈顿内的十个街区都很困难，于是阿斯特市场于 1917 年被迫关闭（图2-13）。

图 2-13　1915 年的阿斯特市场

为降低价格，自助式食品杂货店的概念最早由企业家克莱伦斯·桑德斯提出。他于 1916 年开了第一家 Piggly Wiggly 商店。桑德斯将他创新的一些专利应用于这家商店。在获得了财务上的成功后，桑德斯开始了连锁之路。通过自助式服务创造价值与生鲜的联系后，再通过连锁经营带来的更大购买力进一步降低成本。直到今天 Piggly Wiggly 超市在美国的 17 个州仍拥有超过 530 家超市，服务美国消费者已经有 100 多年的历史（图 2-14）。

图 2-14　美国的 Piggly Wiggly 连锁超市

成立于 1859 年的大西洋和太平洋茶叶公司（A&P）是最早在北美获得成功的食品杂货连锁店的范例（图 2-15）。A&P 成立之初从事茶叶的邮购业务。因此在包括加拿大在内的北美洲建立了横贯北美东西的最广泛的连锁商店网络，从公司的名字也可以看出其地域覆盖的广度。1869 年，太平洋铁路的开通极大地促进了北美东西部联系，A&P 也于 19 世纪后期开始由单卖茶叶的商店向连锁食品杂货店转型。A&P 的连锁规模无疑是当时真正的国家级连锁经营网络，人们将 A&P 的"实惠店"的连锁经营模式所创造的标准和规模对于零售业的贡献与当时福特的 T 形汽车对于汽车的普及相提并论。到了 1920 年，自助式的食品杂货店在北美已经普及，但是这些杂货店并不出售新鲜肉类和蔬菜。销售新鲜和易腐烂的商品开始于 20 世纪 20 年代以后。当时流行的模式是将商品在当天晚上放在货架上，第二天早上顾客自己来取并拿到前台结账。尽管有失窃风险，但是相关的安保和防窃措施的支出相较于人工成本的大幅降低，还是非常显著的节约。

图 2-15 A&P 食品店

历史上关于超市的起源也发生过许多争议。好多家美国超市都声称自己是最早的超市创造者。为结束争议，美国的食品市场协会联合史密森学会（一个专注于博物馆、教育和文化研究的机构）进行了查证研究。他们对超市的特征作出了如下的定义：自助服务、品类分区、折扣价格、批量销售和营销推广。根据这些特征定义，他们认为1930年8月4日在纽约皇后区开业的库伦王国（King Kullen）超市应该是第一家真正的超市（图2-16）。这是一个由面积达6 000平方英尺（560m²）的车库改造的商场，库伦王国的口号是"堆得高、卖得低"，指商品堆积如山但售价却很低。在20世纪30年代的美国，由于工业化的推动，更多的人口进入了城市，人们的可支配收入也在增加。人们的交通出行成本也因为汽车的普及、公路的建设和铁路的延伸大大降低。冰箱的出现也使消费者减少了进店购物的频率但却提升了每一次出行的购买量。广播和后来的电视也为国家范围的推广提供了有力的媒介。迈克尔·库伦作为之前美国最大的连锁食品杂货店克罗格（Kroger）的雇员洞察到了这些变化。所以库伦自己开创的超市具有四大特征：

（1）规模巨大，通常是当时食品杂货店的5～10倍的规模。

（2）现金交易，由于之前的食品杂货店很多都涉足邮购业务，采用货到付款的信用账期❶。

（3）客户自提，这点让我们现在也觉得比较有意思，因为国内现在的阿里盒马和

---

❶ 作者在上一篇文章中提到的西尔斯百货发明的通过邮购货到付款的方式。

京东到家创新的一个最重要的举措,就是帮助网上选购的顾客送货到家。零售的发展看来真的是又迎来了一个新的轮回。

(4)自助服务,虽然克莱伦斯·桑德斯发明了自助服务的方式并拥有专利,但迈克尔·库伦将食品按品类分区进一步方便了顾客的自助选择。库伦王国超市甚至还增加了停车场。

库伦超市的选址一般都是在城郊的仓库区,租金便宜。通过消费者的自助选取和自提服务极大地降低了营运成本,让利于消费者,库伦也特别重视广告宣传。库伦王国超市将20%的利润用于广告宣传,产品的宣传结合渠道的优势改变了消费者的预期。库伦通过大量的低价商品和低成本的运营以数量取胜。以现在的观点来看,库伦超市已经有了会员制、仓储式、低价和超大规模的DNA。

图2-16 1930年开业的库伦王国超市

迈克尔·库伦的老东家克罗格(Kroger)和A&P开始对于库伦的运营方式并不认可,甚至抵制。然而20世纪30年代的美国经济大萧条使消费者对价格变得前所未有地敏感,最后也逼迫克罗格和很多食品杂货店都走上了连锁超市的经营道路。连锁超市相较之前许多小型的以"夫妻店"模式经营的食品杂货店展现了巨大的成本优势。1936年,美国国会通过了防止这些大型连锁企业利用巨大的采购能力压榨小商店的法律,但收效甚微。超市在美国和加拿大如雨后春笋般出现,随着汽车的发展,超市业态得到了长足的发展。从1935年到1982年,食品杂货店的数量从40.0万家减少到16.2万家,而超市的数量从386家增加到26 640家。克罗格超市也成为众多美国超市中的佼佼者,很多克罗格超市的四周都被停车场包围(图2-17)。

图 2-17 带有停车场的克罗格超市

1945 年,随着第二次世界大战的结束,山姆·沃顿退役后开始涉足零售业,他在积累了一些零售经验后和太太海伦从新港(Newport)搬到了本顿威尔(Bentonville),在中心广场开了一家 5 分 /1 角商店。受到 5 分 /1 角店的成功启发和寻求为顾客创造更大价值的驱动(图 2-18),他于 1962 年开了第一家沃尔玛超市(WalMart)。山姆提出的"更低价格、更好服务"的理念一开始并不被行业看好,但是山姆获得了巨大成功,通过更大规模聚合的购买力以及给消费者提供更大折扣和更好服务改变了零售的景观,沃尔玛如今成为全球最大的实体加线上的零售商。

图 2-18 沃顿的 5 分 /1 角商店

欧洲超市发展起步较晚，1947年，英国在全国只有10家自助式的食品店。1951年，从美国海军退役的帕特里克·加瓦尼开了英国第一家超市并连锁发展，销售额是当时食品杂货店的10倍。1960年，特易购（Tesco）后来居上。法国家乐福（Carrefour）的历史开始于1959年，出售新鲜和纯正食品的零售店主马塞尔·付立叶（Marcel Fournier）和食品批发商拜金·德福雷（Badin Deffore）家庭成立合资公司。两位创业者尝试采用法国式的自助服务方式于1960年开了第一家大超市。家乐福现在是全球第二大实体零售商。沃尔玛和家乐福的超市随后经历了向大型超市的转变和升级，将超市的商品和百货公司的商品融合组建了大型超市。

德国奥乐齐（Aldi）于1976年开创了折扣业态的模式。奥乐齐的折扣模式不是把过季或过量的存货打折或者说是以牺牲质量为代价的贱卖，而是通过管理和经营环节简化，扣除任何不必要的环节和支出，例如奥乐齐选择不上市，由此节约了很多像法律、会计、公告等费用；奥乐齐的股东与管理者平行持股甚至愿意少分红而降低成本，也免去为了不断满足股东高回报的期望所带来的价格压力。在经营上最突出的特点就是减少SKU（Stock Keeping Unit，库存量单位）的数量凭借单个SKU的海量以获得超低价格，同时也为供应商创造了提升成本效益的条件。简单举例ALDI的SKU为1800个，沃尔玛的SKU为12万个。但ALDI的单个SKU平均年销售额为5000万美元，而沃尔玛的SKU的年销售额仅为400万美元。德国因为有ALDI，强势的家乐福几乎进不去德国。ALDI进入美国的时候，沃尔玛起初根本没有把它放在眼里。但是在今天的北美市场，ALDI在消费者的心目中就是商品的品质比沃尔玛更好而且价格更低。我们知道的COSTCO其实就是一个放大版的ALDI加上沃尔玛山姆店的会员制的组合。

综上所述，超市的成长与自助服务、连锁经营、集中收银、批量销售、营销推广等关键举措的施行密不可分，飞速发展的信息和物流技术的运用，包括1974年条形码技术的应用都极大地提升了超市管理和经营的效率。每一步创新都围绕着如何为消费者提供更加便宜的商品和更加便捷的服务这两个目标展开。

2.3 现代购物中心的发展回顾

全球现代购物中心主要由美国和澳大利亚两大主流派系构成。美澳也是全球仅有的两个购物中心的销售额可以占到本国零售总额一半的市场。而像欧洲和日本包括东南亚等国的购物中心起步较晚，而且目前这些国家还是百货商场主导市场。所以本节的现代购物中心的历史回顾主要以美澳购物中心的发展为主线，并且通过对美澳购物中心的不同特点的对比，了解国际行业的发展脉络和澳大利亚购物中心的国际领导地位。本节最后部分是对中国购物中心发展的三阶段的回顾。

2.3.1 美国购物中心的发展回顾和趋势展望

（1）从湖景商场到南谷购物中心的诞生

19世纪末，西尔斯百货的诞生带动了美国百货业的发展。20世纪初，在诺特斯特龙百货（Nordstrom）、彭尼百货（J.C. Penney）和内曼·马库斯百货（Neiman Marcus）诞生的同时，在巴尔的摩的道路边，停车的地方出现了成群组的商店。1916年，第一个室内购物中心的雏形湖景商场出现在明尼苏达州的德鲁斯。该建筑是一个长61m、宽30m的地上二层、地下一层的建筑。除了一层的部分店铺可以同时从里外进出，其他店铺都是店面向内开在建筑的内部。一层为药店和包括食品、杂货、服装和家具用品的百货店。二层为银行、牙医诊所、理发店和美容店，还有台球室和小礼堂（类似我们现在所说的社区商业的组合）。地下一层为鞋店和制冰厂。物业和百货商场由美国钢铁公司拥有，其他店铺都是由店主独立经营。

19世纪20年代，随着汽车在美国的普及（福特T形车从1908年推出到1927年已经累积生产了1 500万辆），一些大城市的郊区开始出现路边集中停车的开放式购物街区。1931年，位于达拉斯的高地公园购物村开业，取名购物村的原因就是它并不位于达拉斯的传统市中心，而且当时依然有很多人骑马或驾乘马车来购物。所有的店铺都朝内开，面向中心的停车广场。高地公园购物村被认为是美国的第一个购物中心，也成为美国的国家地标和历史地标。从孕育、建造到开业的90多年间，主力业态经历了乡村服务驿站、乡村俱乐部、社区公园和购物娱乐中心的演变，经过多次易主和改造，现在是达拉斯最高端的奢侈品购物中心。

在19世纪30年代到40年代的20年间，在美国具有统治地位并且也都是通过邮购业务起家的两家百货西尔斯和蒙哥马利沃德，在郊区开了很多带有停车位的独立店铺。美国汽车的进一步普及，催生了人们对改善道路的需求。美国农村选民游说铺路的口号是"让农民摆脱泥泞"，各州都开始改善或兴建自己的高速公路。第二次世界大战结束后的1956年，艾森豪威尔总统签署《联邦援助公路法》使美国最终实现了全国的高速公路网络的联通。由于汽车的普及和高速公路的发展，美国出现了一个个被"停车湖泊环绕的购物之岛"，相较于之前驾驭马车的购物方式，汽车的使用和高速路网的建成对于零售业的促进无疑是革命性的。

美国建筑师维克多·格伦更是把这一概念发展到了极致。格伦先生来自奥地利，他要通过借力美国汽车和公路技术的进步而带来的环境改变，把欧洲的广场和拱廊搬到美国的室内，于是在1956年建造了第一个封闭的双层结构的大型商场——位于当时美国工农业最为发达的城市明尼阿波利斯市郊的南谷购物中心。由于明尼阿波利斯地处美国东北，冬天很冷，所以这个二层的封闭空间采用的是地上一层复合地下一层的结构，为的是能充分利用地下空间的冬暖夏凉的特点，创造四季如春的室内广场，内部布置了雕塑和绿化植栽，舒适宜人，并伴有室内音乐。格伦要塑造令人舒适的购物空间以吸引人们到来并更长时间地驻留，从而增加购物的机会。南谷购物中心被全球行业公认为第一个具现代意义的购物中心。南谷购物中心由美国的代顿和唐纳森两家百货公司合资兴建，这两家百货各占一端，成为南谷购物中心的两个主力店。一个有趣的现象是，两家原来竞争的百货聚在同一个购物中心内开店，各自却都比之前独立开店获得了更高的销售额。这证明了同类零售商的聚集效应，而购物中心就是满足消费者比较购物的天性和多目的购物的需求，将各类相同和不同品类的零售商聚集的集合体。在今天美国的区域型购物中心的主力业态组合中，平均有四家百货公司，基本按一个低端、两个中端和一个高端百货配置。南谷购物中心的成功由此引发了始于美国并在全球持续了60多年的现代购物中心建设热潮。购物中心成为美国国家的标志和美国新生活方式的代表（图2-19）。

图2-19 1956年开业的南谷购物中心

（2）美国购物中心的数量和规模

到19世纪70年代末，美国购物中心的总数已经发展到接近5万家。但是按美国定义的购物中心，还包括了更多面积只有1 000～2 000m²的独立成组的开放型店铺（Strip Mall），以及面积5 000～20 000m²不等的邻里和社区购物中心（Neighborhood/Community Center）。而美国人定义的区域型购物中心，即可租赁面积大于40万平方英尺（3.72万m²）的购物中心的总数到19世纪70年代末只有747家，到20世纪10年代末，美国的区域型购物中心的总数也只有2 690家（图2-20）。

第 2 章 商业发展的历史和演变

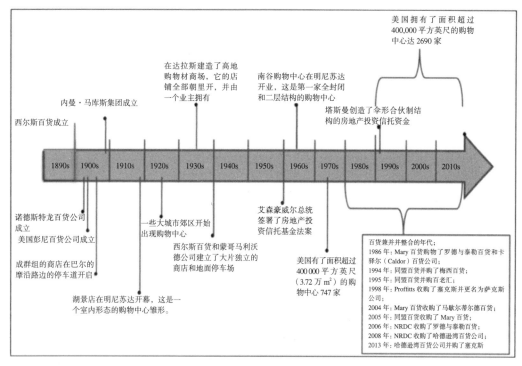

图 2-20 美国现代零售和购物中心的发展和演变

资料来源：根据 Taubman 塔博曼公司资料翻译整理

　　根据国际购物中心协会市场调查委员会的资料，截至 2018 年，美国的购物中心总数为 114 915 个。图 2-21 为 2018 年根据规模划分的美国购物中心分布，其中可租赁面积小于 40 万平方英尺的购物中心为 112 216 个，占美国购物中心总数的 97.7%，而 40 万平方英尺以上购物中心的数量仅为 2 699（与图 2-20 美国现代购物中心的发展和演变的数据非常接近），在美国购物中心总数中的占比仅为 2.3%❶。图 2-22 为美国购物中心按规模分类的面积划分的数据，其中对应于区域型以上的购物中心的总面积占比也仅为 26.0%。

　　2009 年后，美国购物中心的发展趋于饱和，总数徘徊在 11 万家上下，总面积约为 7.5 亿 m^2。人均购物中心面积为 2.15m^2，位列全球第一。2017 年，美国购物中心每平方米平均坪效为 3 042 美元（相当于每平方米人民币 22 680 元），占美国零售总额的比例约为 45%。

---

❶ 这点与中国的购物中心规模和数量形成鲜明对比，因为国内 97% 以上的购物中心的规模都类似于美国区域型购物中心的规模。

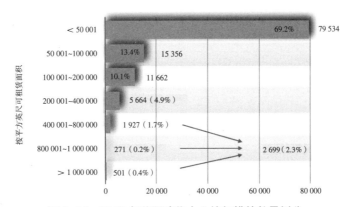

图 2-21 2018 年美国购物中心按规模的数量划分

资料来源：作者根据 ICSC Research Council 资料绘制

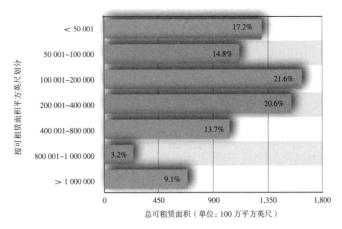

图 2-22 2018 年美国购物中心按规模的面积划分

资料来源：根据 ICSC Research Council 资料绘制

（3）奥特莱斯业态的产生和发展

奥特莱斯是英文"Outlet"的音译，原意是"出口"或"出路"。奥特莱斯商店的概念最早起源于美国东海岸的服装和制鞋工厂的直销商店，工厂起先将过量或处理的产品低价出售给员工，然后又开始出售给员工以外的人员。通常这些商店都是和工厂在一起的，作为工厂的门店。1936 年，一家生产叫作"小安德生（Anderson-Little）"的男装品牌的生产商第一次将这种工厂直营店开在工厂以外的地方，但也远离传统的零售中心。到 20 世纪 70 年代，这种独立的工厂已经有很多，这些直营店的主要目的是销售和处理过季的商品。

1974 年，第一家多店铺集合的工厂直销中心在宾夕法尼亚成立，是由生产叫作"名利场（Vanity Fair）"品牌的女士内衣的制造商创建的。20 世纪 80 年代到 90 年代，奥特莱斯在美国迅速发展，奥特莱斯在消费者心目中建立价廉物美认知的同时，也越来越被制造商重视,认为是一个重要的新渠道。也是从20世纪80年代开始,越来越多的季节性商品开始出现在奥特莱斯,逐渐改变了奥特莱斯起初的只出售"过季或处理"商品的形象。

2003年美国的260家工厂直销店的销售额达150亿美元。90年代是美国奥特莱斯的一个快速发展的时期,数量从1988年的113个增加到1997年的325个。但2000年后增速放缓,也有一些奥特莱斯商场关闭。目前,美国奥特莱斯的总可租赁面积约为5 500百万平方英尺(5 120万 m^2)。奥特莱斯的平均规模在美国约为21.3万平方英尺(约1.98万 m^2)。

37%的美国消费者会在一年中到访奥特莱斯,奥特莱斯的销售额占美国除汽车销售以外的零售额约为2%,依然具有增长潜力。

奥特莱斯并不只是美国独有的零售现象,现在欧洲、日本和中国奥特莱斯也都是遍地开花。

美国的研究发现奥特莱斯的消费者多为年轻中产家庭,42%为大学毕业生,62%的年龄低于50岁。平均的出行距离为30~80英里或1个小时的车程。消费者在奥特莱斯的平均滞留时间为2个小时以上,比他们在区域型购物中心的平均滞留时间要多出60%,平均支出也要比他们在区域型购物中心多出79%。

奥特莱斯的发展从零售角度可以归结为以下4点原因:

第一,奥特莱斯对于不能预见的过量商品或一些质量受损的商品提供了一个方便的"处理渠道"。行业研究显示这种非正常和处理的商品占整个奥特莱斯销售占比约为15%。

第二,奥特莱斯通过服务一批之前因为价格敏感而从不光顾高端服务导向的奢侈品商店的客户,拓展了市场的覆盖。比如在奥特莱斯发现了一些之前从不购买品牌商品的消费者以及旅游客群等。

第三,生产商也可以通过自己的渠道挑战他们之前的零售商,作为对他们的传统零售商的一种约束。这也是为什么一些工厂直营店甚至开到了传统的零售中心或市区内。传统零售渠道和奥特莱斯渠道的并行成为许多品牌制造商的发展战略。现在制造商的一些经典爆款产品也成为奥特莱斯销售的主要产品,也在较大程度上帮助供应商获得成本效益。

第四,制造商可以利用直销渠道更精准地服务一些较单纯的客户群体,比如他们对于高端服务的需求标准并不高,也通常不会在传统高端零售商店为获得更好的服务支付更高的价格,而这类客户可以在直销店能够以较低的价格获得他们所想要的品牌商品。

上面是从零售角度对奥特莱斯如何帮助降低成本的分析。奥特莱斯的本质也是实施统一管理分散经营的购物中心资产。奥特莱斯作为购物中心的资产通常都位于高速公路连接的便于抵达的城郊地带，停车区域开阔，租金相对也比较低。很多还是开在旅游目标地附近，进一步确保了节假日的人流量。而且奥特莱斯一般都呈开放和扁平的形式，相较于封闭和垂直的盒子类型的购物中心，奥特莱斯的建筑构成、停车设施、电梯、空调等营运费用都要节省很多。加上各类零售营运商对于商品授权的集合和掌控，奥特莱斯的本质是在零售产业链上的零售经营和地产营运的协同作用，为创造更好的商品和更低价格的一个创新举措。奥特莱斯可以使消费者以较低的价格买到较好的品牌商品的特点在很大程度上迎合了绝大多数消费者的心理和价值追求。奥特莱斯的低成本营运和相对较高的销售坪效所形成的资产投资回报的能力也获得机构投资人和商业地产信托的青睐。这也是后来奥特莱斯在美国以外的市场蓬勃发展的关键原因。

（4）TOD模式的产生和美国购物中心发展的新趋势

伴随着美国购物中心的发展，也出现了一些反对的声音。一方面，这种以汽车为导向的发展模式使城市向郊区蔓延、城市中心中空化，城市密度不均衡，连接城市和各社区的纽带弱化和扭曲。进一步造成了交通拥堵、能源消耗、环境污染等问题。于是，20世纪90年代，新城市主义代表彼得·卡索尔普（Peter Calthorpe）提出了以城市轨道交通为导向的新的城市开发模式。类似中国香港和新加坡主要凭借公交和轨道交通发展商业中心的（TOD）模式引发了更多的讨论。另一方面，随着互联网技术的普及和美国以亚马逊为代表的电商的兴起，更多的人开始质疑购物中心的可持续性。但是以西蒙（Simon）为代表的美国购物中心领导企业以自己连续数十年96%的高出租率和稳定表现驳斥了这种怀疑。而且亚马逊通过并购全食超市和开设亚马逊各类实体零售店，全方位介入实体零售和进入购物中心领域，这也使人们重新意识到了今天数据和实体交融的必要性。最新的动态是亚马逊和JBG史密斯（JBG Smith）商业地产信托合作开发数以百万平方英尺计的实体零售商业，打造18小时与办公、居住和酒店配合的新型综合体零售、休闲和娱乐目标地，从之前拥抱实体商业上升到了孕育实体商业的境界❶。就像20世纪三四十年代后统治美国零售业很长时间的两大百货西尔斯和蒙哥马利沃德，都是线上线下融合的先锋。因此，关于美国零售和购物中心的未来走势，无论是西蒙还是亚马逊都认为，数据和实体零售世界的交融已经成为一个势不可挡的趋势。正如美国购物中心的另一支生力军，来自澳大利亚西田集团的CEO斯蒂文·洛伊指出的："这种交融带给实体零售商的优势是单纯的电商所无法比拟的。"

---

❶ Steve McLinden, Plot Twist: Here's where Amazon is actually spurring brick-and-motor retail, ICSC SCT 2020-02-21.

作为小结,也是关注美国购物中心历史和现代零售发展不应忽视的三点:

第一,美国购物中心总数中的97.7%都是社区和邻里购物中心,而区域型购物中心的总数到今天为止依然不超过3 000家,数量占比不到2.3%,面积占比仅为26%。这些数据尤其值得国内行业注意。

第二,南谷购物中心的创立,代顿百货和唐纳森百货同类零售商的聚集效应也是促成购物中心零售聚集和蓬勃发展的一个不应忽视的关键因素。

第三,现代零售的发展,包括线上线下的融合,源于100多年前理查德·西尔斯先生的洞察和创新。科学技术从早年的蒸汽机技术、铁路、汽车、公路等到今天的互联网和数据技术,一直都在促进零售业的进步和变革。

2.3.2 澳大利亚购物中心的发展回顾

(1) 切姆塞得——美国以外的第一个现代购物中心的诞生

澳大利亚受美国购物中心的启发,购物中心起步于20世纪50年代后期,但是澳大利亚的情况却与美国截然不同。澳大利亚虽然国土面积庞大,但是地广人稀。20世纪50年代初期,澳大利亚只有830.7万人口,主要分布在悉尼、墨尔本、布里斯班等五个主要城市。但是澳大利亚的人口持续增长,第二次世界大战后,大量欧洲移民涌入澳大利亚。这些新移民的澳大利亚梦就是拥有一片自己的土地和房子。为了让这些新移民实现居者有其屋的梦想,环绕在这些主要城市周边的土地被划分为居住用地并开始建造大量的住房,构成了许多位于城郊的新居民区。到1960年,这些"郊区"使澳大利亚成为拥有全球最大面积郊区住房的国家。但是这也带来了一个新的问题,这些住在郊区的新居民远离位于传统市中心的购物区。他们拥有住房的澳大利亚梦也使他们与传统的购物设施分离,并且当时澳大利亚汽车的拥有量也还很有限。

为了解决这些新居民的购物问题,零售商找到了开发商寻求解决之道。他们需要把零售业务开到郊区去,而不是尝试吸引这些新移民到传统的市中心去购物。因为在郊区,这些新移民需要添置家具、抚养子女,消费稳步增加,具有未来消费潜力的人群正在聚集和成长。作为响应,也是受当时蓬勃兴起的美国购物中心的启发,房地产开发商开始在郊区建设购物中心。

布里斯班成为澳大利亚有史以来第一个购物中心的发源地,1957年,可以让汽车开进的切姆塞得购物中心建成(图2-23),它也成为在美国以外建造开业的第一个现代购物中心。顾客无需再沿路边停靠,拥有700个车位的集中停车场和切姆塞得购物中心构成了美国以外的"被停车湖泊环绕的购物之岛"。不久,悉尼的莱德购物中心开业。而后,西田集团的两位创始人约翰·桑德尔斯和弗兰克·洛伊于1959年在悉尼西边的布莱克镇创建了第一个西田购物中心——西田广场（图2-24）。1960年，轰动澳大利亚的墨尔本查斯顿购物中心开业，查斯顿购物中心到今天一直是南半球最大、业绩最出色的购物中心。

图2-23　1957年布里斯班的切姆塞得购物中心

资料来源：Westfield Fifty Years

图2-24　西田的第一个购物中心——西田广场

资料来源：Westfield Fifty Years

（2）澳大利亚购物中心满足基本需求导向的定位和发展路径

澳大利亚购物中心首先要满足居民的基本零售需求。这点与美国购物中心的时尚和休闲定位的导向不同。美国当时拥有1.5亿全球最富裕的人口，美国汽车保有量和普及率全世界最高。人们可以想象，60多年前美国人驾车奔驰在四通八达的公路网上，

第 2 章 商业发展的历史和演变

那是一种何等愉悦的体验。美国的经济发展水平和居民的可支配收入，以及科学技术的进步都助推了美国的消费主义文化。而美国的购物中心担当了先锋角色，引领这种理念。美国购物中心装饰豪华、停车便利，租户组合主要是服装、配饰、礼品、美容、咖啡和餐厅。但是在澳大利亚，那些为了实现澳大利亚梦购买了土地和住房的家庭，并没有剩下多少可供他们随意支配的收入。因此，这些购物中心也没有引进那些通常传统市中心才有的高端品牌，更不用说 LV、Prada、Gucci 和 Dior 等奢侈品牌。澳大利亚的购物中心里面有超市和折扣百货，还有独立的水果蔬菜店、肉店、鱼店、家禽店、面包店和食店杂货店等，还出售工作服和校服等日常服装。

20 世纪六七十年代，澳大利亚经历了一个购物中心快速发展的时期，购物中心像雨后春笋般在澳大利亚大量地涌现。到了 20 世纪 70 年代末和 80 年代初，随着购物中心数量的不断增长，由于澳大利亚总人口的限制，购物中心趋于饱和（这也是西田集团于 1977 年开始进入美国市场发展的原因）。澳大利亚的商圈之间开始重叠，购物中心之间都在为争夺消费者而展开激烈的竞争。这时，市场调研发挥了前所未有的作用。从细致的人口统计学分析到对消费者心理的研究，从详尽的营销策略的制定到针对目标人群的焦点小组的访谈，澳大利亚购物中心经理人在一个新的领域发展了一种技能，这种技能可以使他们把控未来。他们变成了消费趋势变化的专家，随着居民可支配收入的增加，他们会不断地调整租户组合，在日常需求和开始显现的消费主义的影响之间寻找新的平衡。由于澳大利亚人口规模很小，所以竞争都是设法从对手购物中心中吸引和争取客户，这使得澳大利亚的购物中心经理人很具有诊断能力。

在澳大利亚购物中心行业，购物中心和零售商的关系的意义大大超出了单纯的业主和租户的关系。市场洞察是澳大利亚购物中心成功的一个重要原因，这也是为什么像澳大利亚的西田和联实等企业在走向海外市场拓展的时候，都会带上澳大利亚本土的市场调查公司。而像迪拜 Mall 和酋长国购物中心等世界级的地标项目都聘请了许多澳大利亚团队和澳大利亚顾问，就是看重澳大利亚购物中心的专业人士可以把一个人口不多的市场做活的本领。

澳大利亚购物中心经理人在不间断地展开市场调查研究的同时，有了一个飞跃性的发现。虽然这一发现有些偶然，但却对改变澳大利亚购物中心经理人的思维方式并对整个行业的未来产生了积极的影响。这个发现也非常简单，就是："当你的购物中心更多地关注社区，更多地把购物中心当作并且开发和管理成为社区的焦点，而不是一个单纯的零售设施，你的购物中心就可以赚更多的钱。"澳大利亚购物中心经理人发现了存在于企业利润和企业对社会进步承诺之间的直接和无可争议的关系。开发商和经理人更多地介入社区的事务，并将这些社区的关注点反映在其所在的区域型购物中心上面，用纯商业的术语来表述，这些购物中心的回报就会更高。

澳大利亚的郊区一开始是没有灵魂的，不过是将许多的住宅连成一片而已。它们与任何社区设施隔绝，也远离市中心。没有心脏，没有相聚的地方，平淡无奇也缺乏特征。澳大利亚的区域型购物中心改变了这一切，成为事实上城郊新镇的中心，替代了传统的乡村广场，成为社区的焦点。在这里，情侣相会、朋友相聚、孩童玩耍，人们举办各式各样的社区活动。中庭广场可以陈列孩子们的绘画作品，作为艺术类竞赛的场所。不久，澳大利亚购物中心又引进银行、住房互助社、医疗援助基金、报亭、药店、眼镜店、五金店、书店、理发店、钟表修理店、裁缝店及电器专卖店等，在一些大型或区域型购物中心，还设有医疗护理中心、牙医诊所、X光设备和理疗师等。进一步地，托儿所和宠物医院等都搬进了购物中心。到20世纪70年代末，澳大利亚的购物中心已经很好地树立起了自己的特征和形象。随着时间的推移，澳大利亚的区域型购物中心成为其所在的市镇的真正的中心，而不再只是一个零售物业的载体。

进入20世纪80年代后，澳大利亚几乎很少再建造新的购物中心，一般都是在原有的基础上进行改造或扩建（借用我们今天业内一句流行的话就是从增量时代进入了存量时代）。与时俱进的调整和改造成为澳大利亚购物中心成功的一个最重要的原因。改造不仅使澳大利亚购物中心可以与时俱进地保持与市场变化的相关和同步，而且每一次改造不仅可以获得收入的增长，还可以实现丰厚的改造利润，极大地促进资产的增值。

澳大利亚购物中心从学习美国的购物中心起步，因为人口和环境因素与美国不同，走上了与美国购物中心不一样的发展路径。美国购物中心是"产品导向"，更注重建筑形态和内表装饰，倾向于休闲奢华的定位。澳大利亚购物中心是"市场驱动"，更加关注社区的基本零售和服务需求。但是在投资回报方面，澳大利亚购物中心明显更胜一筹，特别是对于机构投资人和养老金来说，澳大利亚购物中心更受追捧和青睐。

（3）澳大利亚购物中心的国际行业领导地位

随着经济的发展和社会的进步，进入21世纪后，购物中心产业变得更加国际化，伴随着居民可支配收入的增加，美国和澳大利亚购物中心也在相互影响和靠近。自西田集团进入美国后，美国的购物中心里也开始出现了超市和食品店。澳大利亚购物中心也开始融入更多时尚和休闲的元素。2005年改造后重新开业的西田邦迪枢纽购物中心是澳大利亚第一次将LV这样的奢侈品大牌引入购物中心（这比中国和泰国的购物中心都晚了好多年）（图2-25）。西田邦迪也成为西田标杆购物中心的母版。由此开启了西田集团在英国伦敦和美国旧金山和纽约等"最好的城市，塑造最好的购物中心"的新的时代。

图 2-25 西田邦迪枢纽购物中心

澳大利亚购物中心今天正领导着国际购物中心的发展潮流，在欧洲，西田伦敦和联实的蓝水购物中心一直都是欧洲购物中心的典范；在美国，业内谈论最多的是西田的洛杉矶、旧金山、纽约世贸中心商场在美国所获得的成功；在亚洲，从台北 101 到吉隆坡双塔，从酋长国购物中心和迪拜 Mall，澳大利亚购物中心业者不断为国际购物中心行业树立全新标杆。图 2-26 是 Baker 咨询公司在 2018 年年底对澳大利购物中心在全球行业情况的报告中对美国和澳大利亚的区域型购物中心的数据作的最新调查，报告还包括了加拿大、英国和新西兰的相关数据。可见，澳大利亚以 10 003 澳元的销售坪效超出美国的 6 526 澳元，也高于加拿大、英国和新西兰的数据。进一步证明了澳大利亚购物中心在全球的领导地位。也证实了迪拜的投资人说的，聘请这么多的澳大利亚专家正是看中他们可以把一个人不多的市场做活的本领。这句话其实说到了今天我们国内行业所面对问题的本质。因为澳大利亚的"人少"与我们的"场多"说到底是同样的问题。

作为小结，介绍澳大利亚购物中心发展的目的基于以下三点考虑：

第一，树立购物中心的组合意识，即瞄准基本需求的组合定位导向。不盲目追求奢侈品大牌或高大上。澳大利亚购物中心从满足 What You Need 定位组合导向出发，和崇尚消费主义的美国购物中心的 What You Want 的产品组合思维形成鲜明对比。

第二，澳大利亚购物中心与时俱进的不断调整和改造，以及社区关注的理念和实践都是非常值得全球购物中心业者研究的购物中心成功的 DNA。

第三，从某种意义上讲，中国购物中心行业受美国购物中心影响很大，人们还没有普遍意识到澳大利亚模式可以为中国的购物中心发展提供更多有意义的启发和借鉴。

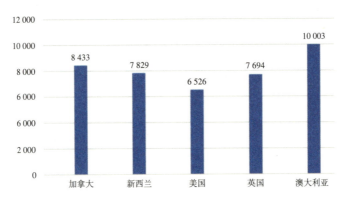

图 2-26　2017 年区域型和超区域型购物中心的销售坪效（单位：澳元）

资料来源：国际购物中心协会和 Baker 咨询公司报告

2.3.3　美澳购物中心对比和对国内业界的启示

（1）美澳购物中心的五个不同点

1）形成原因和项目区位不同。美国现代购物中心兴起于 20 世纪 50 年代中期，主要基于美国巨大的高速公路网络的建设和汽车的普及。在高速公路网络连接的城郊结合地带大片廉价的土地上，购物中心应运而生。而澳大利亚购物中心起步于 20 世纪 50 年代末和 60 年代初，由于澳大利亚人口稀少，购物中心主要是沿着轨道交通在人口相对集中的新的郊区市镇或枢纽地块建设。两者虽然都可以用英语称之为 "Suburb Shopping Centre" 即"郊区型购物中心"，但他们的本质含义是不同的。

2）商场定位和租户组合不同。美国购物中心的定位以时尚和休闲为主导，主力租户以时尚百货和休闲娱乐为主，倡导的是奢华休闲的消费主义理念；而澳大利亚购物中心首先要满足商圈人口的每日生活基本需求，主力租户一定有生活超市和生鲜食品，再配置一些销售折扣（廉价）百货等基本生活用品的设施。可以说美国购物中心的定位目标是给消费者 "What they want"，而澳大利亚购物中心的定位目标是给消费者 "What they need"。澳大利亚这种满足生活必需性消费的导向也极大地提高了澳大利亚购物中心抵抗经济周期的波动和各种金融风险的能力。

美国购物中心中时尚百货占比一般是澳大利亚购物中心的两倍多。而且美国的区域型购物中心没有超市。澳大利亚的西田集团进入美国后才开始把超市引入美国的购物中心。今天在美国的大型区域型购物中心当中，除了西田集团的购物中心，一般都还是没有超市的。在美国，沃尔玛和很多食品超市都是独立开店并拥有自己的停车场。这种满足消费者日常所需的零售设施基本是被隔离在美国的区域型购物中心之外的。

3）建筑形态和开放形式不同。由于美国的地域条件可以提供大量位于城郊的廉价土地，美国购物中心多呈扁平形态和开放形式，拥有 5 000 乃至 1 万个车位的宽阔的地面停车场随处可见，超过两层的垂直商业建筑形态并不多见，美国西海岸和南部地区的购物中心一般都是开放式的。这也在很大程度上省去了空调和电梯、扶梯等机电设备的投入。而澳大利亚的购物中心因为多是建在轨道交通的枢纽和市郊新镇的中心地带，土地价格昂贵，开发商必须充分提高土地的利用率，地下和立体停车及4～5层高的垂直和封闭的商业建筑空间形态随处可见。这点澳大利亚的购物中心与中国等亚洲国家的情况更为接近。

4）人均面积和店铺数量不同。澳大利亚的人均购物中心面积约为1.0m^2，美国的人均购物中心面积约为2.0m^2。一个标准意义上的美国区域型购物中心一般可以容纳108家商铺，而同样规模的澳大利亚区域型购物中心一般可以容纳208家商铺❶。可见美国购物中心更注重宽敞的空间体验和商品陈列，但澳大利购物中心的销售坪效却大约是美国的一倍。

5）社区聚焦是澳大利亚购物中心最突出的特点。社区关注是澳大利亚购物中心区别于美式购物中心（也包括其他国家购物中心）最突出的特点，澳大利亚把购物中心作为不可或缺的"社会基础设施"。澳大利亚的区域型购物中心承担了许多本应由政府投资建设的社区功能，购物中心的开发为社区提供了宽泛的服务。购物中心业主成为私营部门中对社区贡献最大的成员。购物中心在提高区域的凝聚力、降低犯罪率和提供社会养老金福利的保障等方面作出了突出的贡献。澳大利亚购物中心从单纯的零售店铺发展成为以零售为依托的社区生活中心，成为"带有屋顶的城镇中心"，反映了社区的价值、观念和趋势。澳大利亚区域型购物中心作为社区的焦点和聚集地，超越了单纯的零售商店，社区人口在那里逗留的时间越长，消费越多，对投资回报的促进越好。西田集团连续60多年经营购物中心，任凭国际经济形势风云变幻，因为其长期稳定的收益被行业称为"购物中心电厂"，澳大利亚购物中心也受到了包括美国在内的国际主流养老金和投资机构的追捧。澳大利亚购物中心对社区和社会的聚焦和关注也为其赢得了更大的商业回报。

（2）美澳购物中心对比对中国行业的启示

通过对美澳购物中心的了解和对比，可以使国内购物中心业者在了解全球购物中心发展历史的基础上树立对规模定位和租户组合等关键决策要素的重新认知。比较并不是要说澳大利亚模式优于美国模式，两个国家都是因地制宜做自己的购物中心，澳大利亚购物中心所表现出的更高的坪效其实也是由于更紧凑的空间使然，当然这与投资回报的效率有关，取决于你所处在的市场环境。

---

❶ Michael Baker，US and Australian Shopping Centre Performance Comparison，2009-5

中国购物中心的早期发展受美国购物中心的影响比较大，而对澳大利亚购物中心了解不多。澳大利亚购物中心对其所处环境的理解和反应尤其值得国内行业学习和借鉴，像"瞄准基本需求""精准的市场调查"和"与时俱进的调整和改造"等基本理念对于我们国内购物中心业者面对今天的现实情况，具有特别直接的借鉴意义。

2.3.4 中国购物中心的发展回顾

（1）中国购物中心发展的探索起步阶段（1990—2002年）

1996年，站在改革开放前沿的广州市诞生了国内第一家大型购物中心——广州天河城。天河城的开业标志着中国购物中心元年的开始（相较于1956年美国南谷购物中心的开业正好晚了50年）。但是谈中国购物中心的发展离不开上海。上海一直都是国内经济和零售最前沿和最发达的城市，商业历史悠久底蕴深厚。1918年成立的永安公司和1936年开业的大新公司，即新中国成立后的华联商厦和第一百货一直都是中国百货业的旗帜和标杆。不仅是上海人也是全国各地到上海的游客的购物首选地。

1993年，随着改革开放的深入，来自台湾的太平洋百货第一次将餐饮、休闲和娱乐业态引入百货商场，在上海当时还是非核心商圈的徐家汇商圈刮起了太平洋百货的旋风。国内的百货商场纷纷效仿，从此，餐饮和娱乐成为百货商场流行的标配。1995年，随着上海第一八佰伴的开业，这种融入餐饮、休闲和娱乐元素的百货商场无论从规模还是组合都达到了前所未有的高度。也差不多在同一时刻，上海的购物中心开始孕育起步。1996年开业的亚新生活广场应该说是上海的第一个购物中心，它是由上海昆仑台湾商城和新加坡台联商业投资有限公司联合开发的，以出租物业招募零售商家的方式经营。这和之前的华联、一百、太平洋及八佰伴的自行管理自行经营方式有本质的不同。由于亚新生活广场开在上海普陀这一非核心商圈，且规模仅有4万多平方米，没有引起人们太多的注意。

1999年开业的港汇广场成为上海人心目中第一个现代意义的大型购物中心。整个商业建筑面积达12万m^2，由香港恒隆集团投资，并委托美国的凯里森建筑设计公司担纲设计，在当时国内汽车还不普及的时候，规划了地下两层共计1 400个停车位实属具有前瞻性的魄力之举。但是港汇广场在开业最初的三四年间经历了一个比较痛苦的培育期，一层商铺也有许多空铺。那时的国内零售商还不太习惯于在一个建筑体内开设一个属于自己独立经营的店铺，而是更习惯于在百货商场内租一个柜位以加入百货商场的经营体系。广州天河城开业之初也遇到了招商困局，最后逼迫企业自己从事百货经营而分担大面积的空铺，天河城百货由此诞生。后来在天河城业务转强、一铺难求的时候，原先很多天河城百货的位置纷纷被割让给其他租户，造成天河城百货现在东一头、西一块、上下不垂直对齐的布局。港汇广场的招商困难还在于它与上海徐家汇商圈这个国内当时最强势的百货隔街相对，加上早年百货公司对购物中心的极力封杀，不容许百货商场的零售商到隔壁购物中心开店，否则就要被百货公司撤柜。但是，零售发展和升级的潮流毕竟不可阻挡。不久由香港长江实业、瑞安及恒隆投资的具有影响力的上海梅龙镇广场、上海新天地和上海恒隆广场先后在 2000 年到 2001 年间开业。2002 年，泰国正大集团投资的从 1993 年就开始规划、建设、经历了亚洲金融风暴影响的上海正大广场终于开业营运。这些购物中心都或长或短地经历了开业后的调整和培育期。上海的梅龙镇广场是上海最先盈利的购物中心。上海新天地的成功使"新天地"成为国内开放型购物街区的代名词。开业数年后的港汇广场也开始起飞，出现了一铺难求的局面。港汇广场和恒隆广场成为中国购物中心发展起步阶段的两个标杆。

同时，在北京，由东安市场集团和香港新鸿基合资兴建的新东安市场于 1993 年正式动工，于 1998 年竣工开业。老北京人都知道老东安市场是 1903 年开业的具有吃喝玩乐购功能的大型集贸市场，也是近百年来北京人吃喝玩乐购的首选目标地。1955 年，号称新中国成立后第一座自建的王府井百货大楼就是为了依托区块深厚的商业底蕴，建在了东安市场对面，从而最终构成了以王府井百货和东安市场领衔的北京第一商圈。新东安市场的布局由东安市场和一个主力百货作为两端的主力店，中间为出租的店铺。作为一个标准的购物中心布局，采取招募零售商独立经营的方式，但项目取名依然叫"市场"而不是购物中心，可见中方业主绝对是想保留东安市场在北京的号召力。美国的 RTKL 设计公司负责建筑规划和方案设计，可以看出建筑师在遵循购物中心动线和布局的原则基础上，也在立面、入口和屋顶的表现上与北京的建筑地域风格相互融合。项目建成后还获得了中国建设工程鲁班奖。

1985 年，在北京的长安街和东三环交界的西北角一个叫作大北窑的地块，由马来西亚郭氏兄弟和国贸中心合资的北京国贸中心项目开始兴建，并于 1990 年 8 月一期竣工开业。国贸中心由酒店、办公、商住和商业的功能建筑组成，也让国人第一次认识了 CBD 和城市综合体。但是，由于当时的条件限制，一期开业之初仍以百货集合店为主，餐饮的配置更像是一个单位的食堂。随着商业和经济的快速发展及国贸中心二期的继续开发，国贸商城作为购物中心、综合酒店和办公建筑的协同优势开始显现。1999 年，它经过调整改造成为北京第一个引进 LV 等奢侈品大牌的高端购物中心（不包括之前王府饭店内的奢侈品商场）。

2001 年，由东方海外和李嘉诚共同投资的东方广场开业。项目位于长安街 1 号，东起东单北大街，西至王府井大街，占地 10 万 m^2。作为一个 80 万 m^2 综合体建筑群的购物中心出地下一层和地上一层两条室内购物街构成。

至此，中国购物中心早期从萌芽到起步阶段的初步格局形成。业内通常说国内购物中心起步于 20 世纪 80 年代末，其实是因为政府开始计划引入和建设购物中心的计划始于 80 年代末，另一个原因是 20 世纪 90 年代很多引入餐饮休闲业态的百货商场也以购物中心自称，根据商务部对于购物中心的定义似乎也没有错（见 1.1 节）。但是真正实施统一管理分散经营专注为零售商提供经营空间，而自身并不介入零售经营、第一个真正意义上的购物中心是 1996 年的广州天河城。一个不可忽视的事实是，建设国内第一批购物中心的主力军主要是来自中国香港、马来西亚、泰国和中国台湾的企业。而且这些购物中心包括广州天河城在内都遵从了严格的"只租不售"的原则，确保了购物中心有效管理和后续改造的实施。直至今日，这些购物中心都表现优异，成为其所在城市的标杆购物目的地。所以，本书把 20 世纪 80 年代末到 2002 年这段时间定义为中国购物中心发展的探索起步阶段。

（2）中国购物中心发展的稳步成长阶段（2003—2012 年）

2003 年到 2012 年是国内购物中心的快速发展并且稳步成长的阶段。继香港恒隆、新鸿基、长江实业、东方海外、嘉里集团和正大集团之后，中国香港的太古和新加坡的凯德也都纷纷进入中国购物中心市场。更多的国有企业和民营企业像华润置地、万达集团等也都加入开发国内购物中心的行列。还有一些在所在城市具有影响力的开发项目，如北京的世纪金源和东莞的华南 Mall 等，加上原来就从事零售经营的百联、大商和王府井集团等，以及更多中小规模的开发商都在各自的区域和地块跑马圈地营建购物中心。

2003 年，凯德经过 7 年建设的国内第一个购物中心——上海来福士广场建成。同年由大连本土企业开发的大连和平广场开业。

2004 年，总建筑规模 68 万 m^2 的北京世纪金源购物中心开业，世纪金源在当时应该是全球规模最大的购物中心,超过了加拿大的西诶德蒙顿购物中心和美国 Mall。同年，深圳万象城开业，为国内综合体购物中心树立了全新的标杆。由此开启了华润置地作为一个专业国有企业背景的开发和营运企业向全国稳步拓展的步伐。

2005 年，北京 CBD 万达广场开业，标志着万达迅速从开始的第一、二代开发产品的教训中总结调整，万达第三代综合体开发模式开始萌生。同年，喧嚣一时的东莞华南 Mall 开业。还有武汉中商集团以英文 Shopping Mall 发音注册的"销品茂"及号称亚洲第一的广州正佳广场开业。

2006 年，上海五角场万达广场和宁波鄞州万达广场的成功起航坚定了万达集团进一步在国内快速扩张、做大做强购物中心的信心。也是在 2006 年，全球最大的购物中心企业——美国西蒙携手摩根士丹利和深国投成立合资公司，拟在国内开发购物中心。

2007年，北京西单大悦城开业，标志着国内另一家国资背景的生力军中粮集团进入购物中心行业。

2008年，南京水游城开业。鹏欣集团大手笔聘请日本博多水城一个16人的团队，囊括定位、组合、规划、施工、机电、招商、营销和管理领域的全方位的专业人员，加上业主和当地团队的成功配合。南京水游城的落地为国内二线城市区域型购物中心的开发和营运树立了一个全新标杆。同年，由西蒙和深国投联手打造的常熟印象城诞生，这也是国内第一个县级城市的购物中心。也是在同一年，太古在国内的第一个项目北京太古里建成开业。

2009年，苏州、郑州、杭州和合肥的印象城相继落成开业。但不久后的2010年，美国西蒙集团退出了国内市场而全部交由深国投商置接管，从此成就了后来国内商业地产行业又一支主力军——印力集团。

2010年，新鸿基投资的上海国金中心开业。在杭州，华润置地的第二个项目——杭州万象城开业。在成都，由新加坡仁恒置业投资的成都仁恒置地广场开业。这些都成为所在城市的标杆购物中心。

2011年，广州太古汇开业，成为继2004年开业的广州丽柏广场之后广州新的奢侈品时尚购物目标地。同年，沈阳万象城开业。

2012年，华润置地开了南宁和成都万象城。到2012年年末，万达集团通过积极布局国内的一二线城市，使万达广场的总数达到了65个。在南京，作为完全由国内民营企业投资开发的综合体的标杆——南京德基广场二期也在2012年底开业。

从2003年到2012年期间，国内的零售企业集团一刻也没有停止发展购物中心的步伐。百联集团继2004年开出西郊百联购物中心后在2007年又开了五角场的百联又一城，然后又于2008年完成了对原先的南方友谊商店升级为购物中心的改造。大商和王府井集团则主要是走百货型购物中心的道路。参照中国台湾和日本的模式，在百货商场的基础上引入餐饮休闲业态。典型的代表是大商新玛特购物中心和2009年的大商第一次引进包括LV在内的众多奢侈品的购物中心哈尔滨麦凯乐等，还有很多在国内很多二三线城市以王府井购物中心命名的项目都属于这个类型。

总的来说，从2003年到2012年这段时间，购物中心基本发展有序，这些新开购物中心项目也非常适时地迎合并带动了城市的经济发展和零售升级。以上海为例，到2012年年底，上海开业的购物中心总数达到97家，总建筑面积为717万 m^2，上海人均购物中心面积为 $0.3m^2$，购物中心的年销售坪效达到每平方米1.46万元。而且这是从2006年上海购物中心初具规模后的0.95万元的坪效逐年递增上来的，每年的平均增长率为7.5%。这期间，除极个别项目外，购物中心普遍的投资回报都比较理想，所以本书将这一时期定义为国内购物中心的稳步成长阶段。

（3）中国购物中心从增量到过量的增速跃进阶段（2013年至今）

2013年后，国内购物中心继续保持强势的发展态势。恒隆集团携打造上海两个标杆项目的优势先后进入国内的沈阳、济南和无锡等城市。值得一提的是港资企业当中姗姗来迟的九龙仓于2014年在成都开出了IFS购物中心，为国内的省会城市和西南地区的综合体购物中心树立了全新标杆。

2014年昆明西山万达广场的开业标志着继美国西蒙、澳大利亚西田、德国ECE和法国尤尼百之后，国内也有了规模过百❶的购物中心集团。同时还涌现了一大批像印力、星河、新城、龙湖等许多成规模的在全国或区域攻城略地的购物中心开发企业。在激烈的竞争中也涌现了像印象城、COCO Park等表现稳定的购物中心连锁企业和品牌。

2015年，由上海新世界商城改造重新开业的K11购物中心刮起了一股艺术和购物中心结合的旋风。

2016开业的上海七宝万科广场将食品的向下覆盖做了很好的创新尝试，大食代美食广场的销售全国第一，以消费者"买了就走"的食街"赏味市集"不但吸引了大量的人流，更创造了可观的租金收入（见4.6节组合案例研究）。2017年开业的苏州中心的火爆场面与工业园区其他购物中心的冷落人气形成了鲜明的对比。

从2013年起，国内经济已经经历了由过去的高速增长到中速发展的换挡，进入了"新常态"时期。购物中心的建设周期从市调、定位、策划、设计到建设和招商通常需要平均三到四年的滞后时间，所以2008年后，特别是面对全球金融危机中国4万亿元投资的带动，当时投入的大批量的购物中心也正好在2013年之后开始投放市场。同时，伴随着住宅地产的快速发展，一些城市和地区出现过热现象，于是政府密集出台各项针对房地产的调控政策和举措，这也使得更多的国内地产开发商纷纷进入商业地产领域。2008年之后，尽管中国GDP的增速变为个位数，但是商业地产的投资增速一直保持在15%以上，特别是2010年后，商业地产投资增速达到30%。2011年全年中国商业营业用房（主要是购物中心）的新开工面积首次超过2亿m^2，投资总额达到7 424亿元，占当年GDP总额达1.5%。2012年，这一比例上升到1.7%，2013年突破2.0%后一直到2017年都维持在2%左右，2018年略有下降回到1.6%❷，

---

❶ 指建筑面积超过3万m^2以上的购物中心。

❷ 数据来源：国家统计局网站。

依然很高。

根据国家统计局的数据,从 2000 年到 2018 年,国内商业营业用房的开工面积累计达到 27.1 亿 m²(图 2-27)。其中 2008 年到 2018 年 10 年间的开工面积就高达 21.9 亿 m²。而 2000 年到 2007 年期间,这个数据仅为 5.2 亿 m²。

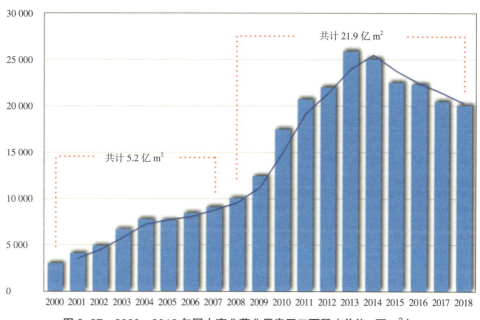

图 2-27　2000—2018 年国内商业营业用房开工面积(单位:万 m²)

关键是伴随着购物中心的大量开业,形成了供过于求的局面,很多项目出现了大量空置。还有大批购物中心因为招不到商而开不了业,或者开了业却因为业绩实在太差不得不关门。

就以上海为例。图 2-28 是上海购物中心从 2006 年成规模起步,到 2020 年的销售额和面积的增长。从 2017 年之后,上海购物中心的销售额增长已经开始跟不上规模的增长(图 2-28)。

根据赢商网的统计,2013 年到 2017 年间国内开业的购物中心总数为 2 438 家(图 2-29)。

2017 年之后,购物中心更是呈现爆炸式的发展。赢商网在 2018 年的年终盘点统计对从 2017 年到 2019 年的 3 年间,购物中心的拟开业数量和体量统计如图 2-30 所示。

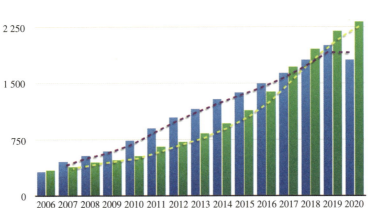

图 2-28　2006—2020 年上海购物中心销售额和面积的变化

资料来源：根据上海购物中心发展报告和历年购物中心数据整理

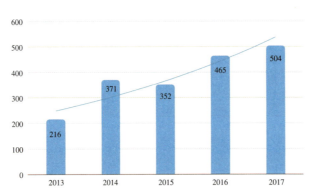

图 2-29　2003—2017 年全国新开购物中心数量

资料来源：赢商网赢商大数据（www.winshang.com）

图 2-30　2017—2019 年拟开业购物中心数量和规模

资料来源：赢商网赢商大数据（www.winshang.com）

截至 2019 年 8 月，赢商网的数据库内的购物中心数量就达到 5 932 个。赢商网借力互联网的优势和国内最广泛的地区机构对商业地产项目的直接跟踪，其覆盖范围应该是业内最广泛的，但还不可能达到 100% 的全覆盖。2019 年 3 月 13 日，搜狐网在报道"中国工程建设标准化协会"拟审查通过《购物中心等级评价标准》的新闻标题就是"中国购物中心超过 8 000 个，等级评价标准拟全国推广"。这也证实了国内购物中心的数量已经超过 8 000 个。根据赢商网最近的资料推算，购物中心的规模总量将在未来 3 年突破 4.5 亿 m^2。

从 2013 年到目前这个阶段，与之前稳步成长阶段形成鲜明对比的是开业达到盈亏平衡点的购物中心仅为少数，大多数购物中心都处于亏损状态。根据 21 世纪经济报道（2019-11-12）"百强房企所持 64% 商业项目亏损"，而对于过去 10 年全国商业营业用房开工建设 21.9 亿 m^2 的面积，目前的实际开业率仅为 43% 左右，另外 57% 的项目因各种原因未能开业。这些都造成了极大的社会资源的浪费。所以本书将这一阶段定义为从增量到过量的"跃进"阶段。

2.4 实体和数据交融的大趋势

2.4.1 PC 互联网和移动互联网的发展对零售的影响

21 世纪初，随着数据技术进一步发展，PC 互联网开始应用于零售业。伴随着亚马逊和 eBay 为代表的当代电商的迅速兴起，在当时的欧美业界，行业流行的说法是再过 10 年，实体零售店的 50% 都要关门。美国电商的销售占零售总额的比例也从无到有，在 2007 年超过了 10%。但是，也就是在 2007 年，苹果推出了第一款智能手机，智能手机的不断升级和迅速普及极大地促进了移动互联网的发展。在 2007 年到 2013 年的 6 年间，智能手机所积累的移动互联网用户突破了 17 亿，一举超越了 PC 互联网积累了 30 多年的用户总数。

2007 年成为一个关键的分水岭。图 2-31 显示了 2007 年之前的情况，我们都使用这些传统的模拟或数字手机，PC 电脑的网速也非常慢，那个年代没有 WiFi。

从 2007 年到 2013 年 6 年间，智能手机的更新和普及以指数级的速度增长。WiFi 的无线网络迅速普及，很快达到了 4G 的速率。见图 2-32。

手机成为人人必备的必需品。消费者通过手机可以在任何地点、任何时间购买任何东西，数据渠道提供了 7 天 24 小时的产品和基于新需求的服务通路。

图 2-31　2007 年之前的科技

资料来源：Westfield Macro Trends Digital and Retail

图 2-32　2007 后开始的变化

资料来源：Westfield Macro Trends Digital and Retail

2013 年，美国的零售数据显示，在 3.3 万亿美元的零售总额中，实体零售的销售占比达 90%（绿色部分），纯电商的销售占比为 5%（深蓝色），关键是中间浅蓝色的 5% 是消费者在实体店内通过实体零售商投资的电商渠道所做的购买。也就是说实体零售商通过线上和线下并举投资全渠道获得了具有统治力的 95% 的份额。而且到了 2013 年后，零售商已经不在乎消费者是通过网上购买还是店内购买，关键是只要在零售商投资的渠道购买就行。而纯电商的销售占比被压缩到了 5%。注意这是美国纯电商的销售占比从 2007 年的 10% 跌落到 2013 年的 5%。见图 2-33。

图 2-33　实体店在消费者的购物之旅中依然扮演关键角色

资料来源：A.K.Kearney Analysis

2013 年以后的数据和发展使 20 世纪初甚嚣尘上的"10 年后实体商业关掉一半"的论调不攻自破。到 2018 年,美国电商销售部分中 60% 都是美国的实体零售商通过自己的线上渠道实现的。所以美国实体零售商通过投资全渠道依然拥有 94% 的市场占有率。见图 2-34。

图 2-34　2007—2018 年美国实体零售和电商销售占比

资料来源:Internet Retailer

借力智能手机和移动互联网,零售商纷纷投资数据渠道。美国零售商们包括英国的约翰·路易斯(John Lewis)的 CEO 们都在说他们曾经错过了 PC 互联网,但是不会再错过移动互联网。图 2-35 显示了这些主要零售商投资数据渠道的占比。

图 2-35　零售商斥巨资建立数据渠道

资料来源:西田集团根据企业的财务报告整理

关键是这些美国主要零售商如梅西、塔吉特和诺德斯特龙等投资全渠道后,他们的网上销售的增长率在 2013 年全部超过亚马逊,见图 2-36。这也迫使很多之前著名的纯电商,如 Warby Parker、Piperlime、Bauble Bar,当然包括亚马逊和 eBay 等,都纷纷从线上到线下投资建立实体店。

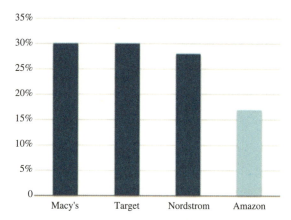

图 2-36　2013 年传统零售商网上销售的增长和亚马逊的比较

资料来源：BCM Research and Top 500.com

图 2-37 显示 72% 的网上购买者之前在实体店内看过，78% 的实体店内的购买者之前在网上看过。全渠道相关的重要性终于使行业重新认识到了交融时代实体零售的不可替代作用。

图 2-37　全渠道的相关性和实体店的不可替代性

资料来源：Seemless Retailing Research Study 2014 Accenture，L2 Intelligence

最具说服力的证明就是 2015 年亚马逊开出了第一家实体书店。接着 eBay 和 Warby Parker——这家当初被认为将颠覆所有实体眼镜店的电商——纷纷进入购物中心开实体商店。到 2018 年，亚马逊开了 11 家实体书店和 45 家亚马逊快闪店，虽然名义是快闪，但是和购物中心签的都是 5 年的租约，快闪的是亚马逊的产品。2017 年，亚马逊以 137 亿美元并购了全美最大的全食超市。美国行业把这一事件和 1893 年理查德·西尔斯先生创立西尔斯百货相提并论。西尔斯通过百货实体把邮购业务进一步做强，是线上线下交融的首创人，所以美国人把西尔斯称为亚马逊的鼻祖。最新的动态是亚马逊和美国的地产信托合作共建实体零售，打造新型的综合酒店、办公和居住的综合体购物中心，实现了被业界称为从拥抱实体零售到孵化实体零售的又一转变❶。

---

❶ 见 2.3.1 美国购物中心的发展回顾介绍一节。

西田集团作为过去通过购物中心将零售商和消费者建立实体连接的领导者，不断尝试在新的形势下努力创新打造购物中心的零售商和消费者的数据连接。面对所谓的购物中心"过时论"或"替代论"，西田认为是数据技术增强实体。CEO 斯蒂文·洛伊更是作出了"实体和数据的交融带给实体零售商的优势是单纯的电商所无可比拟的"精辟总结。

英国约翰·路易斯（John Lewis）作为一家连锁的百货通过投资全渠道创造了令全球零售商羡慕的业绩。2015 年，John Lewis 百货的实体零售在英国这个成熟市场保持稳定的 2% 的增长，John Lewis 的网上销售为其带来了额外 40% 的销售额（John Lewis 的成功与差不多同时期的国内许多企业以 O2O 的名义大量烧钱但收效甚微形成鲜明对比），交出了一份令全球零售商羡慕的优异答卷。但是 John Lewis 的董事长查理爵士在 2015 年的全美零售大会上的发言最后，特别告诫行业不要以为 John Lewis 的客户一部分是电商客户，而另一部分客户是实体店的客户。他说 John Lewis 80% 最有价值的客户都是同时在线上线下购物的，他们或者网上看好，店内下单；或者店内看好，网上下单。所以查理爵士告诫不能以渠道区分客户。全美零售大会从那次会议后决定不再提渠道，国际购物中心协会也取消了每年的全渠道会议。关键是这些都传递了一个重要信息，即不能再以渠道看问题。因为通过渠道看问题会产生误导，了解和分辨消费者才是问题的本质。后来西田集团进一步提出只有消费者一个渠道和只有线上线下一个市场的观点。

2.4.2 国内电商的发展——从"马王之赌"到"新零售"的转变

在了解了国外电商的发展和变化之后，再回看国内情况就很清楚了。阿里巴巴的电商其实都是在亚马逊、eBay 和 PayPal 的启发下结合国内情况做的创新尝试。因此，差不多比美国晚了一个 12 年的周期。2012 年，马云和王健林在经济人物的年度会议上打赌，马云认为到 2022 年实体零售的 50% 将要被电商替代，王健林表示不认同，并以 1 亿元作为赌资。虽然数额对他们来说不大，但是代表了对于零售发展趋势的不同观点。

对于国内电商的迅速发展，笔者在"马王之赌"后的 2013 年作出如下分析：

第一，产能过剩积累了大量的商品需要找到倾销渠道，而传统百货居高不下的扣点和名目繁多的费用筑起了很高的壁垒。电商提供了适时的渠道。（这点还要感谢马云使传统百货回归理性）。

第二，国内的人工成本依然相对较低，这使得国内的快递物流成本依然可以做到相对较低。

第三，也是一个很关键的原因，电商作为一个新生事物，由于法规的不健全和执行监管的难度，加之政府为了鼓励目前的消费，并没有对电商严格地系统征税。而对于实体商业的百货或购物中心的各种正式综合税负加在一起可以达到47%甚至更多。这个比例大大超过人们通常理解的线上和线下的价差范围。这是几乎没有税的淘宝和在同一个市场内的全球税负最高的实体店做的最不公平的竞争。这种不合理的现象长期一定不可持续。

第四，随着居民生活水平和消费水准的不断提升，服务类消费即国人通常讲的体验式业态相较于商品类消费的占比会越来越大。这也会挤压电商的成长空间。

国内电商的本质是低价冲击。这种冲击不会扩大社会效益，更不会促进技术进步。从2013年"马王打赌"到现在已经9年过去，而2020年国内零售电商的占比距离当初2022年要达到的50%依然相距遥远。根据国家统计局《2020年国民经济和社会发展统计公报》的数据，全年实物商品网上零售额为97 590亿元，比2019年增长14.8%，占社会消费品零售总额的比重为24.9%。增速也已明显放缓。而且笔者从参与该统计的中国商业信息中心处得知，目前的电商销售的统计存在一个较大的灰色地带，就是消费者用支付宝和微信在实体店内进行的所有购买行为也都被统计在电商销售的范围之内。所以，实际的电商销售还要挤出较大的水分。但是这个区分其实已经不重要了，就像John Lewis的查理爵士提出的看渠道会引起误导的观点。纵观国际商业的发展，统计电商渠道的销售占比已经变得越来越没有意义了。

上述事实都很好地解释了为什么在2012年还要信誓旦旦地颠覆实体零售的马云，仅仅到了2016年，就急切地提出了"新零售"，而且马云的解释就是数据和实体的融合。相信走世界懂英文的马云还是比我们业内更多的人士看到了国外智能手机和移动互联网所引发的最新的变化和趋势。马王打赌之后，阿里巴巴全方位进入和布局实体零售的脚步一刻也没有停止：

（1）投资控股浙江省最大的零售地产企业银泰；

（2）在杭州建设最大的实体淘宝商城（购物中心）；

（3）投资苏宁云店——看中的还是苏宁遍布国内的实体零售网络；

（4）开自己的实体咖啡店觅心咖啡；

（5）开自己的实体鞋店万鞋云商；

（6）开盒马鲜生超市；

（7）投资浙江的连锁超市三江股份；

（8）宣布与百联集团战略合作；

（9）投资入股高鑫零售；

(10)投资红星美凯龙；

……

由此可见，数据和实体的交融已经成为不可阻挡的前进趋势，无论是国外的亚马逊还是国内的阿里巴巴。

2.4.3 电商的优势和零售的本质

商业模式随着社会的发展和技术的进步不断演变，以网络思维来审视，各种模式本质都是网络的变化。早年的邮购是马车和海运加信件和电报传递的网络，面对的是一个高度农业化的社会；今天的电商是现代物流技术（海陆空）加互联网信息传递的网络，面对的是一个高度城市化的社会。

消费者的行为会因为社会经济和科技条件的不断变化而变化，但零售的本质永远都没有改变，那就是——以更低的价格和更便捷的方式为消费者提供更好的服务和产品！从这个意义上讲，电商技术对于更便捷方式的提供信息无疑是非常巨大和显著的，但是在提供更低价格方面并没有发挥实质作用。有观点认为，电商可以缩短流通环节，因而可以降低成本，但是信息渠道也是要付费而且也是应该付费的，现在网上收取的流量费在很大程度上也已经堪比实体渠道的租金了。

我们以网上银行为例说明。消费者可以通过网上银行在任何时候和任何地点获取服务，而且也免去了在实体店内排队和等候的焦虑，消费者的感觉自然是服务提升了；而对于银行也非常地乐见其成，因为免去了柜台的租金和银行店员的工资。于是人们说这就是互联网带来的优势。这当中，互联网带来便捷是对的，但是对于降低成本，和互联网没有直接关系，这主要是通过顾客的自助服务省下了银行店员的工资。其本质与当初食品杂货店向超市转变的过程中引入顾客的自助服务的道理是一样的。因此，互联网本身并没有改变零售的本质。因而也没有必要过分渲染所谓的"互联网+"。

从降低成本的意义上讲，我们的那些"新零售"的代表们依然任重而道远，在为消费者提供便利的同时，如何降低自身成本成为长期可持续发展的关键。比如我们很多的新零售超市提供的3公里半小时内的无冷链送货到家的服务，如果仅是将商圈居民本来一周内的消费碎片化地化整为零是没有意义的。从传统的中心地理论考虑，这些新零售的代表们不仅商品的利润受到限制，而且实际还要贴补消费者的交通成本、搜寻成本、时间成本甚至储藏成本。对于大多数消费者来说自然是乐此不疲，但是就像当年的自助服务代替食品杂货店的店员降低成本，以及连锁经营、品类杀手和折扣业态通过扩大购买规模降低成本，新零售需要找到真正的降低成本的"杀手锏"，不然任何不盈利的商业模式都难以持续。

另外，电商的服务具有标准化和普适化的特点，所以对于满足未来消费者不断提升和复杂化的需求也会遭遇瓶颈和挑战。就以日本为例，日本的电商销售占比不高，其实并不是日本的电商不发达，而是日本消费者的需求更加复杂和多样。这在很大程度上制约了日本电商的发展。

综上所述，还是要关注零售的本质，而不是所谓的"互联网思维"。零售不仅是细节、是技术，更是艺术。零售的成功需要经历长时间甚至是一代人、几代人的积淀，完全不是一般以为的"互联网+……"就可以简单替代的。就像《亚马逊·COM》一书的作者罗伯特·斯佩克特（Robert Spector）先生在总结亚马逊成功历程时说的"站在前面的永远是你的消费者，而不是你的技术"。这其实就是对"互联网+"的一个警示！

国际购物中心协会市场调查委员会2018年根据美国市场发布了一个最新的电商对实体店影响的报告。以下为其中的一些有趣的数据：

（1）开一个实体店增加网上点击率37%；

（2）对于新兴品牌，一个实体店平均增加网上点击率45%；

（3）对于已经建立的品牌，一个实体店平均增加网上点击率36%；

（4）在一个市场关闭一个实体店，相应市场的网上点击率降低77%；

（5）在一个市场只增加5%的实体店，相应市场的数据参与度和网上点击率增加显著；

（6）从每300万人口商圈一个实体店增加到每100万人口一个实体店，品牌知晓度提升83%。

这进一步证明了数据和实体交融带给实体零售商的优势是单纯的电商无可比拟的。用西田集团的说法是数据技术增强实体！所以国内过去甚至现在还将实体和电商割裂看待，或者依然以为谁将会替代谁的观点已经很落伍了。

最后，对于所谓电商对实体店的冲击问题，我们要透过现象看本质。和电商的影响相比，在一个稳定的商圈突然冒出2～3个甚至更多的购物中心，这种大跃进式的过剩造成的冲击就是200%或300%甚至更多。因此和百分之十到百分之二十几的所谓电商冲击相比实在是小巫见大巫了。

第 2 章 商业发展的历史和演变

小结

至此,本章对零售和商业发展的历史作了综合的阐述。其中也用较多篇幅对现代零售的主要模式购物中心作了更详细的介绍,包括对美澳两大购物中心主流派系的发展介绍和特点对比。这样,可以为后续的购物中心相关理论的介绍和阐述打下一个良好的基础。最后,通过实体和数据交融的大趋势对从邮购到电商的轮回及电子商务的本质和未来发展作了剖析。

第3章

商业地产的五大核心理论概述

本章对中心地理论、同类零售聚合理论、零售的外部性需求理论、估值理论,以及网络思维的概念和意义进行基本的介绍,为后续章节继续深入阐述上述理论以及联系实际的运用打好基础。

3.1 中心地理论

3.1.1 中心地理论——单目的购物／最近距离

20世纪30年代，德国人克里斯泰勒（W.Christaller）成为第一个零售空间模型的研究者，他描述了零售商圈的规模和抵达零售区域的距离之间的关系。克里斯泰勒曾经敏锐地问道："一个城市为什么有大有小，一定有什么原理在支配，只是人们仍然还不知道。"于是他开始探索城市的分布规律，并于1933年发表了《德国南部的中心地》一书。该书奠定了研究城市集群和城市规划的理论基础。克里斯泰勒的假设非常简单，即消费者为了单目的购物会选择最近的商场。他认为中心地提供的每一种物品和服务都有其可变的服务范围，范围的上限是消费者愿意去一个中心地得到物品和服务的最远距离，即"购物限程"。这时，消费者购买实际物品或服务的总价（商品／服务销售价格＋购物行程的交通成本）刚好等于消费者心目中的商品／服务价值（消费者剩余为零）。克里斯泰勒还同时提出了另一个变量——"需求门槛"，商店为维持收支平衡（Break-even）所需要的最小销售量，是一个关乎零售商家经营决策的指标。需求门槛的高低决定了一个中心地商店的规模和位置。

限程和门槛决定了商店的市场服务范围，即商圈。中心地理论将一个复杂的位置问题置于极简的假设条件下进行分析，奠定了中心地等级体系和区位分布的基础。单目的最近距离的理论也获得了包括贝里（Berry）等许多学者的实验证明。尽管克里斯泰勒的假设过于简单，仅以单一目的为前提，受到人们基于多目的购物的消费行为的质疑以及多目的购物中的交通、时间和储存成本等复杂消费行为和模式的挑战和批评。但是中心地理论对后来的多目的购物的中心地理论的研究和发展起到了抛砖引玉的作用。中心地理论为根据商圈覆盖的范围和商场的规模大小界定的区域型购物中心、次区域型购物中心以及社区和邻里型购物中心奠定了理论基础。

3.1.2 中心地理论——多目的购物／更远距离

最早的中心地理论有一个很大的限制性假设就是单目的和最近距离。汽车的普及极大地提升了人们的机动性并降低了交通成本。冰箱的使用也使人们可以在一次多目的购物行程中购买更多的商品。为了研究消费者的多目的购物行为，学者们需要说明消费者为了多目的购物到更远距离的行为。

戈利奇（Golledge）和拉什顿（Rushton）以及克拉克（Clark）（1966）的实验研

究和大量的文献对中心地理论的单一目的／最近距离的假设和贝里的发现提出疑问。最近的假设缺乏强大的实验支持，导致了其他研究者进一步研究最近地的假设。十多年后，汉森（Hanson）(1980)和奥凯利（O'Kelly）(1981) 揭示了中心地理论需要涵盖消费者通常得到比最近的更远的商场进行的多目的购物。戈什（Ghosh）及其伙伴(1984) 通过实验发现，存货成本是消费者决定多目的购物中行程频率的重要因素。

尽管中心地理论还不足以说明消费行为的各个方面以及解释同类零售商在一个中心地聚集的现象，但是中心地理论为购物中心的空间组织和后续的研究发展打下了重要的理论基础。它的重要贡献表现在两个方面：一是提出了"限程"和"门槛"的概念，成为商圈界定和计算拟建商场可承受规模的基础；二是引发了由单目的最近距离购物发展到多目的更远距离购物的研究，促进了购物中心和租户组合的早期的理论探索和发展。

3.2 同类零售商的聚集理论

3.2.1 最小差异化理论

零售商的聚合通常包括同类和异类零售商的聚集。其依据是中心地理论和最小差异化理论。不同类型零售商的聚集可以通过中心地理论的多目的购物降低通勤成本来解释，但是同类零售商的聚集没有办法通过中心地理论解释。

就在克里斯泰勒提出中心地理论的数年前，霍特林（Hotelling）在1929年就提出了最小差异化原理的构想，他在1929年发表的那篇著名的《竞争的稳定性》(Stability in Competition) 一文中首次引入"同类零售商"概念，解释了相同品类的零售商的聚集效应。霍特林说明了一个零售商的小幅度降价并不会造成市场的不稳定，也不会把竞争对手赶出市场。根据霍特林的分析，零售竞争有包括商品的质量等很多非价格的因素，大多数消费者喜欢与特定的商人以固有的方式交易，这些阻止了低价竞争者形成垄断。

在霍特林揭示两个销售同类商品的竞争商店在同一个中心市场的聚集的这个经典理论之前，普遍的观点认为所有消费者都到能给出最低价的商人那里购物，尤以1933年古诺（Cournot）和1925年埃奇沃斯（Edgeworth）所提出的观点为典型代表。当时的理论是一个单一和低价的零售商可以在一群零售商当中存活并形成垄断。

同类零售商集聚理论解释了在同一位置或同一购物中心出售同类商品的零售商的行为，正是其零售业吸引顾客的地方。"同类零售商集聚理论"以顾客效用最大化为核心,提供了一个行之有效的零售活动集聚模型,从而将比较购物的顾客的购物风险和寻找成本最小化。其假设条件为:同类的零售商集聚在同一位置,这种聚集依赖于提供更多的信息和比较机会来降低顾客的购物风险和减少寻找成本。当零售商将低端和高端的同类零售商放到一起时,顾客的比较机会就会更大。

零售聚集同时形成了规模经济,产生了报酬递增的经济效益。相关零售商在特定的区域范围内聚集,形成区别于其他非聚集零售商的突出特点。艾普利(M.J.Eppli)在分析商店区位,即消费者到购物中心的距离和零售商聚集的效应对比时,发现距离对消费者的影响并不比零售聚集的效应更大。[1]日本学者石原武政教授对商业集聚的原理作做了进一步的阐述[2]:①表面上看,同类店铺相邻,似乎会因竞争而流失各个店铺的客源,但实际上聚集吸引所增加的客流远大于因为竞争而引起的客户分流;②解决消费者所需的商品和服务的种类繁多和单个店铺供应不足的矛盾的最好方法就是聚集;③商业聚集区内店铺对外部的依存关系构成了商业聚集的本质。

购物中心通过类似的零售商和服务商的聚合,在一个较小的空间范围内能够获得更多的利益和优势,而这些利益和优势是在这些零售商分散独立经营时无法获得的。

1956年,美国的代顿百货(Dayton)说服了它的竞争对手唐纳森百货(Doldson)在明尼阿波利斯的郊外开设了第一家封闭的双层结构商场——南谷购物中心。他们合作的初衷是降低建造成本,但是令他们惊奇的是,坐落在这个购物中心内的这两家主力百货店的销售额都增加了。在随后的60年间,购物中心的开发商和业主不断地将同类零售商聚集并通过优化租户组合强化购物中心的主力店和单元店铺的销售额。在当今,最典型的例子就是几乎所有澳大利亚的区域型购物中心,你都可以看到两家规模和品类非常相似的超市Woolworth和Coles。而Woolworth和Coles这两家超市在亚洲品牌的价值排行榜上分列第一位和第三位(排第二的是日本的优衣库)[3]。这些都很好地证明了霍特林的同类零售商聚合的理论。

霍特林理论也引发了大量的研究和争论。并导致了"比较购物"和"规划的购物中心"概念的提出。

3.2.2 比较购物概念

张伯伦(Chamberlin)(1933)和勒纳(Lerner)以及辛格(Singer)(1937)认为

---

[1] M.J.Eppli, J.D.Shilling. How critical is a good location to a regional shopping centre?[J].The Journal of Real Estate Research,1996.

[2] 石原武政著.商品流通[M].吴小丁,王丽等译.北京:中国人民大学出版社,2004.

[3] 本书第4章将专门对Woolworth和Coles组合案例做深入研究。

同类零售商的聚集是社会资源的浪费并会造成零售商经济上的不稳定。例如，张伯伦Chamberlin 用在一个中心市场的三个零售商测试，发现竞争对手都试图抓住其他对手的客户，由此造成了稳定的分散。（应该说当今澳大利亚许多大型区域型购物中心的三家超市聚集和优异的表现已经使这些当初的理论显得过时）。

伊顿（Eaton）和利普西氏（Lipsey's）（1979）通过模型研究消费者的比较购物行为，发现了霍特林（Hotelling）的聚合理论的社会作用，并确认了消费者有希望在同一购物地点做比较购物的愿望，从而认识到了正面聚合的经济效应存在于位于同一个位置的同一类的零售公司之间。

韦伯（Webber）（1972）的研究比较了购物行为文献中经常提到零售模型中的消费者的不确定性，指出当消费者在一个零售商那里对他所要购买的东西不确定时，他们经常会去一个零售商聚集的地方通过比较来消除不确定性，从而减小所要购买东西的不确定性。

德·帕尔马（De Palma）、科尼安斯基（Ginsburgh）、帕帕耶奥尔尤（Papageorgiou）和蒂斯（Thisse）（1985）的研究表明消费者不愿意舍近求远购买同类产品，但是当竞争类产品有一些相对的差异时，对这些特别商品的购买就会使消费者觉得付出额外的距离代价是值得的。我们现在可以理解为同类商品的多样化。

3.2.3 规划的购物中心概念

1979 年，伊顿（Eaton）和利普西氏（Lipsey）在对霍特林最小差异化理论的研究中提出了比较购物的概念。1982 年，通过对克里斯泰勒中心地理论的拓展，伊顿和利普西氏同时从供给端和消费端考虑建立模型，分析两个零售商聚合的平衡效应，提出了规划购物中心的概念。韦斯特（West）、冯（Von Hohenbalken）和克朗（Kroner）（1985）在伊顿和利普西氏（1982）的理论框架基础上，通过实验测试深度挖掘一个经过中央管理周密规划的购物中心贡献的文章。文中对伊顿和利普西氏的规划购物中心概念做了四点总结：

（1）消费者通过多目的购物和比较购物可以减少成本；
（2）零售商通过零售聚合和需求的外部性集聚可以扩大利润；
（3）外部性取决于销售产品的性质，外部性可以是正向也可以是负向的；
（4）消费者的需求规模决定了商店的位置、大小、商品和营运成本。

伊顿和利普西氏对规划购物中心的理论拓展从根本上解释了，同类零售商和异类零售商的聚合，是因为这些零售商要通过聚合和规模经济的溢出效应扩大利润，而消费者也要通过多目的购物和比较购物降低成本。伊顿和利普西氏也解释了商场有大有小,都是由所处在的区位、消费者密度和产品的性质综合决定的。

购物中心的规划和发展在美国是和汽车的使用和高速公路的扩建同时发生的。消费者愿意出行到更远的经过周密规划的购物中心进行比较购物,这样减少了他们的搜寻成本并降低了找不到想要购买的商品的风险。斯托克维斯(Stokvis)和克洛尔(Cloar)(1991)证实了人们到创新的郊区购物中心而不是传统市中心的购物街区是为了降低搜寻成本的想法,提到了市区商业大量的问题诸如缺乏零售信息、没有集中的管理、没有计划的招商、也没有统一的标识和停车位稀少等。斯托克维斯和克洛尔谈到大多数的市中心零售不成功是因为它们缺乏消费者信息和好的比较购物的机会,这些便利在经过周密规划的购物中心里则是随处可见的。

但伊顿和利普西氏提出了一个经过周密规划的购物中心禁止低价和便利商品的零售商作为一个品类进入的理由。通过限制那些通常销售同样商品的低价零售商,购物中心业主防止了最直接的价格竞争,同时通过在购物中心的租户组合中接纳更多高价值的同类零售商加强比较购物的机会。学者们也依据这些观点部分地解释了在过去的数十年间,美国的大型购物中心和超区域型购物中心成功的原因。伊顿和利普西氏的这一理论成为美国以时尚和高端百货作为购物中心主力店和美国的区域性购物中心不设立超市的理论依据(这一点,本书将在第4章的组合定位的模式分析时,并根据当代学者维托尼诺(Vitorino)(2012)关于购物中心组合理论的最新研究成果和21世纪澳大利亚企业在美国的购物中心和美国的购物中心的直接对比的实证研究予以商榷和修正)。

3.3 零售需求的外部性理论

3.3.1 外部经济概念应用于零售

20世纪90年代,研究者进一步发展了零售需求的外部性理论。当消费者受到某一个具有高额订单量的主力店的外部力量驱使,来到一个特定的购物中心时,这种零售需求的外部性或者说人流量就产生了。关于外部性的理论研究几十年前就已经存在了,只是从90年代开始才更多地用于对消费者行为的研究。

关于外部性理论,还要追溯到1890年对聚集经济现象内在形成机制的研究,最早提出"内部经济"和"外部经济"概念的是阿尔弗雷德·马歇尔(Alfred Marshall)。马歇尔指出,内部经济是指依赖于从事某种工业的企业的资源、组织和经营效率的经济,外部经济是指有赖于这类工业企业的产业而发展的经济。他认为外部经济是产业聚集形成的重要原因，集聚区内众多企业共享知识、信息、技能和设施的资源，促进相关企业的配套辅助产业的成长和专业化的协作，降低成本共享规模效益。"这种经济往往能够因许多性质相似的企业集中在特定区域，即通过所说的工业地区的聚集分布而获得。"

马歇尔基于外部经济视角对产业聚集进行了开创性的研究，把某一区域原本看似相互无关的经济、社会和文化等结合起来，创造了一种企业生产、发展的产业氛围，即外部规模经济。

3.3.2 正负外部效应

1975年，Baumol和Oates在对外部效应产生过程的研究中提出了两个重要条件，更准确地界定了外部效应[1]：

条件一：一个外部效应的出现，是当某个个体（譬如为A）的效用或生产关系包含了一个或多个变量，而这些变量的价值是由他人所选择的，而他人选择时并不会特意考虑其选择对A的作用。

条件二：一个决策者的行为影响到他人的效用水平，或进入了他人的生产函数中，却得不到与这个行为对他人所带来的边际效用或成本同等价值的补偿。

从上述条件可以得出，外部效应是指一个个体在没有得到另一个（些）个体同意或补偿下，对其产生的有益或不利的结果。两个安全无关、在位置上相隔较远的个体之间不会产生任何外部效应。如果个体的经营行为使另一个体的业绩下降，就产生了负向的外部效应。（负向的外部效应提示并不是所有的聚合产生的外部效应都是正向的，所以在组合中还要注意避免无效甚至不利的组合搭配，本书第4章中的苏宁云店就是一个负外部效应的案例）。

维托尼诺（2012）通过建模分析了美国百货主力店之间正向和负向的外部性效应，百货业主根据这些效应共同作出是否进驻同一个区域型购物中心的决定。她将百货公司分为三个级别——高端百货、中端百货和折扣百货，以不完全信息的静态博弈和反应函数建立模型，引入一个有趣的参数，然后根据百货的级别、购物中心的消费者情况和市场等变量，根据总体利益的最优化求解，得出正向和负向的定量参数。验证了这些百货主力店的聚合所得到的正向经济影响要大于他们之间的竞争造成的潜在损失（还有许多有意义的发现，本书将在第5章结合对Eaton和Lipsey的理论商榷时一并介绍和分析）。

---

[1] J.M. Buchanan，W.C.Stubblebine.Externality[J]. Economica，1962.

对于零售需求外部性的观察，过去人们对消费者舍近求远去更远的购物中心购物的解释是通过多目的购物节约了交通成本或者可以在一个同类相聚的购物中心里进行比较购物。后来的研究表明，一个购物中心中的某个主力店的形象对消费者选择购物中心也很重要，对那些非主力租户也是一个很有意义的拉动。特别是一个具有很好形象的超市和百货可以吸引更远的顾客来到这个购物中心，在这个过程中为非主力租户创造了巨大的具有零售外部需求的人流量。一个消费者因为主力店的原因被吸引到购物中心内，然后又在非主力店内消费向外延伸了这种零售的需求。

斯坦利（Stanley）和休厄尔（Sewall）（1976）对93位妇女做了她们对于超市喜好的访谈。他们使用哈夫（Huff）（1964）的引力定律的变量模型测试消费者的到店情况，消费者到店的次数与购物区域的面积正相关，与消费者到店的距离负相关。但斯坦利和休厄尔添加了哈夫模型中所没有的一个超市的形象变量。道尔（Doyle）、芬威克（Fenwick）（1974—1975）和马库斯（Marcus）（1972）之前发现消费者也会用一些其他标准而不仅是距离和规模作比较，这些标准包括品质、清洁、地点、价格、（服务态度）友善、（商品）丰富度。消费者根据这个连锁超市在他们心目中的形象作出是否到店的决定。但对于形象的量化分析不容易做到。

布吕克纳（Brueckner）（1993）研发了一个模型，以期利用购物中心内店铺之间的外延效应平衡主力和非主力租户的空间分配难题，认为购物中心的某一店铺的销售额是其自己的空间和其他零售空间的函数。布吕克纳模型证明了购物中心的业主或管理者可以通过优化租赁组合来实现购物中心利润的最大化。

帕什因（Pashigian）和克劳德（Cloud）（1998）研究发现，传统市中心的业务下滑和对应的购物中心的崛起就是因为购物中心比这些传统的CBD商业街更好地在内部整合了零售需求的外部性。

费希尔（Fisher）认为，租户组合可以增加消费者购物行程的距离，使消费者愿意去距离较远的有合理租户组合的购物中心购物，从而使零售需求的外部性得以延伸，同时也扩大了商圈。零售需求的外延性理论是设置主力店最基本的原理。图3-1为西田集团对澳大利亚消费者到访购物中心的消费行为的观察统计，很好地说明了零售需求的外部性效应。

图3-1说明消费者为了购买食品到访西田购物中心的比例最高为49%，排第二的为购买服装占41%，然后消费又延伸到33%的餐饮、37%的其他休闲和一般商品的购买。若将图中4个部分加总为160%，大于100%，可以理解为100个消费者到西田购物中心做了160笔交易的分布情况的比例，很好地说明了零售需求的外部性原理。

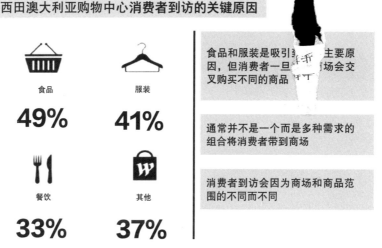

图 3-1 澳大利亚消费者到访西田购物中心的关键原因

资料来源:西田集团2014年中购联购物中心年会的报告

3.4 购物中心的价值理论

购物中心的价值评估源于最早的地租理论,购物中心的租金本质上是地租的一种表现形式和延伸。古典经济学派认为土地、劳动和协作是价值创造的基础。在古典经济学的地租、地价理论研究领域有着突出贡献的经济学家有威廉·配第(William Pitty)、亚当·斯密(Adam Smith)、大卫·李嘉图(David Richard)等人,还有马克思。他们主要遵循新古典的边际分析方法和古典剩余分析方法的两条路径分析研究,简述如下:

3.4.1 古典经济学的地租理论

(1)威廉·配第的地租理论 ❶

英国古典经济学家威廉·配第早在17世纪初就提出了级差地租的理论,对地租理论作出了开创性的贡献。配第首先提出了地价可以由土地获得的地租资本化后得出的理论。配第认为,"劳动是财富之父,土地是财富之母",他的级差地租概念也包括绝对地租,即由于土地私有权的存在,租种土地必须缴纳地租。他把地租看作是全部劳动产品扣除工资和生产资料价值之后的余额,从土地距离市场的远近说明地租量的变

---

❶ 宋承先.西方经济学名著提要[M].江西:江西人民出版社,2005:29-36.

化，得出同样土质的土地距离市场近的比距离市场远的地租要高，由此形成了级差地租的概念。配第进一步指出，对土地更多投入所增加的收入超过了增加的劳动，这种超额利润急速膨胀进一步在距离的基础上提升了级差地租的概念。威廉·配第的另一个重要贡献是对土地价格的研究，指出一块土地的自然价值相当于祖、父、孙三代共同生存的年数（在当时的英国为 21 年）的地租之合。用公式表示：

$$土地价格 = 年租 \times 21 \quad (3\text{-}1)$$

这个公式很好地诠释了依附于土地的劳动所创造的价值，以及最早通过年金累积计算现期价值的原理。

威廉·配第的地租理论用现代公式表达就是：

$$地租 = 市场价格 - 生产成本 \quad (3\text{-}2)$$

（2）亚当·斯密的地租理论[1]

亚当·斯密认为，作为土地使用代价的地租，是租地人按照土地的实际状况所能支付的最高价格。斯密把农业地租称为第一性地租，把畜牧业、林业和经济作物种植业的地租称为派生性地租，并且从农畜产品的市场价值超过某些农种产品的余额得出了级差地租。

亚当·斯密的研究从农业用地扩展到了非农用地。他认为非农用地所产生的产值必须高于原先种植农作物所产生的地租，才有转用的可能。这一论断成为现代城市商圈和区位功能原理最初的理论基础。他特别强调位置对建筑地租的重要性，位置越好，地租越高。他还将房租区分为建筑物租和地皮租两个部分。建筑物租是建筑房屋所花费的资本的利息和利润，除了支付给建筑业者的利息还要包括修理和维护费用。在全部的房租中，凡是超过合理利润的部分自然归作地皮租。亚当·斯密的地租计算用现代公式表达即为：

$$地租 = 市场价格 - 生产成本 - 普通利润 \quad (3\text{-}3)$$

亚当·斯密的要素成本价值论成为现代西方成本估价法的理论基础之一。

---

[1] 宋承先. 西方经济学名著提要 [M]. 江西：江西人民出版社，2005：94-96.

（3）大卫·李嘉图的地租理论[1]

李嘉图在其著名的《政治经济学及赋税原理》一书中指出，农（矿）产品的价值决定于该产品的最大劳动耗费，由此决定的价值只分解为工资和平均利润。这种产品的售价不支付地租，地租是级差地租，即中等和优等土地（矿山）产品的售价扣除工资和平均利润以后的余额，这一余额由于农业资本家之间的竞争而转化为地租，李嘉图否认了绝对地租的存在。这一级差地租同时包括了土地改良以及修建建筑物所投入的资本的利润和利息。

李嘉图对地租理论的贡献是他把地租理论和价值判定联系，解决土地所有权产生地租和商品价值决定于劳动时间的矛盾。他认为所谓地租是指为了使用土地原有的生产力而付给地主的一部分土地产品；同时认为价值规律具有普遍的适用性，一切经济范畴都服从这一规律，地租也只有在价值规律的基础上才能得到说明。他把地租分为严格意义上的地租和通俗意义上的地租，后者包含投资于土地的资本的利息和利润。借此为级差地租奠定基础。李嘉图的地租计算用现代公式表达即为：

$$地租 = 市场价格 - 生产成本 - 平均利润 \quad (3\text{-}4)$$

李嘉图的地租理论建立在土地的边际收益和报酬率递减的基础上，为土地边际收益价值论成为现代西方收益还原法中派生的土地剩余估价技术和最佳使用原则的理论基础。

（4）卡尔·马克思（Karl Marx）的地租理论[2]

马克思的地租理论是在坚持李嘉图的劳动价值论的前提下，采用剩余的分析方法，并且将古典的分析方法发扬光大，形成了一整套地租分析的理论体系。他在《资本论》第三卷"资本主义生产的总过程"中，提出了"超额利润转化为地租"的理论，将劳动价值论贯彻到底。马克思指出劳动是超额利润产生的源泉，土地所有权是超额利润转化为地租的原因，而土地的自然性质（肥力、位置等）仅仅是地租产生的自然基础。在斯密和李嘉图的级差地租理论的基础上，马克思又补充了绝对地租理论，深化了对土地问题的研究。

在马克思的地租理论中，无论级差地租还是绝对地租都是一种余额。前者是个别生产价格与市场生产价格的差额，后者是市场价值与生产价格之间的余额。马克思还

---

[1] 宋承先. 西方经济学名著提要 [M]. 江西：江西人民出版社，2005：127-139.
[2] 扬敬玉，石盛发. 购物中心理论和应用研究 [M]. 北京：中国工商出版社，2011：370-374.

针对建筑地段的级差地租的特点提出：

（1）建筑地段的地租是为了获得生产的场地和空间而支付的；

（2）建筑地段地租所处的位置对地租有着决定性影响；

（3）社会发展和进步会提高建筑地段的地租；

（4）垄断地租在建筑地段地租中占有显著地位。

马克思地租理论中的又一重大贡献就是土地价格的确定。表面上看土地交易似乎和其他商品买卖一样，土地所有者通过出卖土地获得了一定量的等价物，但是土地本身并不包括人类的劳动，因此它没有任何价值。那么一个不具有价值的东西为什么会有价格呢？马克思认为这个价格是一个"不合理的范畴"，它不过是地租的资本化。更确切地说，"这个购买价格不是土地的购买价格，而是土地所提供的地租的购买价格"。土地价格的公式可以表示为：

$$P=R/i \tag{3-5}$$

其中，P 代表土地价格；R 代表地租，即土地所有者因出租土地而每年所获得的收益；i 代表货币的利息率。

地租的资本化公式成为土地买卖的基础，购得土地的人则可以凭借其"投资"理所当然地获取"收益"。

马克思的地租理论继承了古典分析传统的总量分析方法，从资本主义的生产关系出发，通过货币利息率的贴现将不同物质的实物量值转化成为同一的货币量值。马克思的分析实际上已经非常接近现代不动产估价中用收益法的资本化率计算地产价值的基本公式，为现代收益估值法的产生奠定了理论基础。

3.4.2　20 世纪以来西方地租理论的发展 [1]

进入 20 世纪后，为了适应快速的城市化发展以及城市在国民经济中的所发挥重要作用的新形势，一些西方经济学家研究了大量地租数量的形成、市场价格问题以及城市地租问题。在这些研究中，西方不动产价值理论的奠基人——英国经济学家阿尔弗雷德·马歇尔（Alfred Marshall）成功地将边际效用的需求价格理论和古典学派的供给成本学说相结合，创立了新古典综合论，成为当代西方价值论的基础。他认为供给和需求就像剪刀的双刃，共同作用，双方谁也不能单独决定价值，市场机制使价格与成本达到某种均衡。完善的市场经济使价值、价格和成本达到和谐统一。马歇尔可以说

---

[1] 扬敬玉，石盛发.购物中心理论和应用研究 [M].北京：中国工商出版社，2011：374-375.

是现代西方不动产估价理论和三种基本估价方法的奠基人。

特别要提到的是，戈德伯格与钦洛依提出的制度是影响地租因数之一的论点。制度因素包括有关土地的法律、财政政策、货币政策、区划政策、环境保护等宏观经济制度，所有这些因素都会对城市土地市场产生影响，并直接影响城市土地的地租。土地的固定性和信息的不对称，造成了土地市场是不完全的竞争市场，由市场本身配置土地不可能实现，这就使政府的干预成为必要。

3.4.3　关于购物中心的租赁价值的研究❶

关于购物中心租赁价值的最早研究，起源于对租赁设备的研究和对租金模式的分析。通常，购物中心的价值都是基于按现有和未来租赁合同的折现计算。购物中心的价值取决于现在和未来的预计现金流。

购物中心的租约在很大程度上类似于金融合约。近年大量对于购物中心估值的研究集中在购物中心的营运价值和可触摸的不动产价值方面。一个购物中心价值的高低取决于购物中心的商业价值和房地产价值。商业价值不是由有形的房地产价值决定的，而是受益于企业的经营能力、经营价值等无形资产的增值。

费舍尔（Fiser）和伦茨（Lentz）将承租户续约的租金和新承租户签约的租金进行了比较，其假设如果现有承租户愿意支付高于新承租户租金的话，说明该购物中心升值了，而升值的原因不在于土地和物业的升值，而在于管理者的能力。该研究结果发现，承租户续约的租金比新承租户签约的租金高了13.6%，从而证明了购物中心商业价值的存在。

3.5　网络思维与商业地产的决策

3.5.1　问题的提出和概念的引入

（1）从正态还是"二八"看上海购物中心的销售额分布

2019年，上海购物中心总数为290个（包括所有面积3万 m^2 以上的购物中心），总经营面积2 200万 m^2，总销售额2 010亿元❷。如果按照通常的线性思维逻辑，我们

---

❶ Eppli M.J., J.D. Benjamin. The Evolution of Shopping Center Research：A Review and Analysis[J]. The Journal of Real Estate Research，1994，9（1）：18-22.
❷ 数据引自《上海购物中心2020年度发展报告》。

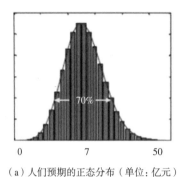 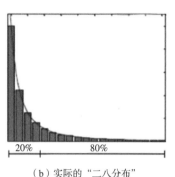

(a) 人们预期的正态分布（单位：亿元）　　　(b) 实际的"二八分布"

图 3-2　上海购物中心销售额分布

会很自然地想到上海的购物中心的平均销售额在 7 亿元左右（2 010 亿元 /290 个 ≈ 7 亿元 / 个），而且约 70% 的、接近 200 个上海购物中心可以达到或超过 7 亿元这个平均值，按正态（钟形曲线）分布，如图 3-2（a）所示。

图 3-2（a）所显示的是大多数上海购物中心都可以达到或超过平均 7 亿元的销售额，少数销售特别不好的（位于左端）或少数特别优秀的销售超过 50 亿元的购物中心（位于右端）。相信这几乎就是很多购物中心企业在他们脑海中对上海购物中心市场情况的一个大致判断：一个 7 亿元的购物中心的平均销售额加上 70%（约 2/3）可以达到或超过的预期足以激励企业大胆投资。而且按上海购物中心的总面积 2 200 万 m^2 计算，每平方米的销售坪效预期也可以达到 9 000 元。同样，根据正态分布和传统市场行销学的理论，即使开业初期业绩不是太好，依然可以用钟形曲线的生命周期解释，项目仍处在培育期，假以时日是可以达到或超过平均值的。

而事实是，上海购物中心的销售额并不是我们以为的按正态分布，而是按如图 3-2（b）所显示的"二八分布"。图 3-3 所示为 2019 年上海 290 个购物中心的销售额的实际分布情况。为方便起见，将上海 290 个购物中心按每 30 个排序编组用横坐标表示，纵坐标为每一群租的总销售额（最后一组，虽然实际只有 20 个购物中心，但是长尾部分的底端不影响分析的结论）。

由图 3-3 可知，排名第一群租的即上海前 30 名的购物中心销售额累计达 1 007 亿元，超过了 2019 年上海购物中心的销售总额 2 010 亿元的 50%，呈现了少数关键法则的"二八分布"状态，也与上海购物中心 2020 年度的发展报告所披露的信息一致。如果将这 10 个群租的销售额以平均值表示，如图 3-4 所示。

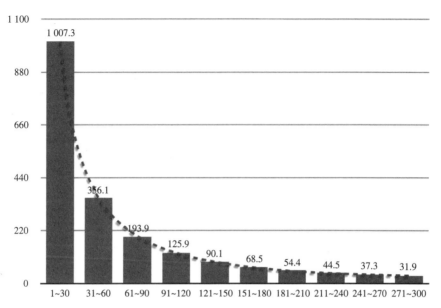

图 3-3　2019 年上海购物中心销售额的分布情况（单位：亿元）

资料来源：根据《上海购物中心 2020 年度发展报告》披露数据制作

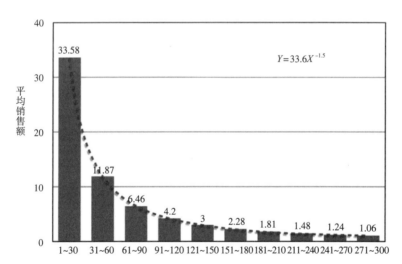

图 3-4　上海购物中心分组的平均销售额（单位：亿元）

资料来源：根据《上海购物中心 2020 年度发展报告》披露数据制作

图 3-4 是以 10 个群组各自的平均销售额表示的上海购物中心的分布情况。可见只有第一组和第二组达到或超过了 7 亿元的平均销售额，我们暂且也可以把第三组的 6.46 亿元也近似认为达到或接近 7 亿元的平均值，那么上海排名 90 以后的或至少 200 个（占 2/3）的购物中心的销售额都达不到我们以为的按线性平均和正态分布所预期的平均值，而且实际相差至少 1 倍！这就给所有对上海购物中心市场的进入作出投资决策的企业一个警示。

上海购物中心销售额的分布现实与人们心理预期的反差并不是一个特例。本书在第 6 章还将结合全球表现最好的澳大利亚购物中心市场以及国际和国内的购物中心领导企业的购物中心销售情况的分布进一步说明论证。简单说上海的购物中心市场构成了上海购物中心的网络，通过对消费者的吸引形成互动和竞争，构成此消彼长的零和博弈，因而服从网络运行的基本规律。由此通过上海购物中心市场的销售额分布提出问题并引入网络概念进一步说明。

（2）网络概念的引入

图 3-5 为一个简单的人际关系的网络图。其中一个人或者一个圈就是一个节点。如果在这个网络中两个人认识，便可以在这两个人或两个节点间连一条边。这种由边所连接在一起的节点所组成的集群就称为网络。而一个节点所拥有的边的数量称为度。度是网络中的一个最重要的变量。我们中国人说"凡事皆有度"，度是质和量的统一。

图 3-5　简单的人际关系网络图

对于这个简单的人际关系网络，也可以用"二八分布"表示（图 3-6）。

图 3-6 的横坐标是将这网络中的 11 个人按每一个节点所拥有的边的数量从左到右依次排列，纵坐标则是显示每一个节点所拥有的度（即边的数量）。可见，就是在这样一个简单的人际关系网络也是遵从头高尾低和衰减下降的"二八分布"规律的。在这个"二八分布"的曲线中排名靠前的节点，通常称为枢纽节点，拥有最高的度，在这个人际关系互动的网络中发挥关键的作用。

在前文谈到的上海购物中心的网络中，每一个购物中心都是一个网络的节点，通过对消费者的吸引形成网络的互动和竞争，其中的度就是由每一个节点所拥有的销售额或者人流量决定的。

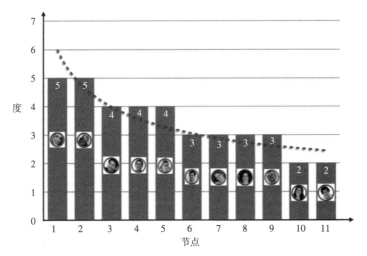

图 3-6 人际关系网络中节点和度的"二八分布"曲线

（本书第 6 章还将对"二八分布"的幂律曲线的函数表达和蕴含意义做进一步的阐述）。

（3）区分随机网络和无尺度网络

本节开始提出上海购物中心的销售额分布假设时，首先提到了正态分布的网络，正态分布的网络 [图 3-2（a）] 是一个随机网络。而上海购物中心销售额的实际分布情况和上述人际关系的网络都是"二八分布"的。对于"二八分布"的网络，国际上有一个专门的术语称为"无尺度网络"，这是由全球复杂网络研究权威巴拉巴西提出的。无尺度的意思就是在这个网络中，构成网络的所有节点没有平均特征代表值，或者说没有一个可以"窥一斑见全豹"的特征值（这也是网络思维区别于线性思维不能以点带面观察事物的一个突出的特点）。

图 3-7 是巴拉巴西对随机网络和无尺度网络的对比说明图，其中可见几点明显的不同：

1）随机网络遵循钟形曲线的正态分布，而无尺度网络按"二八分布"；

2）随机网络具有波峰和平均代表值，而无尺度网络没有波峰，并且是不断递减的曲线，也没有平均代表值；

3）随机网络的节点封闭而且有限，而无尺度网络的节点是开放和无限的。

图 3-7 中的美国主要公路网就是一个随机网络的典型例子，公路网中的节点是城市，连边就是城市间的主要高速公路。大多数的公路网都非常类似，只能与相邻的城市在地面的东西南北处有几个有限的链接。而图 3-7 中的美国主要航空网就是一个典型的无尺度网络，图中大多数的城市节点只拥有少数的几个链接，而像芝加哥这样的

枢纽节点则拥有大量的链接，呈现典型的"二八分布"。如果把美国的航空网进一步扩大到世界的航空网，则像芝加哥、纽约和洛杉矶这样的枢纽节点，"二八分布"现象还会更加显著。

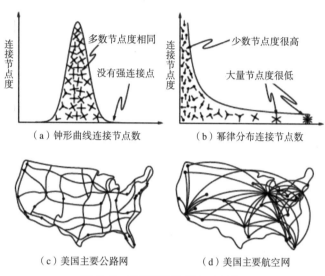

图 3-7　随机网络和无尺度网络

资料来源：杰佛里·韦斯特著. 规模——复杂世界的简单法则 [M]. 张培译. 张江校译. 北京：中信出版集团，2018：102.

3.5.2　网络思维的定义和意义

在前述通过购物中心的销售额分布所提出的网络问题和网络概念以及随机网络和无尺度网络的不同特点的基础上，本节正式引入网络思维的概念。

网络思维就是根据复杂网络系统的构造和机理，理解和观察事物的新的思维方法。网络思维作为复杂网络系统具象化的表达方式已经成为今天的热词。网络思维就是复杂系统理论。为应对不确定性的挑战和人们的认知局限，全球对复杂网络系统和网络科学的研究方兴未艾，以圣塔菲研究所领导的跨学科的复杂系统理论研究和巴拉巴西提出的"无尺度网络"的网络思维代表了全球最前沿的科学潮流。

网络思维认为世界皆网络，万物皆比特。在这个世界上，凡是说得出名字的事物都是网络。无论是看得见的运输网络，还是看不见的信息网络，其实都是看得见的物质和看不见的粒子在网络内部的运动和传递。比特就是信息的符号，信息是微粒的移动，微粒的碰撞产生信息的处理。

根据网络的概念，国家、城市、企业、商场、组织、个人等都可以是网络的节点。节点可以是实体的，也可以是虚拟的。社会、经济、权利等都可以是网络的连线。连线也可以是实体和物理的,比如运输网和通信网,连线也可以是虚拟的和生物的,比如思想、兴趣、爱好和崇拜以及细胞、线粒体等。

我们很容易理解运输网,但是信息网就比较抽象,因为直观看不到。从计算机技术的研究发展,人们已经开始意识到,信息的传递和计算不仅发生在电子电路中,也存在于生物体和人类的系统中。

世界从来就是网络构成的。网络并不是新事物,人类社会从来都是处于网络之中的。随着科技进步,各种物理形态的网络先后出现,公路网、铁路网、航空网、海运网、电报网、电话网、互联网,网络越来越发达。

经济社会中的经济组织、交易合同、物流供应链、价值链、信息流、企业等经济意义上的网络,社会生活中的政府组织、人际关系、心理活动通过喜欢、信任、思念、亲情、心理等维度也构成网络。所有的网络构成了多层次、多维度、错综复杂、跨时空的网络系统。一个浩瀚深入、互相交织的、复杂的、云团般的有着不同功能和形态的网络相互补充、相互威胁、相互竞争构成网络生态。当然,网络节点之间的连接关系可以是正面,也可以是负面的,可以是合作的,也可以是竞争的。

生物体、植物、动物、城市乃至公司都是由各种大小不一的网络构成,服从幂律分布,因为所有的二八分布都可以拟合为一条幂律曲线。凡是有主动行为并且相互联系的网络都是无尺度网络。现实世界的绝大多数物质和事物都是由无尺度网络构成的,而像体重、身高、智商这种随机选取,相互间没有互动和联系的网络属于随机网络。无尺度网络也在很大程度上颠覆了之前人们基于正态分布理论的很多结论,如本节开始提到的购物中心销售额的分布问题。

但是需要指出的是,网络思维不是"互联网思维",因为互联网仅是大自然中存在的无数网络中的一种,20世纪60年代美国国防部高级计划研究署(简称ARPA)为了充分利用在当时价格极其昂贵的计算机的使用率,将这些互不兼容的机器连接起来催生了互联网的诞生。幂律法则构成了网络的内在规律,科学家利用幂律揭示自然现象的规律在18、19世纪就很普遍了。网络思维不是人们误以为的"互联网+"或O2O,更不是网络价值随规模的无限扩大。如今,数据技术和科技的飞速发展使人们在对复杂网络系统的探索中赋予网络以新的含义,使网络思维的意义超越了网络本身。

唯物辩证法认为,物质世界是普遍联系和不断运动变化的统一整体,其中的联系用今天的流行词语就是网络和链接。无尺度网络的链接相对于随机和静止的正态分布网络而言,凸显了事物的运动本质。以运动而不是静止、多维而不是线性、开放而不是封闭的观点看待和分析事物——诠释了网络思维的唯物辩证思想的本质。

3.5.3 网络思维的规模法则

规模是万物的尺度,与我们的生活和事业息息相关。事物如何随规模的变化而变化,以及他们所遵守的基本法则和原理是网络思维的核心思想。本节介绍伽利略所奠定的规模法则的基础,初步阐述了非线性的规模缩放与生长理论的关系。

(1)伽利略从几何和结构对规模法则的基本论述

伽利略在 400 多年前就提出,人们尝试无限度地按比例扩大一只动物、一棵树或一栋建筑物是不可能实现的。他的论点确定了今天所有研究规模缩放法则的基础。

伽利略被爱因斯坦称为"现代科学之父"。著名的比萨斜塔自由落体实验颠覆了亚里士多德的理论,在此之前的 2 000 年间,人们一直错误地认为质量更重的物体要比较轻的物体更快地落到地面,而不是同时落地。伽利略的试验也彻底改变了人们对运动和动力学的认知,为牛顿的万有引力定律铺平了道路。

伽利略用改良的望远镜发现了木星的卫星,从而坚持了哥白尼的日心说。这也使他蒙受了 400 多年的冤屈,直到 1992 年教皇约翰·保罗二世才公开就伽利略的冤情和遭遇表达歉意。今天,复杂系统理论关于规模缩放法则的研究依然是根据伽利略的观点,从几何和结构两个方面进行论证,具有非常现实的意义。

伽利略的几何论据是指一个物体的面积和体积随着其边长的增长而成比例地增长(图 3-8),结构论据是指支撑一个物体比如建筑物的柱梁,或动物的四肢以及树木的树干强度与它们的横截面面积成正比(图 3-9)。

一个边长为 1 的正方形

边长扩大 1 倍 $=1 \times 2=2=2^1$　　面积扩大 4 倍 $=2 \times 2=4=2^2$　　体积扩大 8 倍 $=2 \times 2 \times 2=8=2^3$

图 3-8　边长、面积和体积的比例关系

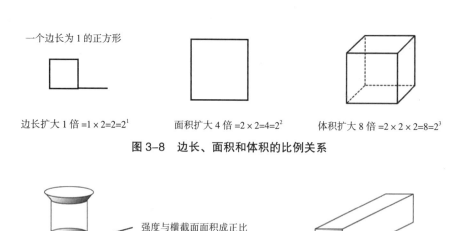

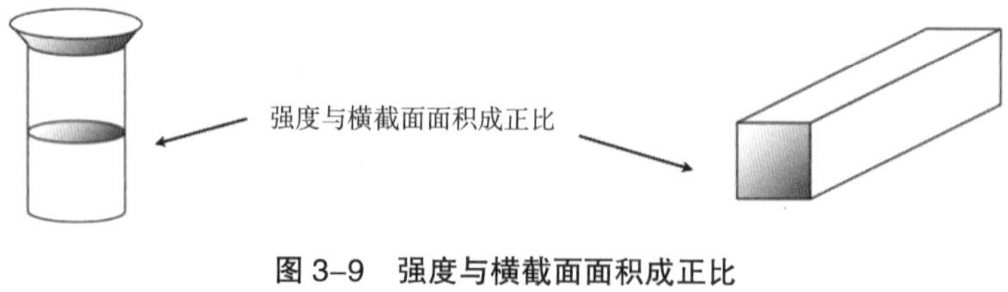

图 3-9　强度与横截面面积成正比

资料来源:《规模》第 43 页

图 3-8 显示，对于一个固定的正方体，当它按比例扩大时，它所具有的平面面积按照边长的平方扩大、体积按照边长的立方扩大。举一个简单的例子：如果你把自家房屋每条线的边都扩大一倍，它的形状不会发生变化，它的体积将增长至原来的 $2^3=8$ 倍，而采光、散热器、空调和窗户的表面积最多只能随面积获得 $2^2=4$ 倍的增加，这对房子周围世界的设计和功能都将产生巨大的影响。整个房屋空间的加热、制冷或照明的效率都会较扩大之前降低很多，所以在这个房间中居住的舒适度就打了一个很大的折扣。为了达到之前同样的照明、取暖和空调效果，需要比之前成几何倍数地提高能耗（图 3-10）。

在伽利略之前，许多人也曾意识到面积和体积缩放的巨大不同，但是伽利略的观察在于将几何与结构相联系。即根据图 3-8，人们也可以理解如果一个物体的材质或比重不变，当它的边长增加一倍时，它的体重也会像体积一样扩大 8 倍。而支撑一个物体的柱梁或支干的强度则是由其横截面面积决定的（图 3-9）。

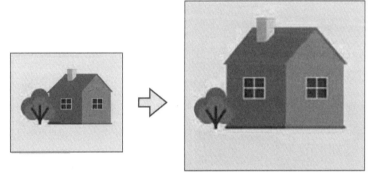

图 3-10 一个房子的每条边线都放大一倍的情况

我们可以想象，一棵 10m 高的树按比例扩大 10 倍，即高度变成 100m 时的情况。这时，这棵树的重量就将增加到原来的 1 000（10^3）倍，而支撑这棵树的树干强度只能增加到原来的 100（10^2）倍。因此，树干支撑强度的增长跟不上重量的增长，安全的支撑能力只有原来的 1/10。目前世界上最高的树就是澳大利亚的杏仁桉，高度为 156m，直径约为 30m。

我们行业流行"做大做强"的说法，其实做大做强是有限制条件的。无论什么组织和结构，如果它的规模尺寸任意扩大，那么它自身的重量终将把它压垮。超人如果是以和人类相同的材料构成，那么他将被自身的重量压垮，所以超人只能存在于电影和漫画中。反之，一个系统较小的物体往往可以呈现更强的强度。伽利略曾经生动地表述："体形越小，其相对强度越大。因此，一只小狗能够背负两三只与自身同等大小的狗,但我相信,一匹马连一匹与自身同等大小的马都驮不了。"同样一只蚂蚁背负100只与自身体形大小相同的蚂蚁或相当于百倍自身重量的物体(图3-11)。我们人类一个人最多只能背负与自身体形相仿的一个人。但是如果根据线性思维的假设,以为动物体积的加倍会导致其力量的加倍,那么按照这个逻辑,人类比蚂蚁要强壮10万倍,应该可以举起1吨重的物体或10个人的重量,但现实是不可能的。

图3-11　一只蚂蚁能够背负百倍于自身体重的重量

资料来源:摄图网

在2020年东京奥运女子举重比赛中,中国军团在全部7个级别的比赛中包揽4金(包括中国台湾选手获得的一枚55公斤级的金牌)。如果用每个级别的冠军总成绩除以这个级别的体重,就会发现,相对较轻量级的运动员显示出了更强的力量,举起了相对于自身体重更重的重量。49公斤级的侯志慧女士的210公斤的总成绩相当于其体重的4.3倍,而87公斤以上级的实际体重为150公斤的李雯雯女士的320公斤的总成绩仅相当于其体重的2.1倍,这也证明了伽利略400多年前就说过的系统随着体积缩小强度会系统性增加(图3-12)。

综上所述,伽利略的理论成果可以表述为:长度增加一个数量级,面积和强度增加两个数量级,体积和重量增加三个重量级,或者强度增加1个数量级,重量增加3/2个数量级:

$$W = cQ^{3/2}$$

其中,W为重量,Q为强度,c为常数,简单理解就是重量的增长快于强度的增长。

反之:
$$Q = cW^{2/3}$$

其中，Q 为强度，W 为重量，c 为常数，简单理解就是强度的增长慢于重量的增长。

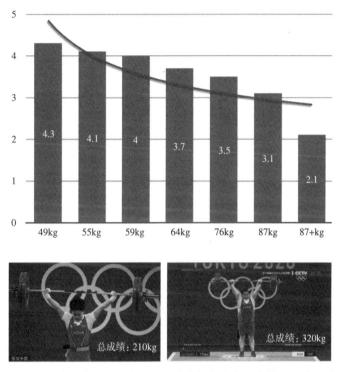

图 3-12 东京奥运女子举重——谁举起了比自己身体更重的重量

通过体积、重量和强度及规模变化所引起的力量和功效的变化案例，我们也可以很自然联想到规模和效益的问题，比如购物中心的规模和销售坪效的问题等，这些将在本书的后续章节中作进一步的介绍。

（2）网络思维的规模缩放与生长理论

生长可以被看作是特殊的规模缩放现象。一个成人的身体本质上便是其从婴儿时期到成人阶段的非线性规模扩大的版本，这时的生长曲线上就是人体的体积（体重）对应其年龄的函数。你可以通过对比成人身体与婴儿的各个部位便可知晓。任何发展阶段的成长都是通过代谢能量分配给构成新组织的新细胞而完成的，当我们的身体还没有足够大，即代谢的能量除了维护现有还不大的身体时是尚有多余，于是我们还在成长。但是当我们的身体足够大以后，代谢的能量仅够维护我们已经足够庞大身体的细胞后不再有多余的能量生成新的细胞，这时我们不再生长。这就是人类大约到了 18 岁的时候，即使继续进食，最终仍会停止生长，这也就是代谢率的亚线性规模缩放和网络结构所表现出来的规律。这一规律也将用于描绘城市、公司、经济体的增长和兴衰，以帮助人们从网络的本质认识开放式增长和可持续发展的问题。

网络的大小决定了能量和资源被输送到细胞中的速度，也决定了所有生物体的生命进程速度。在第 6 章中还将详细介绍对于体形越大的动物，保持存活的平均每克体重或每个细胞的所需能量越低，即系统的规模越大，呈现的单位体重或单位细胞所需的代谢率越低。比如大象的细胞代谢率只有老鼠的 1/10，细胞在大型生物体内的运行速度也要慢于在小型生物体内的运行速度，由此在代谢过程中的细胞损伤率下降，生命的节奏也会随体形的增大而系统性地变慢，这也构成了大象更加长寿的基础。大型哺乳动物通常都需要更长的时间发育成熟，心率也更慢，细胞的代谢率不及小型哺乳动物。小型动物生活在生命的快车道上，而大型动物一辈子都在笨拙地慢慢移动，想象一下一只匆匆前行的老鼠和一头悠闲漫步的大象的情景。

在构筑好这一网络思维的模式后，问题便可以转向网络的构建和运营以及规模缩放的范式等，如何帮助应用于购物中心和商业地产企业的结构塑造，以及如何融入城市的发展上来。这一思维模式将成为 VUCA 年代解决不确定性、可持续发展、创新挑战以及生命节奏不断加快等宏观问题的出发点。

3.5.4　网络思维与商业地产企业的决策

对于商业地产企业来说，什么是最重要和最具挑战性的工作？答案就是决策。决策顾名思义是决定战略和策略的过程，它是一个复杂的思维和行动结合的过程，通过信息收集、分析、最后作出结论判断和行动决定的过程。决策理论走过了一个从最优分析到均衡、再到面对不确定性的决策过程。根据复杂系统理论和网络思维研究的最新发展，决策应该是有限理性的人面对无形化的知识和不确定的未来需要作出的决定。20 世纪中叶，决策进入商业理论领域，替代了之前的"资源配置"和"政策制定"等相对狭窄的描述。有人说，政策制定可以不停地进行，资源配置也是一直要做的工作，只有决策意味着分析的结束和行动的开始。

早期的最优决策其实就是边际优化理论，通过完全理性的计算获得最优解从而作出决定，但最优决策的缺点或限制条件没有考虑世界的互动性。决策者，严格地说是计算者，假定了他完全可以左右的决策效果，而且通常都是根据一个极强的假定，传统决策理论包括那些策划咨询公司的方案都具有类似的缺陷。

我国著名经济学家杨小凯先生认为，均衡思想要比之前的优化思想深刻得多。因为均衡强调了互动的关系，最后的决策效果取决于所有人决策的互动结果。这不是个人的优化决策再加总的过程，而是一个互动的过程，这也是经济学的均衡思想的伟大之处。

就以一个地产企业决定是否进入一个市场为例,你做决策的时候要想到别人也在作决策,别人也知道你在作决策。博弈论为系统分析互动关系提供了有效的工具,通过效用函数和得益矩阵能够知道或预测互动的结果,然后倒退分析帮助决策。但是博弈论的算法依然没有脱离对决策结果的假定,这也是博弈论需要突破的局限和未来发展的方向。

但是,世界是不确定的。复杂系统理论的网络思维对复杂性定义的最突出特征就是不确定性。网络由于节点的无限开放就必然是不确定的。你如果以为是确定的,或假定它是确定的,并采取确定性方式的处理,那么你的确定性假定就会导致你犯下决策的错误。因为你对世界的判断并不代表客观的存在,既然面对世界的不确定性是必然的,那么如何面对未来不确定性的决策才是真正的决策。

不确定性的决策过程需要结合无形化和超边际决策的概念。无形化的知识是相对于有形化的知识而言,是说不清道不明、难以量化但却包含更大价值的要素。PayPel创始人彼得·蒂尔不投资商业模式非常清晰的公司,因为能够被说清楚,也容易被模仿,因而不是知识无形化没有投资价值。再比如人们的择偶标准,身高、学历、相貌等这些都是属于可量化的有形指标,而真正决定婚姻幸福的往往是道德、品格、价值观等这些无形化的要素。

超边际决策分析思想是杨小凯先生在经济学决策领域的一个重大贡献。在杨小凯先生提出这一思想之前,经济学领域的边际决策理论一直主导着经济学关于决策的思想。但是边际分析思想是基于既定结构(已有网络)的资源优化决策。边际理论没有解决结构是怎么来的问题,而决定采用哪一种结构才应该是优先于资源优化的决策考量。这里的结构按照网络思维的逻辑就是建立网络才是决策的优先事项。

企业战略属于超边际决策,企业采用什么样的重大战略其实隐含了结构性的变化,创新更意味着结构的重构,所以解决做什么应该是优先于做多少的决策。"男怕入错行,女怕嫁错郎"说的就是超边际决策的重要性。超边际决策思想用网络思维的语言建立新的链接和新的网络结构。商业生活和人生的重大决策都具有超边际性,例如,交易选择什么样的合同安排,企业选择什么样的战略,企业要不要进入一个新市场,这些都是超边际问题。决策应先解决结构性问题,定方向,定结构,然后才是资源优化,用相对最小的资源获得最好的效果。

所以,根据网络思维的定义,决策就是建立网络。对于商业地产企业来说,决策就是布局和做局,诸如建与不建购物中心?在哪里建?建多大?做什么组合和创造多大价值等?都是决策的战略考量。决策对应于战略,指的是一个结构性的变化,而对策对应于战术,指的是在既定网络结构上的维护和优化。因此,购物中心的关键决策要素就是规模、组合和价值这三个战略考量。而招商、营销、推广和营运等都是从属于对策和战术的范畴，通过营运和优化实现既定的网络价值。

超边际决策的本质问题包括是否决定进入某一个城市或商圈，做什么样的结构（规模和组合）的安排，能够创造多大的价值，这类决策初看上去具备很大的主动性，但要想保证其正确性其实难度很大。本质上是决策企业与自己本身进行的对错博弈。其中的规模、组合和估值等决策考量体现了基于无形化要素决策的诸多特点。一个正确的决策对于后续的网络营运和价值创造会产生事半功倍的效果。否则，举一个通俗的例子，个别决策者不要说罔顾那些无形化的要素，连基本的有形化要素也不顾，非要在三、四线城市开设顶级奢侈品购物中心，这种决策的后果自然可想而知。但是不幸的是，这些企业的决策者在总结失败的原因时往往不会认为是因为自己的决策失误而是归咎于招商团队的能力问题。或者说是将战略失误归咎于战术执行的问题。在目前的国内市场，将战略决策的失误归咎于战术执行的问题的例子比比皆是。

小结

综上所述，复杂系统的网络思维也是对购物中心的规模、组合和价值的中心地理论、同类零售聚合理论、零售需求的外部性理论和购物中心的估值理论的整合和提炼。这样，购物中心的三大传统经典理论和科学普适的估值理论，加上前沿新颖的复杂系统理论的网络思维，就构成了开发和营运购物中心的五大核心理论。这五大核心理论对于指导商业地产企业面对以不确定为主旋律的VUCA 时代（变幻莫测的时代，volatility, uncertainty, complexity, ambiguity 的首字母）的购物中心的开发和营运具有现实和长远的意义。

第4章

商业地产经典理论与规模和组合定位

↳ 国内购物中心行业起步至今经历了近30年的发展，但是国内行业对于规模和组合的方面的理论的系统性认知相对薄弱。一个原因可能是因为这些经典理论的形成年代较早，但是在现代零售业和购物中心的发展中，这些理论的作用即便到今天也是不容忽视的。国内行业目前的规模过剩很大原因是人们缺乏对中心地理论和对拟建商城规模概念的缺乏。在购物中心的定位和组合上也存在较多误解，造成了许多低效甚至是无效的供给。

因此，本章在对前述购物中心的历史脉络和发展演变以及相关核心理论初步介绍的基础上，将购物中心三大传统经典理论与国内外市场的实践相结合，借助大量相关的案例分析，通过对关于规模和组合理论的提炼和升华，指导当下国内商业地产的实践。并在此基础上对美澳购物中心两大主流派系发展的不同定位导向进行剖析，建立对于购物中心组合理论基于全球行业最新发展的认知和洞察。

4.1 中心地理论与规模定位

本章节在前述的中心地理论基础上介绍渗透率原理和拟建商场可承受规模模型，通过理论分析并借助工具和模型，结合人均商业面积和人均购物中心面积的综合对比和相应表现。加深行业对渗透率概念和规模定位的理解和认知。

4.1.1 购物中心规模定位的相关理论和延展

（1）渗透率

德国地理学家克里斯泰勒（W.Christaller）在 20 世纪 30 年代中期提出了"区域中各中心地的分布及其相对规模"的理论。通过消费者到最近距离的商场进行单目的购物的假设，提出了"购物限程"和"需求门槛"的概念，为最早商圈定义奠定了基础。（见本书 3.1 节）

渗透率即对于有形的商品或品类，在被调查的对象（总样本）中使用者的比例。渗透率在商业地产领域是指一个零售实体每天每平方米经过的人流。渗透率是国外非常流行的以确定拟建购物中心规模的一种推算方法，即根据商圈的界定，通过商圈内的人口数量和访问频率及消费单价推算拟建购物中心规模的模型。渗透率的确是一门复杂的科学和艺术。事实是，渗透率很难根据所谓的几何半径圈设定，因为这与城市的地貌、边界、河流、轨道和交通组织以及现有商业的配置情况以及人口实际分布密切相关。然而作为一个有意义的参考数据，对于城市和区域包括商业项目的规划可以提供直接的指导和借鉴。

一般情况下，一个商业实体，无论是百货、购物中心还是街铺，如果是针对人们日常消费的品类，即客单价通常在 40～100 元之间商品，这些商业体一般需要每天每平方米有 0.5～1.0 人穿越，即渗透率达到 0.5～1.0，才可以维系生存。

很多品牌零售商对于他们所要考虑进驻的商场都会自己或委托专门的公司用人流计数器测算人流量，这就是在做渗透率的分析。国际机场行业有一个一年 1 000 万人流的机场可以配置 1 万 m^2 商业的准则，也是根据渗透率的原理。即对于一个 1 000 万人流量的机场，每天的人流可以达到 2.7 万。若把这个人流分布在这 1 万 m^2 的商业面积中，渗透率为 2.7（即 1 000 万 /（365 天·1 万 m^2）=2.7）。比一般商场要求的渗透率 0.5～1.0 要高出 5～6 倍，因为机场商业更多由非受迫的冲动性的消费构成。

（2）拟建商场可承受开发规模的模型

图 4-1 为拟建商场可承受开发规模的模型，即根据商圈人口的数量乘以购物频次（渗透率）和每次消费的平均开支，构成商圈零售消费的主要部分。同样还要考虑到访商圈的游客的消费。这样就构成了商圈的零售总额。再以商圈的零售总额除以单位面积营业额，得到拟建商场的可承受面积的规模。这里单位面积营业额是一个关键数据，就是决定零售中心地理论中的"门槛"的一个关键要素，而零售中心地理论中的"限程"则界定了商圈的覆盖范围。

根据国内目前情况，购物中心的单位营业额一般需要达到每平方米（可租赁面积）1万元/年。因为通常的租售比（租金和销售额的比例）为1比10，每平方米1万元的年销售额可以带来1 000元的年租金收入。如果分摊到每天每平方米的租金就是2.7元。考虑到投资回报和营运成本，1 000元的年租金收入基本就是盈亏平衡点的"门槛"。国内行业统计每平方米建筑面积的营运成本约为450元，因为通常可租赁面积和建筑面积之比为60%，所以，450元/m^2的建筑面积相当于750元/m^2可租赁面积。如果以每平方米1万元的可租赁面积（至少）的投入计算，每年每平方米250元（1 000元租金收入–750元营运成本）的净营运收入累加在40年的营运期限正好达到静态投资回报的平衡点。

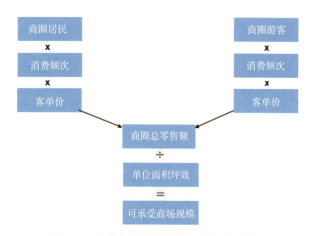

图 4-1 拟建商场的可承受开发规模的模型

资料来源：Jones Lang LaSalle，北京 Mall 2002 报告

根据澳大利亚购物中心协会的统计，2018年澳大利亚购物中心面积为2 650万 m^2，购物中心的零售总额为1 410亿澳元。购物中心的单位面积营业额达5 321澳元，人均购物中心的消费达5 640澳元。通常在澳大利亚，10万人口可以支撑一个10万 m^2 的购物中心，就是按这10万人一年可以达到的5亿多澳元消费计算。

根据 URBIS 购物中心对标报告推算，澳大利亚人平均每周 2.5 次造访购物中心，平均每次消费 40 澳元。其渗透率可达 0.4。具体计算如下：

总零售开支 = 10 万 ×2.5 次/周 ×52 周 ×40 元 =5.2 亿元

单位面积营业额 = 5 000 澳元❶/（m²·年）

则：可承受面积 = 总零售开支/单位面积营业额，即：

5.2 亿/5 000 澳元/（m²·年）= 104 000m² ≈ 10 万 m²

而渗透率为（100 000×52×2.5/365/100 000 ≈ 0.4），考虑到澳大利亚人均消费水准较高，因此渗透率可以比通常的 0.5 更低一些。

渗透率的具体计算非常复杂，但对于一个特定的区域的特定项目，如果满足条件也可作为判断购物中心规模定位和业绩表现的一个辅助和便捷的分析工具。

4.1.2 人均商业面积和人均购物中心面积

人均商业面积，顾名思义就是指一个国家或一个市场的商业供给的总的面积除以这个国家或市场的人口基数得出的数值。国外成熟市场普遍用于衡量一个国家或一个市场的商业规模的水平。人均购物中心面积则是指人均的购物中心供给的面积。

表 4-1 为巫开立先生主编的《现代零售精要》中列出了人均可支配收入和人均商业建筑面积的对应关系。

人均可支配收入与人均商业建筑面积的对应关系　　　　表 4-1

人均可支配收入（元）	人均商业面积（m²）
3 000 ~ 5 000	0.5 ~ 0.6
5 000 ~ 10 000	0.6 ~ 1.0
10 000 ~ 20 000	1.0 ~ 1.5
20 000 以上	1.7

资料来源：巫开立. 现代零售精要[M]. 广州：广东经济出版社，2004.

人均可支配收入是指个人收入扣除税收以后的余额，是决定个人消费支出最重要的因素，也是衡量城市和地区居民生活的重要指标。人均可支配收入和人均商业面积有着密切的关系。相关研究显示，经济发展的不同阶段人均可支配收入和人均商业面积存在对应关系。表 4-1 表述的是人均商业建筑面积。国内目前可以查询的统计资料多以建筑面积表示，国外通常用净零售经营面积或可租赁面积表示。建筑面积和净经

---

❶ 澳大利亚购物中心的盈亏平衡点为 5 000 澳元。

营面积之间还需乘以 0.6 ~ 0.75 的系数（购物中心一般取 0.6）。所以表 4-1 所显示的当人均可支配收入超过 2 万元时，1.7m² 的建筑面积对应的是人均的净零售营业面积应在 1.0 ~ 1.3m²。2018 年，全国居民的人均可支配收入为 28 228 元。但是根据 2018 年国家统计局的人均零售消费数据，还需去除与零售消费没有直接关系的住宅、医疗和交通等，实际零售消费仅为人均 10 846 元的水准，实际只能够支撑 1m² 左右的商业面积。所以我们国家合理的人均商业面积应该落在这一区间。但是这并不意味着随着人均可支配收入的增加，人均商业面积可以同比放大。这点只要参照和对比下面的国外发达市场的情况就更清楚了。

资料显示世界中等经济发展水平的国家和地区的人均商业面积一般为 1.2 ~ 1.7m² 左右，比如大多数欧洲主要国家的人均商业面积和销售坪效均落在这个区间（表 4-2）。但是少数发达国家，比如美国和澳大利亚的人均商业面积还会更高，超过 2.0m² 或更高（表 4-3）。

欧洲主要国家（2016 年）人均商业面积和销售坪效　　　表 4-2

市场	人均商业面积（m²）	每平方米销售额（€）
奥地利	1.74	3 500 ~ 4 000
荷兰	1.62	3 000 ~ 3 500
瑞士	1.49	<6 000
德国	1.46	3 000 ~ 3 500
比利时	1.35	5 000 ~ 5 500
瑞典	1.27	5 500 ~ 6 000
法国	1.23	5 000 ~ 5 500
英国	1.10	<6 000
意大利	1.00	4 000 ~ 4 500

资料来源：作者根据 Euromonitor 2016 资料编译整理

从表 4-2 可以看到这些欧洲发达国家的人均商业面积均在 1 ~ 1.74m²。考虑到这些国家较高的人均可支配收入，其中每平方米的销售额可以达到 3 000 ~ 6 000 欧元，相当于人民币 2.3 万 ~ 4.6 万元的水准。

表 4-3 为国际购物中心协会统计的主要国家的人均购物中心面积。其中排名前三的是美国、加拿大和澳大利亚，人均购物中心面积分别为 2.15m²、1.56m² 和 1.06m²，而像日本、英国、法国的人均购物中心面积均为 0.4m² 左右，德国只有 0.21m²。

---

❶ 考虑到国内百货和购物中心共同存在的情况，不能只定义可租赁面积。

2018年主要发达国家的人均购物中心面积　　　　表4-3

国家	市场规模（百万m²）	人口总数（百万）	人均购物中心面积（m²）
美国	703.3	327.2	2.15
加拿大	57.6	36.9	1.56
澳大利亚	26.5	25.0	1.06
新加坡	2.8	5.2	0.54
新西兰	2.2	4.4	0.50
英国	28.7	66.5	0.43
日本	51.7	126.9	0.41
法国	27.0	67.1	0.40
德国	17.5	83.0	0.21

资料来源：国际购物中心协会

美国和澳大利亚是全球两个最大的购物中心市场。购物中心的销售额基本占到各自国家零售总额的一半。2018年，美国购物中心的销售总额为2.37万亿美元，占美国当年零售总额的45%，澳大利亚的购物中心的零售总额为1410亿澳元，占澳大利亚当年零售总额的44%。

根据2.3.3一节美澳购物中心对比的分析，澳大利亚的购物中心的销售坪效在2009年到2010年期间高出美国购物中心达2倍。所以澳大利亚的人均1.06m²的购物中心面积比美国的人均2.15m²表现出了更高的效率。

Baker咨询公司在2018年年底的一篇关于澳大利购物中心在全球行业情况的报告中，对美国和澳大利亚的区域型购物中心的数据作了最新的调查，报告还囊括了加拿大、英国和新西兰的相关数据，其中澳大利亚以10 003澳元的销售坪效位列第一（图2-26）。

图4-2是美国购物中心的人均面积从1970年到2018年的发展轨迹。可以看出，美国购物中心从20世纪70年代到2009年间经历了一个高速发展阶段，人均购物中心面积从0.76m²达到2009年的2.2m²的最高点，然后呈逐年小幅下降的趋势。

再仔细分析一下英法德特别是英国作为欧洲购物中心领先国家的人均购物中心面积的情况。根据表4-2、表4-3，英国的人均购物中心面积为0.43m²，占英国人均零售面积1.1m²的39%。法国为0.40m²，占人均零售面积1.23m²的33%，德国相对最低仅为0.21m²，占人均零售面积1.46m²的12%。相对来说，英国的人均零售面积最低，尽管英国的零售商普遍认为英国的商业面积过剩，但是和欧洲主要国家相比，英国的人均零售面积属于中等偏低的水准。英国和许多主要欧洲国家一样，都是以百货主导的市场。英国现代购物中心的发展起步也比较晚，但在欧洲领先。这在很大程度上归结

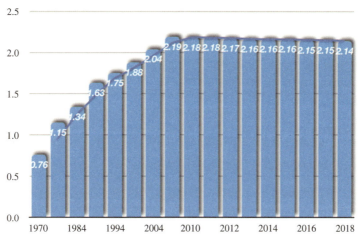

图 4-2 美国 1970—2018 年人均购物中心面积的变化（单位：m²）

资料来源：根据 ICSC 调查数据和美国人口数据统计编制

于澳大利亚人的贡献，1999 年，澳大利亚联实（Lend Lease）建成开业的蓝水购物中心不仅成为英国，也是欧洲购物中心的标杆。2008 年，澳大利亚西田集团面对全球金融危机逆势开业的西田伦敦和 2012 年为迎接伦敦奥运开业的西田斯特拉福德购物中心，更是将英国和全球的购物中心发展水准提高到一个崭新的高度。

2018 年英国前 10 名的购物中心排名　　表 4-4

购物中心	位置	区域	营运方	得分
西田伦敦	伦敦 牧羊从	大伦敦	西田	4.09
西田斯特拉德城	伦敦 斯特拉福德	大伦敦	西田	3.98
兰水购物中心	肯特 格林海斯	东南部	澳大利亚联实	3.63
英图特拉福德中心	曼彻斯特 特拉德	英格兰西北	英国地产信托	3.44
英图湖边商场	埃鑫克斯 瑟罗克	东南部	英国地产信托	3.40
英图都市中心	泰恩威尔 盖茨黑德	英格兰东北	英国地产信托	3.29
梅多霍尔商场	谢菲尔德	约克郡 亨伯	英国土地	3.27
英图梅里山商场	西米德兰达 德利	西米德兰达	英国地产信托	3.16
MK 购物中心	米尔顿凯恩斯 白金汉	东南部	爱马仕地产投资管理公司	3.12
牛环中心	伯明翰	西米德兰达	哈默森 / 加拿大退休基金 / 恒基兆业购物中心基金	3.12

资料来源：Global Data

表 4-4 是 Global Data 于 2018 年对英国的 200 个区域型购物中心作的有史以来第

一次综合评比分析。Global Date 通过购物中心的表现、可持续性、创新和体验四个方面综合评估。结果排名前三的购物中心西田伦敦、西田斯特拉福特城和蓝水购物中心均是澳大利亚企业开发和管理的购物中心。

由于英国包括许多欧洲购物中心的零售商，按照先前的惯例，并不向购物中心业主汇报销售额，所以关于英国的购物中心的销售额数据不完全。仅从贝克咨询的报告中可以看到，一个除主力店外店铺的销售坪效为 7 694 澳元（5 616 美元）。但是可以从图 4-3 的英国的食品杂货的人均零售面积和销售坪效得知，英国的销售坪效是不低的，这得益于英国在欧洲相对不高的人均商业面积。英国以人均 0.36m² 的食品杂货的商业面积，销售坪效接近 9 000 美元，为全球最高。其中澳大利亚以约人均 0.49m² 的杂货面积获得了 8 300 美元的销售坪效位居第二（与澳大利亚 URBIS 统计的 11 000 澳元数据非常接近）。

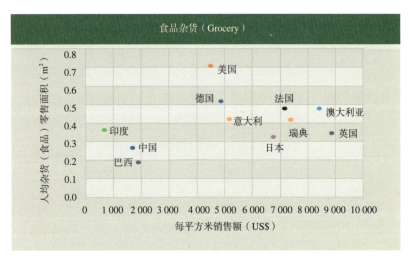

图 4-3　主要国家人均杂货（食品）零售面积和销售坪效

资料来源：Euro Monitor 2016

4.1.3　国内人均商业面积探究

国内购物中心起步较晚，有关部门对人均商业面积意识缺乏，没有正式发布的城市和地区人均商业面积的数据统计，所以，只能更多地根据国家统计局每年发布的新开工商业营业用房面积和其他行业机构的报道追索和综合分析。

正如本书 2.3.4 一节在国内购物中心的发展回顾篇中提到的，从 2000 年到 2018 年，商业营业用房的开工面积已经累计达到 27.1 亿 m²（图 2-27）。2008 年到 2018 年的 10 年间，开工面积更是高达 21.9 亿 m²。按全国 8.3 亿城镇人口计算，人均商业面积的新增量在 2000 年后达到 3.3m²（因为购物中心对于农村人口的统计意义不大）。

从 2000 年到 2018 年，在已经积累开工的 27.1 亿 m² 中，竣工面积达 14.6 亿 m²。其中还包括 11.9 亿 m² 作为散售的商铺销售，比如万达广场的金街，还有一二三四线城市大量散售的街铺。其中还有不少购物中心的内部也是部分切割商铺销售的。如果用 14.6 亿 m² 的竣工面积减去 11.9 亿 m² 的商铺销售面积，基本上 2.7 亿 m² 就是购物中心的部分了。与赢商网统计的到 2018 年购物中心的存量面积约 3.5 亿 m² 相差 0.8 亿 m²，这 0.8 亿 m² 的差额正好分摊到那些内部部分切割出售的购物中心的面积，占已开业购物中心的比例为 23%，与许多开业的购物中心出售商铺的比例非常吻合。

值得注意的是，这个 2000 年后的 14.6 亿 m² 新增建成的商业面积，包括购物中心和各种商铺，按 8.3 亿城市人口分摊每一位城镇居民在过去的 18 年间净增商业面积为 1.76m²。按 60% 的使用率，人均可租赁面积达到 1.1m²，与英国的人均商业面积持平。但这还没有包括 2000 年之前每个城市就已经存在的传统百货、超市和商业街铺的面积。毫无疑问，我国城镇的人均商业面积已经超过欧洲的那些零售和经济最发达的国家。而且更多的商业面积的供给还在路上，赶超美澳也是指日可待。

上海作为国内零售发展最前沿的城市，主管部门的意识和与国际接轨方面相对超前，对人均商业面积有一些内部统计。所以对于追索到 2000 年的人均商业面积提供了一个有价值的参照。图 4-4 为上海人均商业营业面积的统计：

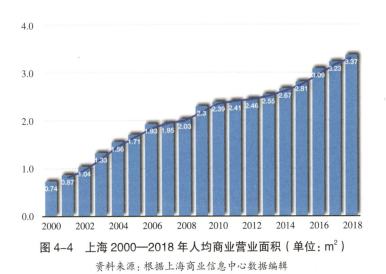

图 4-4　上海 2000—2018 年人均商业营业面积（单位：m²）

资料来源：根据上海商业信息中心数据编辑

图 4-4 显示上海 2000 年人均商业营业面积为 0.74m²，2018 年达到了人均 3.37m²。所谓商业营业面积类似于可租赁面积，比 2000 年人均净增 2.63m²。但是上海的人口总数在 2014 年达到 2 425.7 万后，由于对于城市人口的控制不再增长，2018 年为 2 423.8 万，进一步造成了上海人均商业面积的迅速放大。如图 4-5 所示，从 2013 年开始，上

海购物中心的销售增长已经明显跟不上规模的扩大，造成了同时期上海购物中心的平均销售坪效在 2013 年后呈现抛物线状下滑。

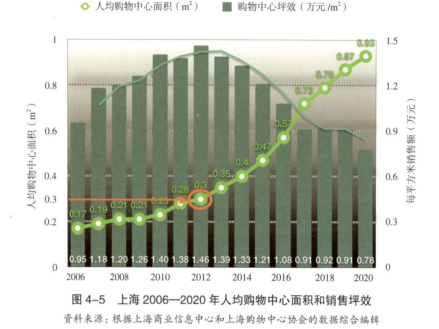

图 4-5　上海 2006—2020 年人均购物中心面积和销售坪效

资料来源：根据上海商业信息中心和上海购物中心协会的数据综合编辑

图 4-5 显示，上海人均购物中心的面积在 2020 年已经达到 0.93m²，约占当年上海人均商业面积的 26%，但 2019 年的每平方米销售坪效已经跌至 2006 年之前的 9 100 元的水平❶。考虑到这十多年间收入和零售总额的增长，还有通货膨胀和物价指数等因素，这是极不正常的。2012 年，上海的人均商业面积为 0.3m² 时，销售坪效达到最高的 1.46 万元。本书就此得出一个推论，按目前的水平，0.3m² 的人均购物中心面积应该作为国内各大城市的一个警戒线。

2019 年，苏州的商业发展报告指出，苏州的超市坪效为 2.25 万元，百货坪效为 1.21 万元，购物中心坪效仅为 0.51 万元，而且苏州的 47 家主要购物中心 293 亿元的销售额仅占苏州社会零售消费品总额的 5%❷。笔者从参与制作该报告的图比特研究机构了解到，苏州购物中心的坪效下降的拐点也出现在 2013 年。所以结合本书 3.5.1 节以网络思维对上海购物中心销售额的实际分布情况的分析以及 2019 年 11 月 12 日《21 世纪经济报道》的百强房企开发的购物中心 64% 亏损的报道。国内购物中心的人均商业面积的过剩已经是一个应该引起从政府到整个行业足够注意和警示的信号。

---

❶ 考虑到 2020 年受新冠肺炎疫情的影响，所有采用之前 2019 年度的稳定的数据。
❷ 摘自《2019 年苏州市商业发展报告》。

4.2 同类零售聚合理论与同类零售商的聚合

4.2.1 同类零售商聚集的稳定性条件

在 3.2.1 最小差异化一节中，通过霍特林的最小差异化理论以及规模经济效应等，笔者已经对同类零售商聚集的稳定性做了介绍。同类零售商聚集的最直接的效果就是可以满足消费者的比较购物的天性和需求。但是，由于更早提出的古诺（Cournot）模型和双寡头竞争的案例更具影响力，人们普遍的观点依然认为所有消费者都会到能给出最低价的商人那里购物。这一点，在我们目前的国内市场也是一样，这也是为什么很多零售商都会在租赁合同中要求制定排他性条款。

人们在议论现代购物中心诞生和发展的时候，往往都会谈到汽车和公路，却忽视当初正是两家同类主力百货店聚集所造成的溢出效应引起了行业的极大兴趣和对同类零售聚集的进一步研究。而这也是促成美国百货商场从此扎堆进驻购物中心，在后来数十年的时间里成为促进美国购物中心迅速发展的真正动力。本章节还将对澳大利亚购物中心两个超市的同类零售商聚集作更深入的分析。关键是要在保持总体供需平衡的情况下，把同类零售商的对比和竞争效应做到极致。而对于任何供过于求的局面，无论是同类零售商还是异类零售商聚合都将是不稳定的。所以，供需平衡也是同类零售商聚集稳定性的一个基本条件。这也是最早的中心地理论所蕴含的思想。

4.2.2 比较购物概念的研究和发展

在霍特林提出最小差异化理论后，引发了大量的争议和研究。在 20 世纪 30、40 年代，认为同类零售商的聚集是社会资源的浪费并会造成零售商经济上的不稳定的观点较为普遍。相信即使是 21 世纪的今天，在我们国内市场对这种同类零售商的聚集造成不稳定的观点也是占上风的。笔者从 2012 年起几乎每年都要带国内业者考察和学习澳大利亚的购物中心，大家对澳大利亚的每一个区域型购物中心当中都具有两个规模和品类几乎完全类似的 Woolworths 和 Coles 超市的组合表示出了极大的不解。

1956 年南谷购物中心的开业，两家类似的百货公司代顿百货和唐纳森百货聚集在同一个购物中心获得了比他们之前各自独立经营更好的销售和更高的坪效的事实，引起了美国业界的巨大关注和兴趣，最终成为汽车和公路的技术进步之外促进美国区域型购物中心百货主力店聚集，从而成为美国购物中心发展的强大内生动力。

比较购物是消费者与生俱来的天性，消费者通过比较购物不仅可以减小找不到所需商品的风险和更好地覆盖消费者的各种需求，而且还可以通过比较消除不确定性从而促进购买决定的做出。伊顿和利普西氏（1979）通过模型研究消费者的比较购物行为，发现了霍特林的聚合理论的社会作用，并确认了消费者有希望在同一购物地点做比较购物的愿望，从而认识到正面聚合的经济效应存在于位于同一个位置的同一类的零售公司之间。

结合中心地理论的限程和门槛所发展的拟建商场规模，对于同类零售商的聚合的供需平衡的规模是一个不能忽视的问题，很多情况下是规模的过剩造成了市场的不稳定而不是同类零售商的聚合的原因。

4.3 零售需求的外部性理论与异类零售商的聚合

4.3.1 外部性理论产生与聚集类产业的影响

外部性理论是一个久远的经济学概念，源于对聚集经济现象的内在形成机制的研究。内部经济是指依赖于从事某种工业的企业的资源、组织和经营效率的经济，外部经济是指有赖于这类工业企业的产业而发展的经济。外部经济是产业聚集形成的重要原因。集聚区内众多企业共享知识、信息、技能和设施的资源，促进相关企业的配套辅助产业的成长和专业化的协作，降低成本共享规模效益。"这种经济往往能够因许多性质相似的企业集中在特定区域，即通过所说的工业地区的聚集分布而获得。"

外部经济视角对产业聚集进行了开创性的研究，把某一区域原本看似相互无关的经济、社会和文化等结合起来，创造了一种企业生产、发展的产业氛围，即外部规模经济。

20世纪90年代开始，外部经济概念开始应用于对购物中心和消费者行为的研究。当消费者受到某一个具有高额订单量的主力店的外部力量驱使，来到一个特定的购物中心时，这种零售需求的外部性或者说人流量就产生了。

4.3.2 外部性理论的正向和负向作用

外部效应是指某个体在没有得到另一个（些）个体同意或补偿下，对其产生的有益或不利的结果。两个完全无关、在位置上相隔较远的个体之间不会产生任何外部效应。比如购物中心的主力店为周边单元店铺的引流就是一种典型的有益外部效应，而购物中心的主力租户没有从单元店铺的获益中获得任何回报。但是如果一个工厂对外部区域的排放所造成的污染就是一种不利的外部效应了。包括一些本质上并没有协同效应的不同类零售商的聚合也会造成不利的外部效应。

维托尼诺（2012）通过建模分析了美国百货主力店之间的正向和负向的外部性效应，百货业主根据这些效应共同作出是否进驻同一个区域型购物中心的决定。她将百货公司分为三个级别——高端百货、中端百货和折扣百货，以不完全信息的静态博弈和反应函数建立模型，最后得出的结论是中端百货的消费者具有最强的比较购物的期望，低端百货的消费者也会偶尔光顾中端百货，同样中端百货的消费者也会偶尔光顾高端百货，这使得高端百货和中低端百货的聚集也会使高端百货受益。但高端百货和高端百货之间消费者的比较需求的倾向就较少。维托尼诺的研究从根本上解释了为什么目前美国区域型购物中心百货主力店的组合中平均的配比就是一个低端百货、两个中端百货和一个高端百货。

4.4 规划购物中心的概念

4.4.1 规划购物中心概念的提出和意义

1979年，伊顿和利普西氏在对霍特林的最小差异化理论的研究所提出的比较购物概念的基础上，通过对克里斯泰勒的中心地理论的拓展，同时从供给端和消费端考虑建立模型，分析两个零售商聚合的平衡效应，提出了规划购物中心的概念。规划购物中心概念的意义证明和解释了为什么购物中心的表现和效益要普遍超过规划条件欠缺或受限的传统商业街。传统市区商业大量的问题诸如缺乏零售信息、没有集中的管理、没有计划的招商、也没有统一的标识和停车位稀少等，大多数的市中心零售不成功是因为它们缺乏消费者信息和好的比较购物的机会，这些便利在经过周密规划的购物中心里则随处可见的。

以下是对规划购物中心概念做的4点总结：

（1）消费者通过多目的购物和比较购物可以减少成本；

（2）零售商通过零售聚合和需求的外部性的集聚可以扩大利润；

（3）外部性取决于销售产品的性质，外部性可以是正向也可以是负向的；

（4）消费者的需求的规模决定了商店的位置、大小、商品和营运成本。

伊顿和利普西氏对规划购物中心的理论拓展从根本上解释了同类零售商和异类零售商的聚合，是因为这些零售商要通过聚合和规模经济的溢出效应扩大利润，而消费者也要通过多目的购物和比较购物降低成本并作出购买决定。伊顿和利普西氏也解释了商场有大有小，都是由所处在的区位、消费者密度和产品的性质综合决定的。

购物中心的规划和发展在美国是和汽车的使用和高速公路的扩建同时发生的。消费者愿意出行到更远的、经过周密规划的购物中心进行比较购物和多目的购物，这样减少了他们的搜寻成本，并降低了找不到想要商品的风险，也节约了消费者出行购物的时间和成本。

4.4.2 规划购物中心概念对美国购物中心的影响

规划购物中心的概念对美国购物中心的发展产生了重大的影响。伊顿和利普西氏提出了一个经过周密规划的购物中心禁止低价和便利商品的零售商作为一个品类进入的理由。通过限制那些通常销售同样商品的低价零售商，购物中心业主防止了最直接的价格竞争，同时通过在购物中心的租户组合中接纳更多高价值的同类零售商加强比较购物的机会。学者们也依据这些观点部分解释了在过去的数十年间美国的大型购物中心和超区域型购物中心成功的原因。伊顿和利普西氏的这一理论成为美国以时尚和高端百货作为购物中心主力店以及美国的区域性购物中心不接纳超市的理论依据。在美国人的消费意识习惯中，如果消费者到时尚购物中心购买衣物，然后再提一篮蔬菜回家的做法会有点令人不可思议。但是随着购物中心最新的发展，特别是澳大利亚业者进入美国市场后，把超市带入美国的区域型购物中心所取得的成功，以及消费者行为和趋势的最新变化正在改变这一认知和现实。由此本书将通过经济学的弹性原理对美澳购物中心的不同的定位导向进行分析。

4.5 从美澳对比看购物中心组合理论的发展

4.5.1 澳大利亚的基于给消费者 What You Need 的组合定位导向分析

根据经济学的弹性原理，超市和折扣百货中基本吃穿用的生活用品的弹性系数都较小。而奢侈品消费包括娱乐休闲业态的弹性系数都相对较大。所以当经济波动影响消费品物价时，这些弹性系数较小并且缺乏替代品的食品就表现出更强的韧性。纵观澳大利亚购物中心数十年更稳定的表现，可以用经济学的弹性原理解释其中的原因。

图 4-6 显示，当经济周期变动造成价格上涨的时候，由于瞄准消费者 What You Need 的导向，这些日常生活必需品的弹性系数都较小，需求曲线比较陡峭，所以由于价格上涨造成的数量的减少并不显著。消费者还是必须采购这些日常生活的必需品。比如图中的价格从 4 元上涨到 5 元，价格变化为 20%，而数量的变化从 100 到 90，仅

为 10%。价格上涨之前的总得益为 400（4×100，图中蓝色和绿色部分）。而价格上涨后因为价格上升所获得的额外收益大于因为数量减小所损失的收益，所以总得益为 450（5×90，图中蓝色和黄色部分）。这是一个简化的分析，重要的是要说明对于瞄准刚需导向的定位组合具有更强的抵抗经济周期波动而维持稳定收益的能力。

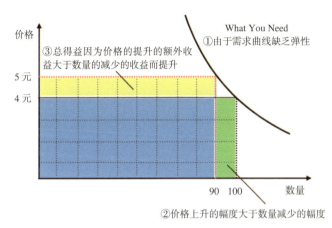

图 4-6　澳大利亚 What You Need 价格上升对数量和总得益的影响

4.5.2　美国的基于给消费者 What You Want 的组合定位导向分析

而对于满足消费者想要而不一定必要的消费品，即受美国消费主义影响给予消费者 What You Want 的定位，如时尚休闲和奢侈品等，由于这些商品的弹性系数较大，需求曲线比较平坦，受经济波动影响较大，较小的价格波动都会引起销售量较大变化。

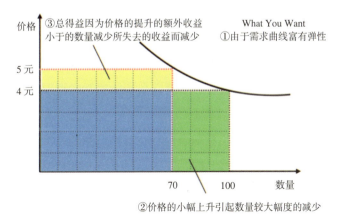

图 4-7　美国 What You Want 价格上升对数量和总得益的影响

图 4-7 显示，当经济周期变动造成价格上涨的时候，由于美国瞄准消费者 What You Want 的导向，这些以时尚、休闲和奢侈品为导向的商品和服务并不属于生活的必需品，消费者在经济不景气的时候可以选择少买或不买，弹性价格系数都比较大，所以价格上涨造成的数量的减少很显著。比如图 4-7 中的价格从 4 元上涨到 5 元，价格变化为 20%，而数量的变化从 100 降到 70，降幅达 30%，大于价格的变化。所以价格上涨之前的总得益为 400（4×100，图中蓝色和绿色部分）。而价格上涨后，因为价格上升所获得的额外收益小于因为数量减小所损失的收益，所以总得益变为 350（5×70，图中蓝色和黄色部分）。

综上所述，从经济学的弹性原理解释了澳大利亚购物中心比美国购物中心具有更强的抵抗经济周期波动和金融风险的能力的原因，从而表现更稳定。西田购物中心数十年的稳定业绩被行业和媒体称为"购物中心电厂"。包括西田在内的澳大利亚购物中心，也更加受到许多国家的养老金和主权基金的追捧和青睐。以上就是用经济学的弹性原理从定位导向上解释的澳大利亚购物中心成功的内在原因。

4.5.3 西田美国购物中心和美国区域型购物中心的对比

本节通过经济学的弹性原理对澳大利亚的刚需导向的组合理念和美国的时尚导向的组合理念做了深入的分析。在揭示了澳大利亚购物中心在数十年的发展中为什么比美国购物中心具有更稳定表现的同时，也是对美国的规划购物中心概念在新形势下的修正和完善。

澳大利亚购物中心与美国购物中心不同的一个突出特点就是超市作为购物中心的主力店。西田的美国购物中心更是把这一组合理念带到了美国市场，为本节分析的两种不同的组合定位导向提供了直接的事实依据。美国的区域型购物中心一般都没有超市，但唯一的例外是澳大利亚西田运营的美国区域型购物中心。澳大利亚人将这种满足刚需导向的购物中心的主力店的组合理念带到了美国市场。2018 年，笔者对美国购物中心进行实地调查，发现在美国唯一可以见到区域型购物中心由超市作为主力店的就是西田在美国的购物中心。西田的美国购物中心不但以 Whole Food、Gelson's、Aldi 等连锁超市作为主力店，很多西田购物中心甚至还把 Costco 这样的巨无霸超市也引入购物中心。关键是这些购物中心的总体销售坪效和人流量完胜美国本土没有超市作为主力店的区域型购物中心。

笔者在与美国业内人士探讨为什么美国购物中心不放置超市作为主力店这一现象时，得到的回答是为了维护购物中心的档次和形象，也是美国消费主义文化使然。代表了伊顿和利普西氏的限制低价值和便利商品进入购物中心的观点影响。除了认为超市的形象可能不适合外，美国业界的潜意识也认为超市的租金贡献率较低。但是笔者在与西田洛杉矶世纪城的总经理路易斯（Louis）的交谈中印象深刻。路易斯说超市不但为洛杉矶世纪城带来了人流，也贡献了很好的租金。洛杉矶世纪城一直保持洛杉矶购物中心销售坪效和销售总额的第1名，而且每年的人流量超过2 000万人，比同城的迪斯尼乐园1 300万的人流量多出1/3。

从 Green Street 咨询机构的关于美国都市购物中心的排名看到这些引入了超市的西田美国购物中心和美国本土优秀的购物中心的直接表现对比（表4-5）。

美国都市区域型购物中心的销售坪效的排名　　　　　表4-5

城市	人均GDP占美国人均GDP之比	排名前3的购物中心		
		第1名	第2名	第3名
圣何塞	175%	西田硅谷购物中心	西田奥克雷奇购物中心	西蒙斯坦福购物中心
旧金山	154%	西田旧金山购物中心	科提马德拉乡村购物中心	石头镇商业廊购物中心
纽约	141%	西田世贸中心商场	皇后购物中心	西蒙韦斯切斯特购物中心
洛杉矶	133%	西田洛杉矶世纪城	格罗夫购物中心	阿美利卡娜广场
圣地亚哥	126%	西田UTC购物中心	西蒙时尚谷购物中心	丘拉维斯塔购物中心

资料来源：Green Street 咨询，按2017年美国区域型购物中心每平方英呎销售额排名。

表4-5是 Green Street 咨询机构根据 OECD、布鲁金斯学院和摩根大通对都市的界定，以一个城市的人均GDP和所在国家的人均GDP之比确定都市的标准，然后按同级别的购物中心当中的销售坪效即2017年的每平方英呎的销售额排名。从表4-5可以看到，销售坪效排名第一的都是西田的美国购物中心。特别是在圣何塞，如果西田在一个城市有两个购物中心，那么连排第二名的购物中心也是西田的。

因此，笔者认为伊顿和利普西氏对于美国购物中心聚合理论的研究主要是基于20世纪80、90年代美国购物中心的情况而作的。今天，特别是进入21世纪后，购物中心的发展发生了很大的变化。从澳大利亚和美国购物中心的对比，再从澳大利亚人营运的美国购物中心和美国购物中心的综合表现对比，可以看出，澳大利亚的这种首先瞄准消费者基本需求（What You Need）的组合理念，显示出较美国的崇尚消费主义给予消费者想要（What You Want）的组合理念，具有更好的稳定性和更强的抵抗经济周期波动和金融风险的能力。

伊顿和利普西氏等美国学者关于规划购物中心概念的研究和结论主要都是基于20世纪80年代的美国购物中心的数据。当时澳大利亚企业在美国的购物中心还没有形成规模和影响。但是今天的实际发展已经验证澳大利亚的购物中心的组合理念对于零售商的聚集具有更好的稳定性。所以，美国学者提出的规划购物中心概念当中限制那些通常销售同样商品的低价零售商的观点和理论需要接受21世纪购物中心发展的检验。这也是笔者认为的美澳定位导向的对比对今日购物中心发展的补充和完善。

4.6 规模和组合的综合案例分析

在本章对购物中心规模和组合理论论述的基础上，通过三大经典理论以及相关发现的综合，对三个国内外的典型案例进行综合分析，诠释理论与实践的联系。

4.6.1 关于澳大利亚区域型购物中心两个超市同类聚集的典型案例分析

澳大利亚的区域型购物中心内的两个超市的组合为同类零售的聚合提供了一个经典的案例。澳大利亚是目前全球唯一的具有最翔实和最全面的购物中心各类数据的市场。本案例研究采用 URBIS[1] 调查机构关于澳大利亚 2015 年区域型购物中心、次区域型购物中心和社区型购物中心报告的数据，以及 2015 年 URBIS 为澳大利亚购物中心协会专门制作的报告作为分析的依据。

URBIS 通过常年观察发现，澳大利亚的区域型购物中心，平均每一个购物中心有约 9 000m^2 的超市和食品类店铺的面积需求。但澳大利亚购物中心业主的做法不是将这 9 000m^2 的面积交给一家大的超市，而是交由澳大利亚的 Woolworth 和 Coles 两家主要的超市经营，各家超市的规模均为 4 000m^2 左右。这两个超市的品种和类别完全类似。对于多出的约 1 000m^2 面积，购物中心还将出租给独立的水果蔬菜、鱼、肉、海鲜、家禽以及面包蛋糕店等零售商，这些食品类店铺的位置通常临近超市或就在超市的入口处。在 Woolworth 和 Coles 两大超市里消费者可以找到水果、蔬菜、鱼肉蛋家禽等食品，在超市外的区域也同样可以找到这些食品店。澳大利亚购物中心把比较购物的概念做到了极致，但是对于总体的食品类租户的面积一般都控制在 9 000m^2 以内。

Urbis 公司对澳大利亚的区域型购物中心、次区域型购物中心和社区邻里型购物中心的总的数量、平均的租赁面积和年度销售额都有完整的统计。包括这三类购物中心总规模和总销售额以及各自平均的面积和销售额（表 4-6）。

---

[1] URBIS Benchmark Report 2016.

第4章 商业地产经典理论与规模和组合定位

澳大利亚主要三类购物中心的面积和销售额 表4-6

购物中心（类型）	数量（个）	总面积（百万 m²）	总销售额（亿澳元）	平均面积（m²）	平均销售额（亿澳元）
区域型	67	5.77	328	86 075	4.90
次区域型	286	7.36	398	25 721	1.40
邻里型	1 104	6.75	388	6 118	0.35

资料来源：根据URBIS 2015年给澳大利亚购物中心协会的整理编制。

本书沿用Urbis的平均思路的分析方法，结合澳大利亚的人口和收入水准引入商圈分析的方法，量化分析澳大利亚同类零售商聚集的成效。除采用澳大利亚URBIS 2015年的市场数据外，还将结合澳大利亚商务管理顾问公司关于澳大利亚消费者的相关数据和澳大利亚购物中心协会以及西田集团、Vicinity等主要企业提供的数据综合整理分析。表4-7为澳大利亚这三类购物中心所覆盖的商圈的销售表现和份额（采用平均法简化分析，建立商圈规模和组合的基本意识）。

各类购物中心的平均商圈覆盖情况和总体表现 表4-7

种类	覆盖入口	零售总额（百万澳元）	购物中心销售额（百万澳元）	购物中心销售占比
区域型	357 200	4 643	490	11%
次区域型	83 700	1 088	139	13%
社区邻里型	21 700	282	35	12%

表4-7说明在澳大利亚一个区域型购物中心平均覆盖35.72万人口，商圈零售总额为46.32亿澳元（按2015年的人均1.3万澳元乘以商圈人口数），平均销售额为4.9亿澳元，占所在商圈的市场份额约11%；同样的，一个次区域型购物中心平均覆盖的商圈人口为8.37万，商圈零售总额为10.88亿澳元，平均销售额为1.39亿澳元，占商圈的市场份额约13%；而一个社区邻里型购物中心平均覆盖的人口为2.17万，商圈的零售总额为2.82亿澳元，平均销售额为3 500万澳元，占商圈市场份额为12%。

进一步地，通过表4-8关注各类购物中心在商圈中的食品类销售的表现。

各类购物中心在商圈中的食品类销售表现分析　　　　　　　表 4-8

种类	食品零售总额（百万澳元）	购物中心的食品零售额（百万澳元）	食品零售占中心的份额	食品销售占商圈的份额	食品经营面积（m²）	超市数量（个）	销售坪效（澳元/m²）
区域型	1 857	100	20%	5%	9 000	2.1	11 111
次区域型	435	54	49%	12%	5 663	1.6	10 361
社区邻里型	113	25	71%	22%	3 854	1.1	6 487

资料来源：根据 Marketinfo、MacroPlan Dimasi，以及澳大利亚食品消费占零售消费的 40% 比例和 Urbis 报告综合整理。

根据 MacroPlan（澳大利亚商务咨询规划公司）的数据，2015 年澳大利亚的食品消费占零售消费的 40%（不包括在外就餐），由此再根据表 4-8 的相关数据可以得出每个商圈内总的食品销售额。同时根据 URBIS 三个对标报告和 URBIS 给澳大利亚购物中心协会的规模和表现的报告综合整理，得出一个区域型购物中心的平均食品销售约为 1.0 亿澳元，占购物中心销售额 20%，占商圈的食品零售额的比例为 5%，占购物中心的面积为 9 000m²，超市的数量平均为 2.1。这些超市和食品店铺的销售坪效可以达到 1.1 万澳元。需要说明的是，超市平均数量 2.1 是因为一些区域型购物中心还有 3 家超市，比如在 Woolworth 和 Coles 的基础上又引入了德国的 ALDI 超市，每平方米 1.1 万澳元的超市和食品类店铺的销售坪效是一个非常优异的数据（可以参照本章 4.1.2 的图 4-3 数据综合对比）。

按照 URBIS 公司的数十年跟踪的统计分析，每一家区域型购物中心约 9 000m² 生鲜食品类的需求是按销售坪效、合理的市场份额和商圈的人口及消费能力综合计算得出的，也符合规模定位的基本思路。

表 4-8 还列出了次区域性购物中心和社区购物中心的食品类租户在所在商圈的总体表现，一个有意思的现象可以帮助说明。一个独立开店的超市，其销售坪效没有超过两家同类超市的聚集的坪效高（这两类购物中心因为规模较小，一般多为一家超市作为主力店，而每家超市的平均规模也都在 4 000m² 左右）。

所以，澳大利亚的区域型购物中心将两个同品类超市的聚集获得了比他们独立经营更好的聚合效应，通过降低消费者搜寻成本和提供更多的比较购物的机会，使消费者获得了更好的体验。同时竞争也促使价格和数量达到均衡。澳大利亚的 Woolworth 和 Coles 这两家食品零售商在亚洲零售品牌价值排行榜上，分列第一和第三（图 4-8），日本的优衣库列第二。根据德勤 2018 年的《全球零售力量》报告，Coles 和 Woolworth 两个仅在澳大利亚和新西兰经营的超市分别以 476.9 亿美元和 407.7 亿美元位列 2018 年全球零售排行榜的第 21 和第 23 位，处于亚太地区国家的最前列（图 4-8）。

第 4 章　商业地产经典理论与规模和组合定位

图 4-8　2014 年亚太地区最佳零售品牌

资料来源：联商资讯 2014 年 4 月 10 日报道"2014 年全球最有价值零售商排名"

4.6.2　上海七宝万科赏味市集的同类聚合案例分析

另一个同类零售商聚合的典型案例是国内 2016 年年底开业的上海七宝万科赏味市集。赏味市集位于购物中心的地下一层，是把 16 家各类食品店铺聚集在一起的一条食品街区，品类包括新鲜水果、鲜榨果汁、各类饮品、糕点、披萨、蛋挞以及肉串和牛排等。本书称之为"食街"，是因为其不像餐厅或美食广场，基本很少或没有座椅，是一种买了就走的消费方式。图 4-9 为这 16 家店铺的布局和铺名。

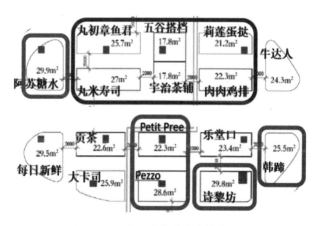

图 4-9　七宝万科赏味市集的布局图

资料来源：参照七宝万科广场赏味市集布局和资料绘制

七宝万科广场将这类食品店铺集中塑造目标地的做法在国内商场并不多见，一般在其他购物中心，这类店铺都是分散布置的，或较小规模地三五成群，或穿插在餐馆和其他店铺中间。表4-9为赏味市集的各个店铺的详细表现。

赏味市集2017年店铺规模和业绩表现　　　　　　　　　　表4-9

序号	店铺位置编号	店铺名	面积（m²）	2017年销售额（元）	2017年均坪效（元）	租售比	实际租金（元）	每日租金（元）
1	bik101	阿苏糖水	29.90	1 436 324.28	48 037.60	34.20%	491 222.90	45.01
2	bik102	韩蹄	25.50	2 348 897.88	92 113.64	18.30%	429 848.31	46.18
3	bik103	诗黎坊	29.80	1 710 171.84	57 388.32	25.90%	442 934.51	40.72
4	bik104	Petit Pree	22.30	1 781 226.48	79 875.63	20.60%	366 932.65	45.08
5	bik105	Pezzo	28.60	1 364 337.24	47 704.10	30.60%	417 487.20	39.99
6	bik106	丸初章鱼君	25.70	1 653 020.40	64 319.86	24.10%	398 377.92	42.47
7	bik107	丸米寿司	27.00	2 880 651.84	106 690.81	17.30%	498 352.77	50.57
8	bik108	五谷搭档	17.80	831 961.32	46 739.40	31.20%	259 571.93	39.95
9	bik109	宇治茶铺	17.80	1 910 473.44	107 329.97	17.90%	341 974.75	52.64
10	bik110	莉莲蛋挞	21.20	3 545 424.72	167 237.02	18.10%	641 721.87	82.93
11	bik111	肉肉鸡排	22.30	2 362 669.56	105 949.31	18.00%	425 280.52	52.25
12	bik112	牛达人	27.30	8 459 718.48	348 136.56	18.00%	1 522 749.33	171.68
13	bik113	乐堂口	23.40	3 414 389.16	145 914.07	18.00%	614 590.05	71.96
14	bik114	贡茶	22.60	3 626 225.16	160 452.44	18.00%	652 720.53	79.13
15	bik115	大卡司	25.90	2 841 016.92	109 691.77	19.40%	551 157.28	58.30
16	bik116	每日新鲜果汁吧	29.50	5 431 455.72	184 117.14	18.00%	977 662.03	90.80
合计			393.60	45 597 964.44	115 848.49		平均日租金/m²：63.10元	

资料来源：根据上海七宝万科广场报告整理（Confidential）。

从表4-9的数据可以看出，七宝万科的赏味市集内几乎每一个商家的经营坪效都非常出色，明显高于这类店铺或同名店铺在一个城市或区域中的平均水平。甚至如果把这些租户每平方米的年租金坪效（贡献）作为销售额，也会令很多同类食品零售商家羡慕不已。这点也从七宝万科管理团队和其中的许多商家得到证实。2018年，七宝万科广场对店铺进行了调整，基础租金提升63.4%，但是想进驻开店的食品零售商依然是一铺难求，平均有6个商家排队等1个店铺。所以，本书认为赏味市集提供了一个很好的同类零售商聚集的国内市场样板，作为同类零售商聚合不多的国内实例非常值得研究和推广。

通过与七宝万科广场当初定位和营运的团队负责人交流,作者了解到他们的初衷并不是因为零售的聚合理论及效应。只是想利用这块空间,切成小商铺出租,招募更多的商家,租户租金的承受能力因为面积小也可以相对提高,但后来的结果确实超出了团队预期。以至于开业一年多后,团队立即进行调整,以期从中获得更大的收益。本书从规模定位的供需平衡原理、同类零售商的聚合理论、经济学的聚集效应(成本下降)对赏味市集做出如下三点总结:

(1)首先从规模定位的原理考量,赏味市集迎合了位于餐饮金字塔底部,具有更大市场需求的买了就走和冲动型购买的需求。如图4-10所示,全球顶级的食品咨询公司Future Food根据餐饮消费的品类和客单价将餐饮分为了自下而上的八个层级,之所以呈现宝塔状而不是平行的阶梯状就是代表了位于底部的品类具有更大的市场容量和需求,如图4-10中的黄色框线所表示的部分。就像本书关于定位的观点,任何组合都需要在规模的供需基本平衡条件下才有意义。因此,赏味市集很好地覆盖了这部分其实市场很大但又容易被忽视的需求。

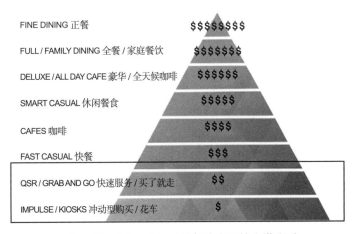

图 4-10 Future Food 的餐饮定位的宝塔法则

资料来源:Future Food

(2)经济学的聚集效应带来的成本下降和竞争促进均衡都为赏味市集这样的聚集带来了正面效应。如图4-11所示。

图4-11中的S1、D1为租户的短期供给曲线和需求曲线,在E1点获得均衡,对应的成本为C1。租户的聚集使规模扩大,获得了规模经济,使短期供给曲线向右下方移动到S2,价格的下降促使需求增加,需求曲线从D1移动到D2,均衡点从E1变为E2,从而促使成本从C1降低到C2。这种集聚的成本对零售商来说可以表现在公共设施、能源、信息和营销推广等资源的共享,对消费者来说降低了搜寻成本,并增加了比较

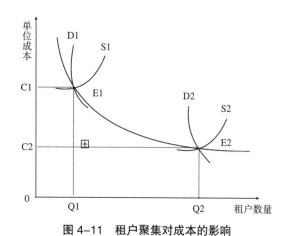

图 4-11 租户聚集对成本的影响

资料来源：彭继增.商业集群：集聚动因及发展机理研究 [D].西南财经大学，2008.

机会，消除了不确定性，促进了交易。

（3）目标地建设促进了目的性的消费。零售的聚合理论延伸研究提到目标地建设的概念。设想如果七宝万科广场没有把这 16 个餐饮铺位集中，而是分散在各个楼层，或穿插于其他品类的商家之中，那么这些分散布置的铺位只能更多地依靠消费者的冲动性购买，而万科广场将这些食品类的租户集中，在消费者的心目中树立了一个鲜明的目标地形象，更加主动地把许多潜在的冲动性消费转化为目的性的消费。

4.6.3 对苏宁云店战略的剖析

2015 年，苏宁集团提出了苏宁云店战略，就是在原来苏宁电器的基础上扩大经营面积，引入便利店、简餐和饮料吧、红孩子服装（苏宁自营）和其他儿童服装以及儿童娱乐等租户，以期借力儿童和体验业态促进销售。在苏宁实施云店战略之前，平均一家苏宁电器的规模约为 8 000m²，年销售额约 1 亿元，经营坪效可以达到 1.25 亿元 /m²。

苏宁集团这种尝试创新的举措，还吸引了阿里巴巴的投资参股（阿里巴巴投资了苏宁云店 50% 的股份，看中的是苏宁电器遍布全国的实体零售网络）。

在第一批 8 家苏宁云店开设之后，苏宁云店对外宣称营业额上浮了百分之十几，但苏宁内部非常焦急。因为改造升级后的苏宁云店的业绩并没有像集团之前预期的那样获得提升，而是全线下滑，甚至都找不出一个因为实施了新的战略获得业绩提升的案例，这很显然出现了系统性的问题。受苏宁云店管理层的邀请，笔者走访了位于上海第一八佰伴旁边的苏宁云店，也是苏宁云店在上海刻意打造的标杆项目。图 4-12 是笔者在苏宁云店拍摄的照片，可以见到一个类似便利店的苏宁超市、红孩子儿童服装和迪斯尼儿童服装店，加上儿童娱乐海洋球和滑滑梯等设施以及饮料售卖亭等，其他苏宁电器的白电如冰箱洗衣机，黑电如音响和电视以及手机和电脑之类这些苏宁传统的商品就不需要介绍了。

图 4-12　苏宁云店的非电器组合部分的照片

笔者通过与南京苏宁云店管理层沟通和交流确认，所谓苏宁云店就是在此前苏宁电器的基础上增加了儿童、娱乐和休闲等的体验业态。一个标准的苏宁电器的面积为 8 000m^2，而苏宁云店的面积为 12 000m^2，也就是增加了 50% 的儿童和休闲体验类的非电器的面积。

根据同类零售的聚集理论，苏宁电器之前的各种家用和办公电器的集聚属于典型的同类零售集聚。当某种类型商铺的数量聚集到一定程度时，通过增加的比较性购物机会可以促进更高的销售。苏宁电器通过增加的一些变量，揭示了包括购物品种、服务质量、服务数量、商店密度和氛围在电器这个同类名目下的品种丰富度和比较购物在消费者选择购物地点中的重要作用。之前的苏宁电器是一个同类零售商聚集的正向成功案例。

但是，对于 2015 年苏宁云店实行的新的战略，如果根据零售需求的外部性理论分析，就是苏宁希望把苏宁电器的外部效应带给儿童和那些所谓体验类的租户或反之亦然。本书拟通过引入一个变量即消费者对不同品类商品的购物频率进行分析。

通常，对于一个 8 000m² 的苏宁电器店来说，电器是属于单价相对较高但是购买频率相对较低的品类，而且往往去电器店的顾客是带有较明确购买意向的消费者。苏宁电器以往的销售记录显示其平均客单价约为 2 500 元，所以按一个苏宁电器的平均年销售额 1 亿元人民币推算。苏宁电器的每平方米的平均营业额（销售坪效）为 1.25 万元。这样，根据店铺的可承受规模 = 零售总额 / 销售坪效，列出等式：

8 000m²=100 000 000 元 /12 500 元 /m²

进一步根据客单价 2 500 元推算人流，得：

客流量 ×2 500 元 =100 000 000 元，则年客流量 =40 000 人次

即一个标准的苏宁电器所需要的一年的客流量仅为 40 000 人次。由此可以看出电器商品的低频高客单价的属性。

而现在以儿童和体验为名陡增了 4 000m² 规模的商业后会是什么情况？如图 4-12 所示的都是一般普通购物中心中的常见业态，根据通常大众型购物中心的平均 60~100 元范围的客单价（其实以 60 元的客单价为苏宁云店新增的非电器部分品类估算已经属于乐观）。这样根据通常购物中心 1 万元销售坪效的门槛，苏宁云店新增的 4 000m² 的面积必须带来 4 000 万元的年销售额，而根据 60 元的客单价，需要多少客流量呢？同样列算式：

4 000m²（规模）=40 000 000 元 /10 000 元 /m²

年客流 ×60 元 =40 000 000 元（销售额），则年客流 =666 666 人次

也就是说，苏宁云店新增的 4 000m² 的规模，根据其品类性质需要一年 66.67 万的人流。而且这些都是相对频率较高、客单价较低，一般为非受迫性和目的性不强的消费者（表 4-10）。

苏宁电器和苏宁云店的对比　　　　　表 4-10

	面积（m²）	销售额（元）	年坪效（元/m²）	客单价（元）	年客流量（人次）	日客流量（人次）
苏宁电器	8 000	100 000 000	12 500	2 500	40 000	110
	面积（m²）	预期销售额（元）	预期坪效（元/m²）	客单价（元）	所需年客流（人次）	所需日客流（人次）
苏宁云店	12 000	140 000 000	11 666	198	706 666	1 936
苏宁电器部分	8 000	100 000 000	12 500	2 500	40 000	110
非电器类部分	4 000	40 000 000	10 000	60	666 666	1 826

资料来源：根据调查和访谈资料整理。

表 4-10 为原苏宁电器和后来的苏宁云店的数据对比，可以看到从消费者的购买频率和客单价的视角，新增的 4 000m² 非电器类商品并不能为苏宁云店带来正向的协同效应，或者根据零售的外部性理论，原苏宁电器部分和非电器类的新增部分的聚合没有产生正向的外部效应。因为一家传统的苏宁电器的年有效客流就是 4 万的水准，而变成云店后的实际情况就需要将合并的年客流量增加到 66.7 万，比之前的"门槛"（根据中心地原理定义的门槛）提高了 17 倍。而这两类顾客从消费动机到购买力都完全不同，没有协同效应，或者说只有负向的外部效应。而徒增 50% 的经营面积和额外的租金成本则是免不了的。但实际的销售额远不会像决策者们希望的那样，以为有了儿童和体验式业态可以显著地增加 50% 甚至更多。当时苏宁为了对外宣传云店战略的成功，对外宣称销售额增长百分之十几，其实也是吐露了根本没有达到预期的至少 50% 的增长的实情。百分之十几对于新增的 50% 的成本就是杯水车薪。但集团内部都非常纳闷，为什么所有的苏宁云店的业绩都是系统性地不升反降。

奥茨（Oates）于 1975 年在对外部效应产生过程的研究中指出："一个决策者的行为影响到他人的效用水平，或进入了他人的生产函数中，却收不到（或支付）与这个行为对他人所带来的边际效用或成本同等价值的补偿"。更不用说苏宁云店的非电器类组合产生了负向的外部效应，因此也不可能为这些非电器类零售商带来边际销售的增加，与成本等价值的补偿更无从谈起。

苏宁云店案例可以用零售需求的外部性理论来解释，属于异类零售商聚集并且希望电器主力店顾客可以溢出到其他非主力小零售商，或反之亦然，但却带来了一个负向的外部效应。早年大多数的学者对外部效应的理论的探索和研究，更多的是基于美国以时尚和高价值百货店对低价值的非主力店的外部效应的溢出或延伸。但作者认为，外部效应并不只有从高价值的购买到低价值商品购买的带动和延伸。还要考虑频率的变量和具有一定购买力的商品的结合。所以利用本章提出的渗透率原理，在应用零售聚合和外部性理论的同时，引入了购物频率和门槛的概念。门槛就是消费者购买的频次和购买的单价的乘积的总和要覆盖零售商的成本。所以通过传统的三个购物中心的经典的规模和组合理论的并用就可以说明苏宁云店的战略为什么失灵了。

对苏宁云店案例的分析也是对行业那种片面追求所谓儿童或体验业态风潮的一个很好的警示。所谓的儿童和体验业态并不能拯救购物中心。在苏宁案例中，规模的失衡、组合的错配和外部的负效应使购物中心的主力店和单元店铺的关系颠倒，形成了小马拉大车的效应。

笔者在给苏宁云店决策人员分析解释时，提到了为什么像红星美凯龙这样的家具商城有如此大的空间，却没有添加看似能够通杀的儿童和体验业态。因为家具类商品更是一个高客单价和低造访频次的业态，平时到访红星美凯龙，几乎看不见多少顾客，然而每年黄金周的销售额甚至可以超过其年销售额的一半。至少红星美凯龙明白不可以把没有人流协同效应的品类放在一起，而是开设了独立的爱琴海购物中心。另外，在国内销售排名前三的南京德基广场中的顺电电器向业主多租了一半的面积，但是是用来经营小的家居品类，和顺电的电器形成了很好的协同效应。

通过分析，笔者让苏宁集团的决策层明白，苏宁电器过往的成功正是应验了同类零售聚集的理论和借力零售需求的外部性理论的正向效应，依托购物中心内或者在繁忙的商业街的人流取得了过去十多年长足的发展和进步，而不是依靠所谓的儿童和体验业态。

最终苏宁集团接受了作者的分析结论，放弃了"云店"策略。他们原本想通过作者介入提供分析和改善经营策略，没有想到最后结论是不能那样组合。

苏宁云店案例对于国内行业片面以为儿童或体验业态可以拯救购物中心是一个最好的警示。这一案例分析对于促进国内行业重新认知和研究购物中心的三个经典理论，并将这些理论与今天国内购物中心的实践相结合具有积极的现实意义和正面的推动作用。

小结

至此，本章对购物中心的规模和组合问题，从理论到实践，从国际到国内进行了综合的分析和研究。规模定位是根本，只有在规模适合的基础上研究和讨论组合才有意义。组合定位是关键，规模是成功的必要条件，组合是成功的充分条件。

国内购物中心的总体表现相对于国际先进市场的落后，其实也是对于购物中心的理论认知和观念的落后。国内行业对于规模的意识严重缺失，这是造成目前购物中心供过于求的根本原因。国内行业对于组合理论的认知存在诸多误解，先是以为"体验+差异"，再是渲染"首店+场景"，其实都没有抓住购物中心的规模和组合定位的最本质的问题。因此，购物中心的三个经典理论对于指导新形势下的国内购物中心的实践创新具有广泛和深刻的现实意义。

第5章

估值理论和资本化率以及资产管理的科学理念

本章将从购物中心的价值构成、估值方法、收益法原理，特别是针对国内市场的情况，对资本化率的定义和意义进行推证和揭示，填补国内行业对于资产价值意识的缺失。并结合西田集团资产管理的先进理念和前沿实践，普及资本化率的概念和建立资产管理的科学理念。从本质上理解，如何通过净营运收入的提升和资本化率的优化不断驱动和提升商业地产的资产价值。

5.1 商业地产的价值构成和评估方法

5.1.1 商业地产的价值构成

商业地产泛指所有的收租物业，是一种具有持续收益能力的资产。一个购物中心的当前收益能力和未来增长潜力决定了其市场价值。在经济学中，价值是商品的一个重要属性，代表商品在交换中能够交换到其他商品的多少，价值通过货币衡量成为价格。价值是由凝结在商品和服务中的人类劳动和抽象人类劳动受到的重视程度和满足需求的欲望而产生的，是通过市场的供给和需求力量的对比而形成的，而不是商品和服务本身原始存在的。以商业地产的核心产品购物中心为例，价值不但包括实体不动产的市场价值，也包括满足市场需求的使用价值。根据美国估价学会的定义，使用价值是指特定不动产的使用价值，它受不动产的管理和外部环境变化的影响。

购物中心的基本价值分为不动产价值和运营管理价值两个部分：

（1）不动产价值是指购物中心的实体有形价值，以及依附于实体所产生的无形价值。这些价值要素包括购物中心的建筑物、改良附属物及占用的土地等具有实体的特性，诸如面积、结构、年龄、规划和设计等，还有从这些实体所衍生的无形价值，包括位置、商圈、前景等。

（2）运营管理价值是指通过运营管理所产生的无形价值，诸如通过恰当的租户组合和相邻关系、有效的营销和推广、优质的租户和消费者服务、专业的资产管理团队等可以提升分离于购物中心实体之外的市场价值。

通过上述购物中心的价值分类，可以明确各种价值影响因素的特性，包括购物中心投资人和开发营运管理者对购物中心价值创造上的不同作用。购物中心的价值其实从市场调查、规划设计和前期主力租户的招商阶段就已经开始孕育，市场调查对于这一阶段的价值形成、潜力发掘及风险控制具有关键作用。购物中心开发建成后，其不动产价值就基本确立，所有实体和依附于实体的特性一般难以改变，比如地理位置、建筑形态和动线设计等。因此，在不动产的价值确立之后，购物中心的价值提升很大程度依赖于营运和管理，包括不断调整租户组合，保持与市场的相关性，吸引消费者的到来并延长她们的滞留时间，创造更高的租金收益和其他收入的机会。还有不可忽视的是，购物中心的不断调整和改造是提升购物中心价值最关键的举措。

5.1.2 商业地产的三种估值方法

国内外目前通行的商业地产价值评估有三种基本方法：市场比较法（the sales comparison approach）、成本重置法（the cost approach）和收益还原法（the income capitalization approach）。以下是针对这三种估值方法的介绍和适用条件的说明。

（1）市场比较法。在运用市场比较法对不动产进行评估时，选择与目标不动产在用途、结构、所在区位等方面相同或相似的不动产加以比较对照，从近期发生的类似交易中获取参考价格，并通过比较各个差别因素的影响，得出目标不动产在评估时点的价格。市场比较法的理论依据是经济学中的替代原理。在经济学中，如果两种商品具有相同使用价值或效用，则对应同一的价格，两者是替代关系，也就是说市场上具有替代关系的商品之间会存在相互竞争并促使价格最终趋于一致。

运用市场比较法，在选择实例时应做严格的筛选，需要符合以下五个条件：

1）目标不动产的用途相同；

2）交易实例必须是正常的市场交易；

3）与目标不动产的建筑结构相同。此处的结构主要指砖混结构、钢筋混凝土结构、钢结构和简易结构等；

4）与目标不动产的区位接近或类似；

5）可比交易价格实例的成交日期与评估基准日接近，若无近期数据，则需根据情况作相应的价格调整。

市场比较法非常适合住宅不动产的价格估值。假设在某住宅小区一套位于8层的三房一厅公寓以800万元成交，那么在同一个小区同一类房型的三房一厅的近期交易价格将根据所在楼层的不同，价格在800万元的附近波动。住宅不动产很好地满足了市场比较法的上述五个条件。

但是如果对购物中心进行估值，则采用市场比较法的限制条件就比较明显。假设一个购物中心经过5年的营运和所在的商圈形成了某种稳定的平衡，估值为10亿元。突然间在这个购物中心的旁边出现了一个和它结构相同、规模和组合都类似的购物中心，你能说这个购物中心也值10亿元吗？显然是不能的。因为根据经济学的替代原理，市场上具有替代关系的商品之间会存在相互竞争并促使价格最终趋于一致。这个购物中心稀释了供给，不但自己不值10亿元，也会把先前的购物中心的价值拉下来。

因为一个商圈的需求毕竟是有限的，而这就是我们目前很多城市购物中心供过于求造成的资产价值低下的普遍原因。根据市场比较法的第4个条件，很显然它基本上不适合用于购物中心的价值评估和比较。但是第4条中最后的"类似"可以给我们对于不同城市或不同区域中的类似商圈提供一些有限的参考比对价值，但关键还是要运用后面的收益还原法的估值方法。

（2）成本重制法。成本重制法是指在求取估价对象时点的重置价格或重新建造的价格后，扣除折旧再加上土地价值估算后的价格，并以此估算估价对象的客观合理价值的方法。成本重置法的原理是经济学上的生产要素费用的价值论，来源于亚当·斯密价值论，斯密认为商品价值是由工资、利润和地租三种收入构成的，而这三种收入就是商品的生产费用。这一理论认为产出的价值或价格是由其生产费用决定的。因此，产出在价值组成上由工资、利润和地租等构成。或者说，产出的价格由要素的价格构成。对于不动产商品，如果市场上出售的不动产价格高于在当时的条件下开发同类不动产的成本，那么购买方将放弃从市场上购买，转而自己开发建造。反之，如果一个不动产产品的销售收入不能回收开发成本并获得正常利润，开发商也不会接受这一价格。开发成本是开发商愿意接受价格的底线。根据估价对象的不同，成本法又进一步分为新建不动产成本估价法和旧有不动产成本估价法。一般认为新建不动产的成本估价方法较旧有不动产更容易确定。而旧有不动产运用成本估价法具有一定难度，其估价公式为：

$$旧有不动产价格 = 不动产重新建造价值 - 折旧$$
$$= 土地重新获得价格 + 建筑物的重建价格 - 建筑物折旧 \quad (5\text{-}1)$$

从式（5-1）中可以看出，旧有不动产的价格的决定因素为重新建造价值和折旧。其中土地和折旧都具有很大的不确定性。因为不动产的折旧和一般商品有很大的不同，大多数的地产价值实际上会随着时间的推移而提升，国外许多购物中心企业每年都要根据美国商业地产信托协会（NAREIT, The National Association of Real Estate Ivestment Trusts）的规定，通过对购物中心的重新估值调整企业税后的来自营运方面的资金（FFO, Funds From Operations）。同样，折旧的求取也会因为方法的不同而出现很大的差异，从而缺乏客观和准确性。

以2008年建成开业的上海大宁国际为例，当时的楼板价为平均每平方米1600元。到了2012年，大宁国际相邻土地的楼板价上升到每平方米4万元。这时候旁边再建造购物中心，这个新建的购物中心的价值是它的楼板价加上它的建安成本吗？显然市场是不会接受这样的估价的。对于购物中心来说（包括其他收益性不动产），市场并不关心它的土地和建设成本，而只是关心它能够产生多少收益和能够持续产生多少收益的能力。而这种非要素的营运管理能力价值没有办法以劳动成本要素核算,特别是很多时候,由于从开发到营运的专业能力的缺乏和市场的严重失衡,导致建造的购物中心成了烂尾楼和废弃物。这时的营运价值甚至是负向的。

所以成本法对于商业地产的适用条件有限,一般只适用于市场发育不成熟、无法利用市场比较法和收益法进行估价的一类地产,比如学校、医院、图书馆、博物馆、城市公园和新开发地块的特殊性项目。但是,一个不可否认的事实是,国内目前不少购物中心业主在对物业估值的时候,往往不能摆脱诸如土地价格和建安成本等要素影响而忽视物业的收益能力。

(3)收益还原法。收益还原法也称为收益法或收益资本化法,是不动产估值的三种基本方法中的一种,它是从不动产的经济收益角度出发评估不动产的价值。收益法一般适用于购物中心、办公楼、酒店、宾馆、服务式公寓、商业性停车场等。对于政府机关建筑、学校、公园等公益或公用性不动产的评估大多不适用。收益还原法的理论依据是该不动产的现期理论价格。当一个不动产交易时,随着产权的转移,不动产的收益权也随之转移。新的不动产接盘者必须一次性支付相应的金额以补偿前不动产所有者失去的收益权。这笔收益每年给不动产所有者带来的利息收入必须相当于他每年能从不动产获得的纯收益。并满足三个条件:

1)纯收益每年稳定;

2)收益率一定;

3)收益期为无限年期。

这样这个金额就是不动产的现期价格:

$$现期价格 = 纯收益 / 收益率 \qquad (5\text{-}2)$$

收益法作为三种基本估价法之一,对于收益性不动产领域的估价具有非常重要和不可替代的作用,也涵盖了古典和现代经济学价值论的基本原理。但是收益率的确定有一定难度,加之国内购物中心的收益表现普遍不佳,在国内行业的实践中其应用尚不广泛。由于购物中心具有收益稳定的突出特点,相信这个在国外行业已经非常成熟运用的购物中心估值方法一定会在国内得到越来越广泛的应用。而且随着未来商业地产信托的推出,也会促进收益估值法的应用和资本化率概念的普及。本章接下来将重点对资本化率和收益还原法做进一步详细和深入的阐述。

5.2 资本化率的概念和意义及其运用

本节将国际市场普及的资本化率概念与国内市场的具体情况相结合,通过对资本化率概念的深入浅出的创新性推证、对资本化率的本质揭示和意义阐述以及应用举例,推动资本化率概念的普及,包括运用戈登模型分析购物中心的价值变化等,建立国内行业对资本化率从理论到实践的完整性和系统性的认知。

5.2.1 针对国内市场情况对资本化率概念的普及性推证

(1) 对资本化率概念的普及性推证

购物中心的租约类似于金融合约。而且对购物中心来说,每一年基本的租金收入相对稳定,因此符合收益法估值的三个条件:纯收益每年不变;收益率一定;收益期为无限年期。

因此,采用利率的单利终值计算公式推导如下:

$$F = P(1 + i \times n) \tag{5-3}$$

其中,F 为终值,P 为现值,i 为利率,n 为年期。

假设年初将 100 元存入银行,即 P 为 100,利率 i 按 4% 计算,那么当 $n=1$,即 1 年后,可以获得 104 元,即终值 $F=104$ 元。

同样,如果假设 $n=2$ 或 $n=3$,可以得出第二年和第三年的终值分别为 108 元和 112 元。

而对于第 n 年,终值为:

$$F_n = P + P \times i \times n = 100 + n \times 4$$

以上是采用单利计算公式,这也是资本化率适用的前提和便利的条件。通常实际租金也不按复利计算。但是,对于购物中心或者商业地产投资者来说,更关心的不是像储蓄这样简单的单利存款 i 求终值 F 的计算,而是一笔投资的资产的现值 P 是多少。所以需要将公式折现变换为:

$$P = \frac{F}{1+i \times n} \quad (5\text{-}4)$$

但这时问题就产生了,对于购物中心的投资,投资人是不能够像到银行存款那样简单和直接知道终值 F 的。但对于未来的收益即每年的租金收入则是可以通过预判获知的。即如何根据未来收益(F–P)确定现在价值 P。因此,可将式(5-4)进一步变换排列,得:

$$P(1+i \times n) = F$$

$$P + P \times i \times n = F$$

$$P \times i \times n = F - P$$

$$P = \frac{F-P}{i \times n}$$

$$令\ F-P = \Delta, \quad 则\ P = \Delta / (i \times n) \quad (5\text{-}5)$$

这里,P 为现值,(F–P)为收益,i 为收益率(在此也可简单理解为折现率或资本化率),n 为年期。

通常在实际计算中,基本以年为单位估算,也可以理解为无限年期,则式(5-5)进一步简化为:

$$P = \Delta / i \quad (5\text{-}6)$$

这样,通过单利的终值式(5-3)的反向运算,推证了资本化率的概念公式(5-6)。即对于一个商业地产或购物中心项目的未来包括现期收益确定其现值的折现率——这就是资本化率的概念!

(2)从利率到资本化率的认知跨越

为了帮助读者更好地认知和理解资本化率的本质,本书在上述资本化率的普及性推证的基础上,再从我们习惯理解的利率角度进行说明,以实现从利率到资本化率的认知跨越。

我们都很熟悉存款的利率公式，即：

$$利率 = 利息 / 本金 \quad (5\text{-}7)$$

或

$$利息 = 本金 \times 利率 \quad (5\text{-}8)$$

举例说明，假设将 100 元存入银行，年利率为 4%，则一年后存款到期，你将获得 4 元的利息收入。假设年利率为 5%，则利息收入为 5 元。或者说，在本金一定的情况下，利率越高，利息越高。这个思路很容易理解。

现在可以将上述式（5-7）和式（5-8）变为式（5-9）：

$$本金 = 利息 / 利率 \quad (5\text{-}9)$$

这时，假定利息收益固定（与商业地产租金收益基本稳定的情况类似），比如利息为 4 元，利率为 4% 时，则本金为 100 元。但是，这时如果利率变为 5%，则本金仅为 80 元了。这时的利率实际上就变为了一种折现率，问题就变成了在利息收益固定的情况下，根据不同的折现率看你目前应该存入多少本金？这一根据利息的固定收益和不同的折现率反向推算本金的问题就与商业地产的资本化率的本质和方向完全一样了。资本化率在之前的推证中已经证实，其就是根据未来收益来确定资产价值的折现率。

这样你也就理解了，当收益固定时，为什么资本化率数值越小，资产的价值越大。

现在可将资本化率对号入座替代式（5-8）的利率位置，收益替代利息的位置，资产价值替代存款本金的位置，你对资本化率的本质就一目了然了。

$$资产价值（本金）= 收益（利息）/ 资本化率（利率）\quad (5\text{-}10)$$

这时的资产价值就相当于存款本金价值，收益就相当于利息收入，资本化率相当于利率（折现率）。

资本化率的公式和利率的计算公式本质相同，因为都符合收益稳定和收益期持续两个资本化率或利率运用的基本条件。由此，可以实现从利率到资本化率的认知跨越。

（3）对资本化率概念普及性推证的意义

作者针对国内购物中心市场的情况和行业目前的普遍意识，对如何从未来（现期）收益方面确定资产的价值的资本化率的概念作了推证和揭示。原因有以下四点：

1）众所周知，利息是指存款或放款可以获得本金以外的收入，利率就是衡量这种获利能力的比例。庞巴维克、熊彼特和马克思分别从时差、边际和剩余的不同角度阐述利息的本质。本书尝试将资本化率概念解释得能够更加贴近国内市场普遍的对资本化率认知相对薄弱的实际情况。由于资本化率严格意义上是基于按现有和未来租赁合同进行折现的复杂数学运算。不像利率概念那样简单直接，所以资本化率的概念因其相对复杂也就不容易得到普遍理解。

2）国内购物中心市场的很多参与者之前主要从事住宅地产开发，在他们的资本化（变现）意识中，似乎只有造好房子后的出售才是变现的唯一途径。而那就如本书开始时候所说的，那是"生产"的变现模式、而不是"资产"的变现模式。

3）国内行业普遍缺乏购物中心的资产价值意识，忽视了投资购物中心的终极目标是在除了获取租金收益外，还有更重要的资产增值。

4）国内商业地产信托的发展相对滞后，对于国外成熟市场的价值理念和实践做法缺乏全面和系统的了解。

5.2.2 资本化率定义的内涵和外延

（1）资本化率的定义

在资本化率概念和内涵诠释的基础上，对资本化率的描述和界定就是资本化率的定义，即一个商业物业的净运营收入（NOI）和这个商业物业的价值之比。用公式表示为：

$$资本化率 = 净营运收入 / 资产价值 \quad (5\text{-}11)$$

简单举例，假设一个购物中心的一年稳定的净营运收入为9 000万元，最近的售价为15亿元，则这个购物中心的资本化率为6.0%。也可以说这个购物中心资产是以6%的资本化率变现出售的。

资本化率直接告诉一个投资人或企业用全部的现金投入购买的物业可以为其带来的年投资回报的比例。在上面的例子中，用15亿元购入的这个购物中心一年可以产生6.0%的投资回报或9 000万元的收益。

如果将式（5-11）变换为资本化率的倒数形式，则发现：

1/资本化率=资产价值/净营运收入=收益乘数(市盈率) (5-12)

即资本化率的倒数为资产价值除以净营运收入,这个资产价值/净营运收入的比值称之为收益乘数。说明资本化率的另一层意义是资本化率和收益乘数成倒数关系。收益乘数在本质上类似股票市场上的市盈率。这样可以进一步帮助理解资本化率的概念。市盈率是适用于任何行业上市企业的一个估值系数,而在商业地产领域一般使用资本化率是基于收益基本稳定和可持续这两个前提条件,但这并不妨碍条件符合时将市盈率作为对商业地产估值的一个参考指标。表 5-1 为资本化率和收益乘数的关系。

资本化率和收益乘数的关系 表 5-1

资本化率(Cap Rate)	12.00%	11.00%	10.00%	9.00%	8.00%	7.00%	6.00%	5.00%	4.00%
收益乘数(Multiple)	8.33	9.09	10.00	11.11	12.50	14.29	16.67	20.00	25.00

资料来源:Schmidt, R.What You Should Know About The Cap Rate.from PropertyMetrics.com 2018-10-3

由表 5-1 可知,资本化率和收益乘数互为倒数关系。也就是说,资本化率数值上升,收益乘数降低。例如,10% 的资本化率对应的收益乘数为 10 倍,5% 的资本化率对应的收益乘数为 20 倍,依此类推。

(2)如何判断资本化率的好坏以及资本化率的适用条件

如何判定什么是一个好的资本化率?这取决于怎样使用。比如,当出售一个物业时,更低的资本化率是好的,因为它可以为物业带来更高的估值,而当购入一个物业的时候,更高的资本化率是好的,因为它可以减小初始投资。

资本化率在商业地产和购物中心行业是一个非常便捷和有效的指标,它可以在以下三个方面提供助力。

1)资本化率可以帮助投资人很快地通过和类似潜在投资项目比较以确定投资的规模。比如对于两个市场条件接近、物业条件类似的购物中心,以 5% 资本化率购买的物业和另一个以 10% 的资本化率购买的购物中心相比,会立刻发现其中一个比另一个具有更高的风险溢价。从而达到快捷估算的目的。

2)资本化率也是一个非常有用的趋势指标。如果关注一个市场过去数年间资本化率的变化,它显示市场的趋势走向。比如,当一个市场的资本化率的数值压缩的时候,代表价值在上行,市场在走强。所以关注历史资本化率的变化可以很快地推断市场的价值走向,作出趋势判断。

3)资本化率非常适合用于对购物中心的估值。当一个购物中心具有稳定的净营运收入（NOI）的时候，采用资本化率的价值估算分析方法与通过更加复杂的现金流折现方法的计算结果几乎相同。因为，购物中心通常都具有稳定的收入进账和费用支出，所以资本化率成为目前国际行业特别是欧美澳市场最为普遍使用的购物中心的估值工具。但是如果一个物业的净营运收入变得复杂和没有规律，从而造成现金流的较大波动时，在这种情况下，完整的现金流的折算分析方法可以给出可信和可靠的估值。

（3）资本化率的构成要素

什么是资本化率的构成要素？这些要素又是怎样组成的？首先，资本化率是由无风险投资的回报率和风险溢价的投资回报率构成，或者说资本化率是无风险利率和风险溢价回报率的函数。从财务的意义上讲，无风险利率是指投资回报不会损失的理论上的投资回报率。而现实世界任何投资都包含或多或少的风险，但相对来说定期存款和政府债券（比如美国债券）可以被认为是非常安全的投资，所以美国国债通常被认为是无风险利率。由此，可以利用这个概念来确定资本化率的组成。

假设用1亿美元投资购买10年期的美国债券，年利率为3%。这就是一项非常安全的投资，每年可以确保获得300万美元的回报。这时有人建议出售债券，转而投资一个具有很多租户入驻的购物中心，如何作出合理决定？最快的方式就是把购物中心的潜在投资回报率和目前拥有的安全的债券的利率（债券的资本化率）的产出进行比较。

假设投资购买这个购物中心的资本化率为5%，这就代表风险溢价的投资回报率是2%。这2%的风险溢价代表了比之前购买美国国债要多承担的风险，这些风险由以下一些不确定的因素决定：

1）现金流（净营运收入）；
2）客流量（顾客人数）；
3）销售和收入；
4）位置，位置，还是位置；
5）受欢迎程度及消费者知晓度；
6）在购物中心内运营的承租商户；
7）当地市场中的竞争对手；
8）建筑状况；
9）扩建可能性；
10）公共设施——公路网，公共交通；
11）环境影响。

当考虑了所有这些因素并把它们列出，很容易发现这些因素与无风险投资利率的关系和总的资本化率。但是重点在于，对于资本化率的每一个相关风险系数的实际比例与最终的资本化率的确定取决于相关人士的经验和业务判断。

所以把持有的债券出售换之以 5% 的资本化率购买这个购物中心是否合适，完全取决于你对风险的喜好。投资中的额外 2% 的收益也许值得期许，也许不值得承载这个购物中心所具有的风险。一个更加激进的投资者也许可以找到其他更吸引他的投资产品并通过杠杆把投资收益从 5% 增加到 8%，而他如果喜欢安全可靠的债券投资的话，3% 的投资回报作为合适的补偿可以防止任何时候可能发生的经济下行的情况。

（4）投资分配方法（Band of Investment Method）

对于购物中心投资，上述的无风险利率并不是唯一解释资本化率的方法。另一个普遍使用的方法是用一个投资分配方法计算资本化率。这一方法考虑了一个交易中债权人和权益人的投资回报率。投资分配方法的公式是对一个资产的债券投资和股权投资加权平均的回报率。比如，以 80% 相对于资产价值的比例锁定一笔贷款，借贷比例或贷款和价值之比 LTV（Loan to Value），按年利率 6% 和 20 年期间分摊，这时抵押常数 MC（Mortage Constant）为 0.0859，进一步假设权益的投资回报率为 15%，这样加权的平均资本化率为 9.87%（80%×8.59%+20%×15%）。

投资分配方法很好地反映了购物中心股债结合的融资方法，对于理解购物中心如何发挥杠杆的作用以及如何影响资本化率提供了另一个视角和思路。

（5）戈登模型（The Gordon Model）

另一个需要了解的资本化率的重要计算方法是戈登模型。如果投资者预期每一年的净运营收入不但是一个稳定的数额，而且还有稳定的增长比例，那么戈登模型可以把这个逐年稳定增长的现金流转换为简单和近似的资本化率。这就和购物中心实际稳定的租金收益加上相对稳定的增长比例的情况更为贴近。戈登模型传统上用于计算股票红利的增长价值。但是对于购物中心的资本化率计算同样适用，戈登模型的原理和计算公式如下：

$$CF_1 = CF_0(1+g) \tag{5-13}$$

其中，CF_0 和 CF_1 为 0 期和 1 期的现金流，g 为永续增长率，式（5-13）变换安排如下：

$$CF_0 = V_0 = \frac{CF_1}{1+g} \tag{5-14}$$

$$CF_n = CF_{n-1}(1+g) \tag{5-15}$$

式(5-14)中的 V_0 相当于第 0 期的现金流 CF_0 或者第 n 期的现金流 CF_n 等于第 n 期的现金流的折现值。当 n 为无限期的情况下，按等比数列计算得到如下公式：

$$V_0 = \frac{CF_0(1+g)}{(1+r)} + \frac{CF_0(1+g)^2}{(1+r)} + \cdots + \frac{CF_0(1+g)^n}{(1+r)} = \frac{CF_0(1+g)}{r-g} = \frac{CF_1}{r-g} \quad (5-16)$$

$$Value = \frac{CF}{r-g} \quad (5-17)$$

这是一个包括价值、现金流、折现率和常规增长率的计算公式。根据资本化率的定义，价值＝净营运收入/资本化率。这就代表资本化率还可以分解为两个部分 r 和 g，即折现率减去增长率，或者前期的资本化率减去增长率。

举例说明：一家物业的净运营收入（NOI）为 100 万元，净营运收入的年度增长率为 1%，根据戈登模型，可以直接用折现率减去年度增长率。如果折现率（通常可以理解为这个物业的投资人所需要的回报率）为 10%，那么这个例子中的物业资本化率就是 9%，项目的估值为 1 111 万元。

戈登模型是一个有效的工具，特别是对于具有稳定增长的现金流的物业进行估值的时候，非常适合购物中心的实际情况。但是戈登模型也有其限制性，它并不能适用于所有的情况，如果回报率和增长率相等，分子为零将会导致价值无限，而如果回报率小于增长率，则会导致价值变为负数，显然这两种情况都不符合实际。所以戈登模型通常适用于回报率大于增长率的情况（这与商业地产经营的实际情况更为接近），在进行资产价值分析的时候一定要对分析的假设条件非常清楚。

5.2.3 资本化率对于国内商业地产行业发展的四点意义

根据资本化率的定义：

$$估值 = 收益 / 资本化率 \quad (5-18)$$

对于目前的国内行业具有如下四点现实和直接意义：

第一，建立以未来收益确定资产现值的意识。帮助行业像理解利率的概念一样，从本质上理解什么是资本化率，对于国内蓬勃发展的商业地产市场具有特别的意义。不仅使行业知道如何通过一个商业地产项目的未来收益确定其现在的价值，而且也让行业知道出售住宅地产并不是变现（资本化）的唯一途径。在国外成熟市场，一个商业地产项目很容易根据其现期或未来的收益确定其现在的价值并获得融资，或立刻变现。这种以收益确定价值的意识非常重要，就像改革开放之初，我们开展真理标准的讨论就是为了建立和统一"实践是检验真理的唯一标准"的认知一样。

第二，促进具有认定这种价值机制的建立，助力国内商业地产信托（REITs）的推出。理解为什么商业地产的发展需要这种可以根据收益确定现值的机制——比如商业地产信托（REITs）。中国目前已经是全球最大规模的购物中心市场，伴随着国内购物中心的发展和成熟，我们的行业必将与国外成熟市场的先进理念和实践做法接轨。商业地产信托的适时推出也必将对购物中心行业的健康发展起到良好的引导和助推作用。

第三，理解为什么REITs需要降税。让政府和行业理解为什么这些商业地产项目需要税务激励，一个最直接的理由就是高税收会缩小分子的收益从而降低资产的估值。而且REITs通常更多的是普罗大众集资为公益性地产项目所做的投资。国外成熟市场特别注意通过税务激励的政策鼓励和保护商业地产信托的投资，从而实现更大的社会价值。通常在国外成熟市场，REITs都是要经过立法机构和税务部门的批准才得以推行。

第四，不断扩大净营运收入和优化资本化率来提升资产价值。西田集团把价值引导和驱动定义为"我们的DNA"❶。这是所有商业地产和购物中心企业的经营策略的灵魂和源泉，也是资产管理理念的精髓。要让所有的商业地产从业者知道通过不断扩大分子即收益（NOI或EBITDA），同时不断缩小分母即优化资本化率来获得资产价值的不断提升。

5.2.4 资本化率运用案例解析

本节以墨尔本格兰购物中心的一个简单改造案例说明具体收益、资本化率和资产增值。特别是要通过案例深刻理解资产的变现即资本化并不只是存在于住宅地产的出售变现之中。然后通过后续西田悉尼购物中心的改造进一步说明无论项目大小都同样遵循的规律和原理。

如图5-1所示，墨尔本的格兰购物中心是一个简单的两层结构的购物中心，为了保证良好的通透性，二层屋顶的阳光可以通过一层顶板较大的挑空区（VOIDS）直射到一层。随着时间的推移，商圈的人口和收入增加，格兰购物中心需要增加租赁面积。其中的一个做法就是通过填回部分一层顶板的挑空位置来增加经营面积。从图5-1（a）中可以看到这个挑空区已经被木板的围挡包围，这就是通过填回部分调控区来增加租赁面积的工程。需要说明的是，工程都是在夜晚闭店后进行，所以不会影响格兰购物

---

❶ P6 of Content 6，Scentre Group 2019 Annual Financial Report.

中心的正常营运，因而不会影响购物中心的资本化率。

图 5-1（b）为改造后的情况，这是在二楼改造完成后填回的空间。填回的楼板直接面对二楼屋顶的天窗。一半的填回区域招募了一个咖啡店，另一半可以作为临时短租的快闪店或活动推广之用。

（a）改造前　　　　　　　　　　　　（b）改造后

图 5-1　格兰购物中心挑空回填改造工程示意图

资料来源：Azurium Asset Management Document

格兰购物中心回填改造工程的投资分析　　　　　　　　　　　表 5-2

新增位置租金收入	$ 50 000	
改造所需资金投入	$ 650 000	
收益	7.7%	租金收入与工程投入之比
购物中心资本化率	6.5%	格兰购物中心的资本化率
实现价值	$ 769 231	新增租金收入除以资本化率的价值实现
开发利润	$ 119 231	实现价值减去改造投入的差额

资料来源：Azurium Asset Management Training Manual to CRL 2016

表 5-2 为这个改造投资的数据分析：

第一行是填回挑空后，新增摊位增加了 5 万澳元的年租金收入。

第二行是这个改造工程所投入的 65 万澳元，支付材料和人工等。

第三行是一个比较关键的概念——收益（Yield），也可以理解为投资回报率（ROI），即 65 万澳元的改造工程的投入可以带来每年新增 5 万澳元的租金收入。用算式表示是 5/65=7.7%，这里 7.7% 就是收益。

第四行是最关键的概念——购物中心的资本化率。格兰购物中心经过稳定运营，资本化率为 6.5%。假设格兰购物中心的年净营运收入为 5 000 万澳元，则格兰购物中心价值为 7.69 亿澳元 0.5/6.5%=7.69 亿澳元；或者利用收益乘数的概念，用 5 000 万澳元乘以 15.4（倍）=7.69 亿澳元。

第五行为实现的价值，即因为改造工程所带来的 5 万澳元新增租金，根据 6.5% 的资本化率，实现了 76.9 万澳元的新增估值。也就是说增加的 5 万澳元的年收益对应实现了 76.9 万澳元的资产增值。注意，这个价值是可以立刻被市场确认的，假设格兰购物中心在这个工程完成后出售加上这个 5 万澳元的租约，其售价就要在先前 7.69 亿澳元的基础上再加上 76.9 万澳元。

第六行为开发利润，也是特别要引起行业注意的：这时用 76.9 万澳元现值减去 65 万澳元的改造投入，格兰购物中心立刻实现了 11.9 万澳元的开发利润或者叫资产增值 76.9 – 65=11.9 万澳元。

格兰购物中心的这个改造工程虽然是一个非常简单的案例，但它生动地诠释了购物中心的盈利模式是由租金收入和资产增值两部分组成。其中关键是利用了格兰购物中心的固有的 6.5% 资本化率。得出了一个新增的持续的每年 5 万澳元的收益，相当于实现现实价值 76.9 万元，减去 65 万元的改造投入，立刻实现了 11.9 万澳元的资产增值。

5.3 资产管理的科学理念与前沿实践

5.3.1 什么是资产管理

西田集团根据自己 60 多年从事购物中心开发和营运的实践总结，对购物中心的资产管理给出了如下定义：

以经营、维护和提升零售资产价值为目标的跨部门之间的协同合作。

这一定义也可以简单理解为：团队合作的资产增值行动。

西田集团对资产管理的定义，与个人对房产、证券、保险等资产的管理或者企业对于资产的托管、乃至金融机构对投资信托类产品管理的不同在于，西田集团强调的资产管理是一种开发、运营、维护和提高零售资产价值的系统化进程。

资产管理包括了购物中心作为资产在其从开发到营运的整个生命周期中所涉及的各个不同部门的关键职能。资产管理从新购物中心的孕育开始，经过建设、运营、改造和扩建，一直到最后的退出，各部门间的合作需要开发和营运（招商、营销、物业管理）之间的密切配合，并在各个不同的部门间从各自不同的角度形成对普遍问题的共识。最终目标都是改善和提升资产在其所处的生命周期中的表现和价值。每一个职能部门都要在不同的领域扮演或领导或辅助的角色，以确保有效合作的进行，而不是各部门之间针对资产和各自部门的利益单打独斗。整个团队的配合就要像一个系统复杂的足球队一样（图 5-2）。

图 5-2　围绕资产的跨部门间的团队合作
资料来源：Azurium Asset Management to CRL 2016

任何资产都是实物形态和货币形态的统一，资产以实物形态呈现的是实体资产，代表了物质结构的功能属性；资产以货币形态呈现的是金融资产，代表了其市场交换的价值属性。购物中心的资产管理因而也具备了更加复杂和更加庞大的资产属性和金融属性。

西田集团基于自身的长期实践将资产管理概括为四大关键概念：

（1）把开发阶段和营运阶段都作为资产进行管理；

（2）确保各部门间的协同合作，尤其针对项目的改造；

（3）注重资产的生命周期分析（包括改造、扩建和出售）；

（4）通过估值和净营运收入的驱动不断提升资产在生命周期内的价值。

西田集团的关于资产管理的四个关键概念，每一条都对理解和认知资产管理的商业地产实践具有独到之处，对于指导和提升国内商业地产的实践，包括纠正国内行业存在的对资产管理观念的一些错误认知都极具现实意义，因此本章节将分别给予详述。

5.3.2　把开发阶段和营运阶段都作为资产进行管理

（1）资产管理的职责

本节开始已经阐明了资产管理的定义，即以经营、维护和提升零售资产价值为目标的跨部门之间的协同合作。资产管理的定义包括了围绕资产整个过程，由谁做什么和怎样做的内容，这个过程贯穿于从开发阶段到营运阶段的全部过程。

认清这点非常重要，千万要避免的一个误解是将开发和营运割裂处理，以为开发是开发，运营是运营。开发团队全然不顾市场情况，以为聘请一个大牌设计公司（甚至连大牌设计公司也不舍得请），根据政府和消防的规范就把一个盒子似的商场造好了，然后交给招商和营运团队，资产管理就这样开始了。这种现象在国内市场比较普遍，因而也造成了大量的社会资源的浪费。国内行业有一个比较流行的说法即"商业地产从营运管理到资产管理的升级"，其实这句话就包括了对资产管理概念的误解，因为营运管理包括开发管理都是资产管理的一个组成部分，两者不能割裂看待。

购物中心的资产管理是商业地产企业针对资产的共同目标所展开的跨部门间的协同、合作、维护和提升零售资产的价值的共同行动。表5-3为各部门在资产管理中的职责。

各部门在资产管理中的职责　　　　　　　表5-3

部门	职责
开发部	管理购物中心资产，发现新机遇，关键责任是不断优化零售资产的表现并保护资产的长期发展的潜力
租赁部	通过优化购物中心的租户组合促进销售额和现金流的增长。将零售商的租金贡献最大化是成功的关键
物业管理部	为消费者提供高水准的购物体验和为零售商提供最好的零售环境
市场营销部	通过极致的购物体验确保顾客的忠诚度并提升重复到访率。制定和执行持续的品牌战略，驱动销售收益的增长
短期租赁部	为短期租户提供展示和推销平台及服务，扩大购物中心的收入来源
人力资源部	招募和培训最好的员工，最大限度地提升业务表现
信息技术部	通过为购物中心提供强有力的技术方案以确保在业内的领先地位，不断应对新的挑战并改善公司效率
财务部	提供账务、会计与业务相关的采购服务

资料来源：Azurium Asset Management to CRL 2016

表5-3为西田集团对购物中心企业的各个部门的分工和职责的描述。资产管理需要一个坚实的平台以有效和积极地管理快速变化的业务。一个快速扩张的房地产企业比较容易关注开发而忽视现有业务，所以对现有资产包的关注变得非常重要。这也是为什么跨部门之间的协同合作对于资产的长期成功运营尤其关键。

西田集团没有设置专门的资产管理部，资产管理由公司统一负责，这本身就说明资产管理不是一个部门可以完成的任务，而是需要各部门协调合作。一个部门的人员对该部门的贡献是重要的，但是所有这些不同部门的人员的共同贡献才是业务成功的关键。没有部门靠单打独斗可以获得成功。

资产管理需要企业文化思维的重大转变。各不同部门的不同人员要时时面对各种可能出现的问题，并表现出勇于担当的勇气和责任。这些问题可能是开发的问题，可能是招商的问题，也可能是物业管理的问题。但这都无所谓，关键是有人要以主人翁的态度，在各个部门积极的支持下将问题圆满解决。

资产管理需要在公司高层的全力支持下才能有效地进行，所以每一个部门的高级主管都要担当好领导角色，通过文化思维的转变和必要举措促进保跨部门间的资产管理的合作。

以西田集团为例，非常高阶的主管会参加常规的资产审议的会议。但是，考虑到西田资产包的规模，要这些高阶主管参加每一个常规会议又变得不太可能。但是，出席关键的资产审议会议是确保西田集团成功的关键。

（2）资产管理的实施

资产管理的实施必须是各部门的联合行动，需要各个部门的参与和合作来确保成功。这就需要建立监控资产的明确的程序和步骤，并将在审议会议中达成的改善战略付诸实施。这个过程需要完整的计划——各部门的内部计划和跨部门的合作计划。

为每个购物中心制定一份跨部门的商业计划。

一个商业计划是对一个设定的商业目标的正式陈述。它包含了团队或公司要达到目标的背景信息。商业计划也要关注消费者观念和行为的变化以及在更大的社区范围内的品牌建设。

商业计划通常针对当下财年的情况，有时也包括对未来5年的规划。

一个有效的商业计划包含资产管理团队为成功所设定的目标、战略和方法，它包括商业战略、资产计划和财务计划，也包括各部门联合的建议和达成的共识，并且获得业主和管理层的批准。商业计划概括了公司的长期愿景和详细的年度计划，通过绩效表现目标、关键业绩指标（KPI）和相关措施确定行动计划和责任制度。

商业计划通过会议和活动的计划、分工和责任的明确，以文字形式确立资产管理的进程，商业计划将团队紧密地联系在一起，为了共同的目标和承诺而努力。

下面是一份商业计划的目录样本。对于不同的企业目录的内容也可以有所不同，但是这个样本对于我们应该将哪些内容包括在商业计划中提供了一个很好的初始参考（图5-3）。

对资产成效的监测：

对于资产的常规性审查需要通过计划中包括各部门的共同会议来进行。这将有助于通过评估和监控资产的成效，发现机遇和问题并付诸实施。

对于资产的有效评估和监控通常通过以下两种会议进行：

1）项目监控会议——在购物中心的规划期和施工期应每周定期举行。

2）资产审查会议——购物中心进入营运期间应定时举行这类会议。会议举行的频次将取决于购物中心的总体表现，但通常这类会议需要每月或每季度进行一次。

①资产管理审查会议的执行：

资产管理的审查会议是多部门共同参与的正式会议，根据购物中心的性质每个月

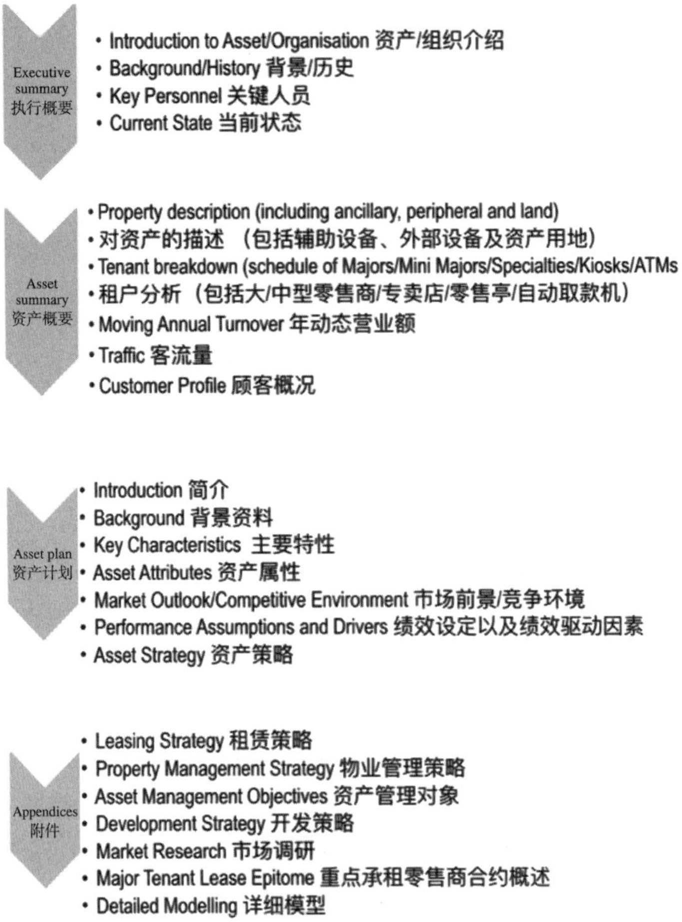

Executive summary 执行概要
- Introduction to Asset/Organisation 资产/组织介绍
- Background/History 背景/历史
- Key Personnel 关键人员
- Current State 当前状态

Asset summary 资产概要
- Property description (including ancillary, peripheral and land)
  对资产的描述（包括辅助设备、外部设备及资产用地）
- Tenant breakdown (schedule of Majors/Mini Majors/Specialties/Kiosks/ATMs)
  租户分析（包括大/中型零售商/专卖店/零售亭/自动取款机）
- Moving Annual Turnover 年动态营业额
- Traffic 客流量
- Customer Profile 顾客概况

Asset plan 资产计划
- Introduction 简介
- Background 背景资料
- Key Characteristics 主要特性
- Asset Attributes 资产属性
- Market Outlook/Competitive Environment 市场前景/竞争环境
- Performance Assumptions and Drivers 绩效设定以及绩效驱动因素
- Asset Strategy 资产策略

Appendices 附件
- Leasing Strategy 租赁策略
- Property Management Strategy 物业管理策略
- Asset Management Objectives 资产管理对象
- Development Strategy 开发策略
- Market Research 市场调研
- Major Tenant Lease Epitome 重点承租零售商合约概述
- Detailed Modelling 详细模型

图 5-3　商业计划的主要内容

资料来源：Azurium Asset Management to CRL 2016

或每个季度在现场举行。通常对于经营状况稳定的购物中心（基本没有问题的购物中心）可每季度举行一次资产审查会议；但对于经营状况不稳定的购物中心（有问题的或依然在开业培育期的购物中心）需要每个月甚至更频繁地举行这样的会议。

审查的关键内容是监测购物中心的表现并与商业计划进行对比，发现问题、风险和机遇，以确保所有相关的团队获得资源和支持（特别是人力和财力的支持），以积极地解决所有这些问题。

详尽的资产审查非常有助于分析商场的营运能力并获得相关的资产管理的高阶主管的关注。资产审查也有助于发现结构性问题和营运性困惑，比如确定相应的汇报和授权以及解决问题的层级等。

②一个资产审查会议通常包括如表 5-4 所示议题：

资产审查会议的议程和内容 表 5-4

关键问题	根据经验，每一个购物中心都有一些核心问题需要给予战略层面的关注。这些问题可以是急迫的、短期的或长期的，可能涉及营运表现、地理位置、发展战略或当地经济因素
零售表现	销售额和人流量都是判断购物中心表现的重要指标。可持续的租金增长只有在销售稳定的购物中心才可以实现并获得真正的零售业绩的增长
租赁	租赁的关注点是零售组合战略、空铺战略以及续签或新签合约的实际情况同预算的对比。这些都是评判购物中心表现的重要标准
利润和损失	对购物中心的财物表现的审议是要分析购物中心在多大程度上发挥其作用，例如是否实现了资产价值的最大化
对外支付	对外支付是运营购物中心的成本可以由租户承担的部分，关键是要关注那些无法由租户承担的对外支付部分，这部分构成了购物中心业主的直接成本
债务/诉讼	这是购物中心表现的一个重要指标涉及未支付/未偿还的租金和其他费用、坏账勾销、租金减让和零售租户的诉讼
短租/商业化	这一审议涉及购物中心从短期租赁或购物中心公共空间的其他商业化的机会。这可以是购物中心的一个非常可观的收入来源
市场营销	审议购物中心为驱动客流量和提升销售额所采取的战略性举措，并找准购物中心在各自市场的定位
资本支出	主要关注点是确保资产得到恰当地维护而不是"走下坡路"
竞争	掌握每一家主要竞争对手的动态非常重要，制定策略去应对
开发/资产规划	这是涉及对资产的长期愿景和总体规划的审议。这样的规划对于购物中心可以获得未来价值的最大化至关重要

资料来源：Azurium Asset Management to CRL 2016

③会议成果：

在一次资产审查会议中仅仅发现问题并制定解决策略还是不够的，还要形成责任制。必须采取行动并不断推进，同时，还要打破部门界限通过各部门共同努力解决问题。为此，我们需要：

· 运用有效的工具；

· 确立工作频次和完成期限；

· 安排关键人员；

· 注重成效；

· 注重质量；

· 鼓励辩论，然后执行统一的决定；

· 将决定清晰传达；

· 鼓励并确保决定得以实施；

· 根据计划评估进展情况；

· 在每次会议的开始，回顾和审议计划的执行并确认计划执行完毕。

跨部门的资产管理审查会议通常是最主要也是最好的沟通场合。但是，在这些会议之外，还有很多决策会经常发生在会议之外的其他场合。在这种情况下，相关人员有责任确保资产管理团队的所有人员知晓，确保他们随时得到更新的信息和通知等。购物中心总经理需要发挥领导作用，确保所有人员都能及时跟进所有信息。

（3）资产管理的三个阶段

资产管理需要正确理解和认知资产管理的三个特点突出并且非常不同的阶段。

图5-4解释了开发部门和营运部门在资产生命周期的不同阶段的互动和合作。

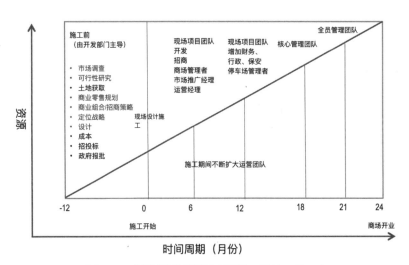

图5-4 典型项目周期图（开发—设计—施工）

资料来源：Azurium Asset Management to CRL 2016

1）施工前期

项目的这一阶段由开发部门领导和负责。从寻找适合的土地开始，到最初的可行性研究准备，再到土地获取。在获取土地之后，一份详尽的财物可行性分析报告需要准备妥当，为了获得项目投资的批准，报告通常要包括初步的租户组合计划、初步的租赁预算和初步的损益表。根据最佳实践经验，这个时候，租赁部要介入租户组合战略，物业部要参与制定草拟损益表，市场部要进行一些前期的市场调查并制定初步的定位战略。这就是资产管理的进入阶段。

一些项目需要高度保密，所以开发部门通常不希望业务部门在很早的时候就介入。但是，一旦土地获得，关键营运部门的主管会被要求参与并签订保密协议。

前文已经强调了各业务部门在项目初期（比如土地已经获取）介入的重要性，这样就可以确保对关键的营运事项给予充分的关注，也可以确保新购物中心在项目开始的时候恰当定位，而且建议的租户组合能够符合购物中心的核心商圈的需求。

新购物中心的零售规划需要得到各个部门的意见和关注。很多关键的战略决策需要制定并获得各部门的同意,包括主力租户的位置、扶梯的位置和朝向、停车场位置与购物中心各楼层结合的情况、洗手间的位置和大小、后勤区域的考虑以及卸货平台的位置等。这是一个既长又涉及很广的清单。

物业管理部还要就全部的事宜给出建议,包括购物中心的表面材料的种类、清洁、维护和安保的需求等。这是一个既长又涉及广泛的清单。

2)施工期

典型的项目周期图显示了营运部门怎样在施工期间的介入并为项目带来的提升。图5-4中显示了开发部门在整个施工期的主导作用以及营运部门在交接和开业时的全部接管。

另一个关键信息是营运部门在施工现场的亲身参与大大减少了项目前期的诸多问题和烦恼。购物中心是一个大型复杂的建筑,根据最佳实践经验,在施工期间,每一个项目现场都必须要有跨部门的团队成员在场。

根据最佳实践经验,每一个项目都要举行每周项目控制(PCG❶)会议。作为西田集团的标准惯例,这也是项目按时按预算交付的关键先决条件。

表5-5概括了施工前期和施工阶段一直到购物中心开业,资产管理团队从建设到营运准备的主要工作和责任。

资产管理团队(施工前期)的责任　　　　　　　　表5-5

资产管理团队(施工前)	责任
开发、设计和施工管理	开发部门主管作为代表业主负责和主持资产管理开业前的工作,负责所有的开发、设计和施工事宜
项目租赁	为新建购物中心招商,关注点聚焦新建购物中心。招商团队有一位负责人,团队通常由4到5人组成,取决于项目的大小和复杂程度。团队直接向招商主管汇报。还有一些招商管理人员在现场,代表公司总部协调招商管理和法务事宜
市场营销	为新建购物中心制定长期愿景和营销计划。根据要求执行市场调查以界定主要商圈和掌握主要商圈的消费者的统计数据。制定并恰当实施"开业前"的市场营销战略。制定和执行新建购物中心的"开业"战略。与总经理一起招募全职市场专员和前台团队,并在开业前对他们进行充分的培训。与总经理一起建立与外部关键方面和新租户的良好关系
物业管理	与项目开发主管、建筑师、施工团队密切合作,以确保新建购物中心的交付能够满足所有的营运要求,整个购物中心能够高效低耗地运转。在开业前招募并培训全员的物业管理团队。负责招标外包采购合同,例如清洁、安保、空调、自动扶梯和电梯等,并确保所有经过培训的人员开业前各就各位。准备第一年的损益表。与外部人员和组织建立良好的关系,提升购物中心的声誉(特别对于新进市场尤为重要)。与租赁部和市场营销部门紧密合作,与所有的新租户建立良好的关系

资料来源:Azurium Asset Management to CRL 2016

---

❶ PCG-Project Control Group.

3）营运阶段

当施工阶段结束购物中心开业营运，营运部门开始掌控购物中心的日常管理。开发部门的参与度就降低了，但是作为广义的资产管理团队的组成部分，开发部仍将为促进新商场的稳定和其他工作发挥作用。需要强调的是，开发部门的一个关键职能是优化资产的表现并维护项目的长期发展潜力。开发部是每一个购物中心的长期总体规划的最终所有者，但又在很大程度上依赖公司营运部门积极的管理资产并使得购物中心的表现和潜力最大化。

按照西田集团的通常惯例，招商、营销和物业管理的人员参与和进入项目的开发，并在购物中心开业后接手对购物中心的营运管理。同样作为西田集团的通常惯例，开发部在新购物中心开业后依然保持近距离的观察和接触。在大多数情况下，开发部主管负责项目的交付并成为日后资产管理团队的一位核心成员。

最佳实践告诉我们购物中心在营运（开业后）阶段的有效资产管理途径将主要依靠业务运营，这时每一个购物中心的总经理将成为关键的推手。

1）总经理应该极具商业头脑，在购物中心运营的各个方面担当领导和推动作用。在每一个购物中心层级全面驱动业务的发展，这就是营运性资产管理的核心。

2）每一个购物中心的营运性资产管理团队都应服从于总经理、市场营销主管、招商主管和财务主管。这个核心团队负责购物中心每天具体的日常事务。关键是要强调总经理在整个推动过程中所担任的领导角色，并同时是经营性资产管理进程的主人。

3）核心经营性资产管理团队每周举行例会解决购物中心的日常问题。这就是每周的商业例会。商业例会关注聚焦零售相关的问题、购物中心的表现、营销推广活动、债务以及损益问题。

4）核心经营性资产管理团队也要视情况需要进行调整，包括购物中心开发主管的介入（对于经营稳定的购物中心的参与度可适当减少，而对于经营不稳定的购物中心就要有定期的介入）。这种紧密联系将有助于购物中心的不断变化和改善，始终与其所服务的市场保持密切的相关性，从而使资产的净营运收入最大化。

5）对于状况不稳定的购物中心，需要每个月举行一次正式的资产审查会议；而对于表现稳定的购物中心，可以每个季度或每半年举行一次这样的会议。在西田集团，这些会议由总经理/资产管理团队主持，相关的区域主管以及招商、营销、物管、财务和开发部门的负责人都要参加。这是一支更加广义的资产管理团队。

6）这样，每一个购物中心无论是日常还是在长期的战略性的资产管理都能够得到足够的关注。

总之，正如本节开始讨论的，资产管理是经营、维护、提升零售资产价值的跨部门间的协同合作。没有部门可以靠单打独斗完成任务，需要各个业务部门的积极和主动的参与。

5.3.3 确保跨部门间的合作，尤其针对改造

西田集团关于资产管理的第二个重要概念是改造。这听上去也许会有些陌生和疑惑，因为业内会认为改造是针对那些表现不好的商场才需要做的事情，似乎和正常营运的商场没有什么关系。但这恰恰是西田集团资产管理理念的一个突出特征。西田集团从60多年购物中心的实践中深刻地认识到，零售是一个不断变化的环境，因此购物中心也应该是一个不断变化的环境，所以购物中心需要与时俱进地不断改造。西田品牌创始人弗兰克·洛伊在回答公司60年长盛不衰的秘密时就回答了两个字：改造。为此西田集团的组织构架中还包括了设计施工部。它作为一个内部纵向整合的子公司，它也是西田集团的另一个利润中心。

本节阐述跨部门合作对于高效的资产管理的重要性，特别关注通过战略性的改造来使资产的价值最大化。

（1）改造进程由谁负责

改造项目大致可以分为以下三种不同的类别：

1）投资但没有带来新增收益的项目；

2）投资带来了新增收益的项目；

3）根据购物中心的长期总体规划进行的改造项目。

第一，购物中心除了正常的日常维护外，总有一些部分需要不断更新或整修的需求。这些项目通常具有资本性质，费用由购物中心业主支付。根据项目的性质，不同的处理方法可以有很大的不同，从可以由物业管理部门执行的小改造，到需要对外招标由专业的开发和施工人员介入的大改造。通常，这类项目不会带来增量收益，而是需要付出必要的费用以保持购物中心的新鲜感和对消费者的吸引力，比如更新洗手间的设施等。

根据最佳实践经验，针对这类项目需要有一个年度的经营支出资本预算（在对未来5年预测的基础上）。预算将包括每一项开支的细节和依据，包括计划、照片、规格、时间节点和参考性花费。

第二，一个积极主动的资产管理团队可能会发现增加收入的机会（参照5.2.4的格兰购物中心案例），并实施这个具有"自负盈亏"性质的项目改造。通常，这类项目并不在之前的计划里，也不属于年度经营预算的部分，但具有"机遇型"的性质。

第三，对购物中心具有一个长期的战略性愿景是非常可取的，它包括未来的扩建

机会或未来数年大的改造计划，也就是总体规划，这个计划通常由开发部门负责制订。

总的来说，管理改造项目的责任贯穿购物中心的各个部门。从上述 5.2.4 的格兰购物中心案例可以看到，填充挑空区域的想法可以来自租赁部、物业管理部或开发部，无论由谁先提出，其实施的一般过程如下：

1）资产管理团队发现改造机会；

2）开发部寻求获得相关授权以增加零售面积（如果需要的话）；

3）开发部和/或施工团队准备计划并获得这一工作的价格信息；

4）开发部根据物管、招商和财物的信息准备财物可行性报告；

5）开发部门寻求购物中心业主的批准（如果是合资项目需获得共同批准）；

6）现场工作开始，由施工团队督导。物业管理部门负责所有后勤支持（清洁现场、提供标识、安全保卫、营业通路、垃圾清理、与邻近租户的区隔等）；

7）租赁部就该位置招商并签订租赁合同。租赁部、物业管理部和市场营销部要对这一区域和租户的类别达成共识（注意要考虑"正确的租户和正确的位置❶"的一致性战略）；

8）工程完工，租户开始装修，物业管理部负责监督；

9）租户开门营业。

如果一个改造项目已经获得了购物中心的资本支出预算的"预批准"，然后物业管理部通常就要负责这一工作的进程和实施。

这里要强调的一点是，西田集团有一支专门的"特殊项目"团队，即西田的设计施工部。这个团队主要管理和执行那些超越物业管理部能力的项目。比如西田集团填充挑空的项目就要由这个特殊项目团队负责。西田的特殊项目团队与开发部、物业管理部和租赁部密切合作，成为一个非常有价值的资源。设计和施工团队也是西田集团的一个利润中心。

从以上所述可以清楚地看出富有成效的跨部门间的合作是多么的重要，无论该改造项目的规模和范围如何。这就需要一个能够促成跨部门的合作和推进程序以及具体实施的组织构架。

（2）改造项目的可行性分析

在 5.2.4 一节中，已经就格兰购物中心的填塞挑空楼板增加租赁空间作了具体的介绍。主要还是借用这个案例对资本化率、收益率和资产增值的概念进行具体的说明。现在依然以格兰购物中心的这个改造案例看改造项目如何进行可行性分析。

---

❶ RTRL-Right Tenant and Right Location，译为"正确的租户出现在正确的位置"。

第5章 估值理论和资本化率以及资产管理的科学理念

上文提到,一个积极主动的资产管理团队可以发现增加收入的机会并实施具有"自负盈亏"性质的项目改造。格兰购物中心的填充挑空就是一个典型具有"机遇型"的项目,因为它并不在之前的计划里,也不属于年度经营预算的部分。新增摊位的租金也是预算之外的,但带来了购物中心收益的增加和资产价值的提升。

为更清楚起见,还是根据表5-2,假定格兰购物中心一年的租金收益(净营运收入)为5 000万澳元,那么根据6.5%的资本化率,格兰购物中心价值7.69亿澳元。这是在填塞工程之前的估值。在改造以后,购物中心总的租金收益因为增加5万澳元,那么以6.5%的资本化率计算得知,一个持续稳定的5万澳元的年租金相当于实现价值76.9万澳元,则这个填塞工程改造完成后的购物中心的总的价值就要在之前7.69亿澳元的基础上再加上76.9万澳元,即等于7.70亿澳元。[从图5-1(a)图的改造前部分可见改造工程周边都被木板围挡包裹,且在夜晚闭店后进行,因此不影响格兰购物中心固有的6.5%的资本化率和商场的正常营运。]

改造工程的投入是65万澳元,也就是说以65万澳元的投资获得了之后每1年新增的5万澳元的租金收入。收益率或投资回报率(ROI)为7.7%。这里需要特别注意的是7.7%仅是这个改造工程的收益率,与格兰购物中心固有的6.5%资本化率的概念不能混淆,6.5%是指整个格兰购物中心资产所具有的资本化率或者资产的收益能力。

这里需要特别指出的是,如果抛开格兰购物中心,仅就这个65万澳元投资获得每年5万澳元租金的投资项目而言,除了7.7的投资回报率外,按照国内市场的分析逻辑,我们可能会认为收回这个项目的投资回报需要13年时间。但这里的关键就是这个6.5%的资本化率,因为对于一个稳定的每年5万澳元的收益,除以6.5%立刻实现价值76.9万澳元(根本就不需要等13年),而且76.9万澳元的价值减去65万澳元的投资,实现了资产增值11.9万澳元,澳大利亚行业也称其为改造或开发利润。这也是西田集团的特殊项目团队,即设计和施工部门作为利润中心的原因所在。

从某种意义上讲,西田集团拥有自己的设计和施工团队,不仅为集团的购物中心资产不断提供永远需要改造的服务,另一方面有点类似我国房地产开发,通过不断建好的住宅出售变现。但西田是通过商业地产的不断改造实现的,当然也依赖于国际成熟的资本市场的支持和运作。关键要注意的是,并不只有房地产商的住宅出售才能赚取开发利润,西田集团和澳大利亚商业地产企业一直都是通过增加租金收入、资产价值和开发利润进行商业地产运作的。就以格兰购物中心为例,租金收入每年增加5万澳元,资产价值从7.69亿澳元提升至7.70亿澳元,同时实现开发利润11.9万澳元。

这里还有一个非常关键的关于改造项目可行性分析的指标,即如果任何项目的改造收益能够高出资本化率1个点以上,购物中心业主就会批准这个改造项目。

所以对于购物中心企业，需要明确这一投资政策并成为各个部门的共识，这点尤其重要。而对于改造项目的收益率大于资本化率就可以推进改造的观念，对于我们的行业基本上是缺失的。举个实际发生的例子，作者就苏州某购物中心表现提出改造建议，测算的改造收益可以达到25%，大大高于该项目当时10%左右的资本化率，但是，当建议提出后，购物中心经理告诉作者如果他提出的任何改造项目不能在当年回收，公司是不会批准的。也就是说，公司需要100%的投资收益率才能够批准，可见我们行业对资产价值和资本化率意识的缺乏到了什么程度。而且，这种情况非常普遍，这也是我们许多购物中心企业只注重开发而轻视改造的原因所在。

但也有些时候，改造会削弱购物中心的收益率，即收益率低于购物中心现有的资本化率。或者说花钱改造后租金收益反而更低了。比如，一个购物中心业主为了吸引某国际大牌的进入来增强竞争优势，为了抓住那种"稍纵即逝"的机会，为了满足大牌零售商对楼层和空间的特殊要求，还需要将其他租户迁往别处，进行大量的施工工作。在国内市场甚至还要有装修贴补甚至反保底的情况。西田集团的资产管理政策是禁止做任何投资并降低租金的事情。一般也很难想象为什么购物中心的业主会做出这种"反向投资"的事情，但在国内市场的供给过剩所造成的过度竞争无疑是一个重要原因。

最后，也是在前节提到的原则，每一家购物中心都要有经营资本的支出预算。这种有计划的战略性支出是为了保持购物中心的新鲜感和对消费者的吸引力。对于这一类开支，很难用财物上的任何标准来评估。确切地说，应该将这项支出预算视作资产管理战略的一个组成部分以保证购物中心的竞争力和与所在商圈的相关性。这样，资产的短期和中期价值都能得到维护，长期价值也能够得到加强。

如果一家购物中心什么都不做（没有营运资本支出策略），那么经过一段时间营运后，这家购物中心就会因为老旧和对零售商和消费者缺乏吸引力而陷入风险，进而对购物中心的净营运收入和资产价值造成负面冲击。

国际商业地产教父、西田品牌创始人弗兰克·洛伊在总结西田集团60多年长盛不衰的原因和成功的秘密时就说了两个字——"改造"。澳大利亚购物中心通过不断改造增值的做法，与房地产行业目前普遍采用的通过不断建造住宅出售变现的盈利模式有些相似。但这是在商业地产上实现的，关键是基于资本化率和成熟的资本市场，而且可持续。这与房地产一次性出售的盈利模式又有本质的不同，特别值得所有转型做商业地产的房地产企业研究和学习。

5.3.4 资产的生命周期分析（例如改造、扩建或出售）

一座购物中心是一种产品，也是一个特别的品牌——就像牙膏、肥皂或任何其他消费品。一个产品可以表述为一件商品或一种服务，对消费者来说可以是实体的或者虚拟的。购物中心争取消费者的光顾就像一个牙膏品牌一样，它并不只是造好投放市场就完事，而是一个持续的过程。

本节阐述资产生命周期的分析原理和具体方法，以明确一个购物中心在生命周期的进程中所经历的不同阶段以及延长有效资产生命的战略。

（1）确定一个资产的生命周期

一个资产的生命周期通常分为四个阶段：

1）引入期——这一阶段包括购物中心的构想、设计、施工和开业。这时消费者是新的，销售增长是缓慢的，竞争对手也是比较少的。

2）成长期——在这个阶段，购物中心不断吸引商圈中越来越多的消费群体，发展大批的回头客和忠诚的客户群体。这一阶段销售额增长很快，但竞争对手也在增加。

3）成熟期——购物中心开始实现其最初设定的市场目标，有了一个强大的基础客群，但也渐渐失去了对新客户的吸引力。所以增长开始迟缓，竞争对手也不断增加，使零售商的销售增长变得越来越困难。

4）衰退期——购物中心已经在这个原来的位置和市场变得陈旧，对于消费者和零售商不再具有吸引力。消费者逐渐离开，销售额不断下降，竞争变得愈发激烈。

图 5-5 是一个资产所经历的引入期、成长期、成熟期和衰退期的示意图。

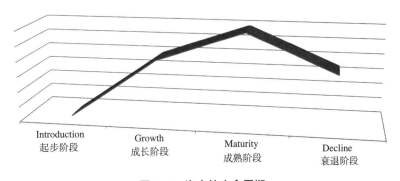

图 5-5　资产的生命周期

资料来源：Azurium Asset Management to CRL 2016

资产的再循环：

为避免资产进入成熟期后失去市场占有率，需要有中长期的规划来识别资产在生命周期中不同的关键节点，这样就可以使资产在进入成熟之前得到再循环，这种再利用通过改造和品牌重塑来实现。购物中心可以通过多次的再循环，最大化地延展资产的生命长度。图 5-6 为资产生命周期的再循环。

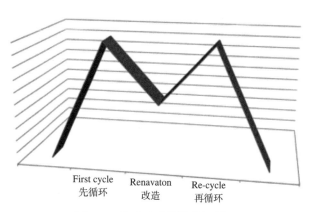

图 5-6　资产生命周期的再循环

资料来源：Azurium Asset Management to CRL 2016

如何知道项目何时需要改造？

——了解你的客户；

——了解你的商圈和潜力；

——了解你的竞争对手；

——了解你的差异点；

——了解你在生命周期中的阶段；

——了解你的未来走向。

（2）通过生命周期追踪购物中心的进程

1）零售销售额

零售销售额毫无疑问是判断购物中心表现的最有意义的指标。所有主要的购物中心企业都将零售销售额作为关键表现指标（KPI）。像西田这样的上市企业每年要两次公布业绩表现的报告，内容包括零售销售额和店铺的租赁成本（租金占零售额的比例）。参见图 5-7 2016 年 6 月西田年报的数据。

一个普遍的问题是除了租赁合同有条款规定的情况外，较难获得零售商的销售额数据（即使是数据技术已经很成熟的今天依然受条约的约束）。这就使得在购物中心快速发展的过程中如何有效地分析和监控零售业绩的表现变得非常困难。

有关零售商的销售额信息分享的规定对于购物中心的有效营运是一个至关重要的因素，它可以帮助我们随时掌握和分析购物中心的市场地位和销售业绩的情况，同时也是判断购物中心的租户组合是否合理和相关的一个有效指标。

对于西田集团来说，零售额表现也是西田全球业务的关键驱动和关键表现指标。市场也会对这些业绩指标进行分析和评论，从而在很大程度上对股票价格产生影响。

第 5 章 估值理论和资本化率以及资产管理的科学理念

	澳大利亚	新西兰	Total
零售额[1]			
动态年度销售额（包括消费税）10亿	$20.7	NZ$1.9	$22.5
专卖店销售坪效（包括消费税）（每平方米）	$10 905	NZ$12 257	$10 946
专卖店租赁成本（包括消费税）			17.8%
租赁[1]			
专卖店租金（每平方米）	$1 608	NZ$1 304	$1 571
出租率			>99.5%
交易完成量[2] -数量			471
-面积（每平方米）			59 042sqm³
展望[4]			
可比净营运收入增长			2.5%～3.0%
来自营运的资金			约3%增长
每股分红			2%增长到21.3分

1. 截至2016年3月31日
2. 专卖店铺和小型主力店到2016年第一季度的交易完成量
3. 相当于3.7%的专卖店铺和小型主力店的面积
4. 到2016年12月31日止的全年的预测

图 5-7 Scentre Group 2016 年第一季度数据更新

资料来源：Scentre Group Annual Report 2016 Update

——在澳大利亚，零售商每个月都要向购物中心提供其销售额信息（金融机构类租户除外）。

——在英国，租户不向购物中心业主汇报销售情况被认为是一条长期的行业规范。但是，这一情况随着 1999 年位于肯特郡的蓝水购物中心开业开始改变。蓝水购物中心是澳大利亚的联实（Lend Lease）集团开发、拥有和管理的购物中心。在蓝水购物中心的租赁合约中要求租户披露销售额信息。

西田集团 2000 年进入英国市场，所有的租赁协议要求包括销售额报告条款，这在开始遇到了来自英国零售商的很大的阻力。2008 年西田伦敦购物中心开业，大约 50%～60% 的零售提供了他们的营业额数据。随着时间的推移，大多数的英国零售商都向购物中心业主提供零售额信息。这也成为英国零售商想要进入英国销售业绩最好的，三个由澳大利亚人拥有和管理的购物中心的先决条件。从另一个侧面证明了共享销售额信息对于购物中心业主、零售商和市场的益处。

对于购物中心企业来说，收集所有零售商的营业额数据并分析、制定恰当和适时的战略是一个长期的挑战。很多零售商出于各种原因不愿提供其真实的零售数据，甚至包括一些国际大牌零售商。购物中心企业需要考虑并制定长期和相关的对策，为此，西田集团在 2011 年向澳大利亚生产力委员会提交了关于澳大利亚零售业的经济结构和效益报告。该报告对于零售商向购物中心汇报销售额成为澳大利亚行业的普遍接受的规范作了说明。

这里将该报告的主要内容以及澳大利亚生产力委员会的答复编录如下，我们也可以从中获得一些有益启发。

西田集团呈交的报告：

购物中心业主不当利用所获得的销售额信息以抬高租金成为公众讨论的一个话题。西田就生产力委员会的质询提交《零售租户租赁市场 2008 年的报告》。

提供这些销售数据对于有效营运购物中心至关重要，因为这种不断获得的信息可以帮助分析购物中心的业绩表现和市场定位，也是对购物中心的租户组合的合理性的有效监控。进一步来看，这些信息也为行业研究和衡量行业标准提供了一个广泛的数据库，而且这些零售商实际也能够获得他们相关的信息。西田并不认同所谓的销售额数据的信息不平衡的说法，销售额数据会对购物中心业主和租户在获得或续约的商铺谈判时具有实质性的影响。

第一，这些零售商都有他们自己的现成渠道并通过所代表的机构或零售顾问获得完善的数据信息。考虑到这些年行业的发展，这些机构的数量都有了显著的增加。他们提供的信息包括购物中心的表现、零售额和销售增长以及各种不同品类的零售商的情况。特别要提到的是西田的租赁合约并没有限制零售商向这些机构提供这类信息。

第二，在招商谈判中决定租金水平的主要因素是市场的供求关系。这种优势的平衡会在购物中心业主和零售商之间根据不同的市场因素以及谈判发生的时间不断波动。

生产力委员会的回复：

禁止销售额数据的收集或仅容许数据在同类店铺中分享，这样的规定会限制购物中心业主对他们的资产实施最优化的管理，进而也会限制购物中心的表现，最终对零售商和消费者都不利。还有，虽然营业额数据的收集是这份报告所涉及的最主要的争议问题，然而禁止提供销售额数据并不可能减少所谈到的担忧。从购物中心的空置率来看，也可以是购物中心经理判断租户表现和销售额的一个可能方法，所以并不清楚禁止提供销售额数据的规定（或通过立法的方式加以限制）会对商铺租金产生实质影响。委员会的分析认为对于购物中心业主所要了解的销售额信息应该由合同双方在租约中协商决定。

总而言之，生产力委员会认为：

"禁止报告销售额数据不会降低平均的租赁成本。"

第5章 估值理论和资本化率以及资产管理的科学理念

2）客流量

客流量显然是监控一个购物中心业绩表现的一个有效途径，但是客流量的一些限制条件我们也要清楚：

①客流量信息有时也可以很不可靠；

②购物中心客流量的增加并不一定代表销售额的增加，一些顾客可能经常光顾商场，但每一次的花费较少；

③同样的，客流量的降低也并不代表销售额的减少，一些顾客光顾商场的频次不高，但一次的购买量可以很大；

④对不同购物中心客流量的比较可能会造成误导，A商场的客流量是B商场的两倍，不代表A商场的销售额是B商场的两倍；

⑤对于状况稳定和状况不稳定的购物中心，客流量会发生很大的波动。

一个新的购物中心在成长阶段，人流量会持续性上升，而一个稳定的购物中心在一个稳定的市场，通常人流量变化不大。然而，对于稳定的购物中心的零售消费依然能够根据通货膨胀/消费者价格指数（CPI）的增长而增长。

人们在工作日和周末的花费也会有明显的不同。大多数人在平常的工作日都比较忙，时间紧张，导致花费较少。但周末和夜晚人们的闲暇时间较多，亲朋聚会、就餐购物，可以在购物中心里面消磨更长的时间，更长的消磨时间也就代表更多的消费。现在消费者在商场的滞留时间也越来越成为一个衡量购物中心业绩表现的参考指标。

当在购物中心进行市场调查时，一个最有价值的问题总是问消费者他们在购物中心花了多少钱。如果这个调查是从周一到周日包括每天不同的时段，你就能够对一天内不同时段以及一周内的不同天数的消费模式有更好的了解。

商圈消费者的综合统计信息对零售支出也有很大的影响。例如，西田伦敦所在的区域比西田斯特拉福特购物中心所在的区域要富裕得多。两家购物中心的年度销售额几乎一样都是10亿英镑，但是西田斯特拉福特购物中心的客流量几乎是西田伦敦购物中心的两倍。

3）投资回报和净营运收入（NOI）

购物中心随时间推移的财务表现是衡量购物中心成功的关键指标，包括回报预期（收益/内部收益率）和净营运收入的预期。这也会直接影响购物中心估值，这也是零售地产集团的一个关键表现指标（KPI）。从投资人的角度，股票价值和分红也是非常重要的指标，尤其是针对大型机构投资人（图5-8）。

图 5-8 投资回报和净营运收入的关键指标

资料来源：Azurium Asset Management to CRL 2016

（3）延长资产的生命跨度

1）战略改造的时间点

没有一个"公式"可以确定购物中心什么时候应该进行改造，而事实上这是一个持续性的监控，包括对业绩表现的行业对标评判以及其他所有在"游戏之前"就已经积极设定的重要目标的评判。因此，资产管理团队需要监控如下事项：

①关键表现指标（零售销售、客流量、财物表现等）；

②每一个购物中心的人流走向和分布分析（比如高楼层是否有足够的人流到达？消费者是否容易和方便地在购物中心内辨识方向，找到他们要去的地方？）；

③停车（高峰时刻停车位是否足够？车辆的进出是否顺畅？是否有足够的能力服务购物中心的上层空间？是否能够很容易找到停车场？）；

④客户设备的标准和关键的基础设施项目（洗手间的设施是否合格？是否达到你目标客户的预期？）；

⑤当地商业区的市场条件（有什么会对购物中心构成影响的问题？比如公共交通问题、道路路网问题、交通拥堵的问题等）；

⑥竞争对手的动态（他们在购物中心正在做什么？他们有什么招商举措？他们的长期计划是什么？谁在商圈内又购买了新的土地等？）；

⑦购物中心主要商圈的消费者统计信息（人口是在增加还是下降，长期的变化趋势？）；

⑧政局稳定（政治环境可能对企业购物中心业务造成的影响）；

⑨监控经济状况，当下及未来趋势（一个日益成熟的市场对购物中心的成功具有怎样的意义？我们有没有可能遇到经济衰退？等等）；

⑩监控全球零售趋势和观念的变化（例如电商销售对购物中心的长期影响会是什么？这是当前世界上很多市场的实体零售商所面临的巨大挑战）。

以上 10 点综合如图 5-9 所示。很显然，这些都是资产管理团队需要重点考虑的事项，我们必须认识到检测竞争对手的动向可能是最关键的。保持和增加市场份额

图 5-9　判断改造时点的一个综合考虑事项图

资料来源：Azurium Asset Management to CRL 2016

（购物中心的销售额与购物中心所在商圈的零售总额的百分比）是资产管理的最根本的责任。在一个增长强劲的市场中，新的竞争对手可能被吸收而不对现有购物中心构成重大冲击。

但是市场会不可避免地进入成熟阶段，保护市场占有率将成为一个更具挑战的关键问题。

从广义上讲，每一家购物中心都要保持与其所服务的市场的相关性，以最大化地减小"消费逃逸"到其他更现代和更相关的竞争对手那里去。换句话来说就是要保持成功！

如果新的竞争对手的购物中心开业，这使你的购物中心已经显得有些陈旧并需要改造，那么你就要预期到消费者（也可能是零售商）会流失到新的购物中心那里。最好的情况是你要在竞争对手开业之前完成翻新改造从而降低"消费逃逸"。

2）重新定位战略

大部分购物中心在不同的商圈，而且有时是在独特的商圈营运。围绕购物中心的商圈各不相同，从低端到大众到高端，通常会是各种市场的组合。

因此，对资产管理团队来说，非常关键的是对其商圈内的客户群体是谁和他们是做什么的有非常清晰的了解，比如，如果在一个大众市场的商圈建设一个高端的购物中心，那么购物中心将无法发挥其潜力。因为购物中心的供给和消费者的需求不匹配。所以，要做到供需匹配和保持相关是非常重要的。

必须通过市场调查达到以下两个目的：

①确定每一家购物中心的商圈大小和覆盖范围（即消费者从哪里来？）；

②了解商圈人口的统计资料和消费心态（即消费者是谁和做什么的？）。

这些关键信息对于每个新项目在开始就不偏离轨道具有特别重要的意义，比如购物中心采用什么样的外表材料、设施和设备以及与所在商圈相关的租户组合等。

这些做法对于在建设之初自身定位不准确的现有购物中心同样适用。如果购物中心属于这种情况，那么资产管理团队就要对购物中心执行重新定位的战略计划。

另一个重要考虑因素就是，要知道什么是购物中心的独特卖点（USP-Unique Selling Point）？这是一个购物中心能够在市场中占有与众不同的突出地位并区别于所有竞争对手的关键因素。比如，一家非常新潮时尚的购物中心恰好定位在一个具有特别地理区位的时尚目标地。

最后，需要一个完整的市场营销战略计划将购物中心的"定位"积极地铭刻在商圈消费者的心目中。

3）租户再组合战略

就像之前提到的，许多不同因素的共同作用决定一个购物中心的成功。然而最关键的成功要素几乎永远是零售租户的组合，因为这是促使消费者到访购物中心的终极驱动力。如果一个购物中心的组合出现错误或瑕疵，购物中心就一定会出现问题。就像上文阐述的，租户组合是购物中心正确定位的基础。

我们之前也讨论了RTRL（Right Tenant Right Location，正确的组合和正确的位置）。这是一条持续性的战略寻求，通过不断地完善租户组合，将正确的租户替代错误或表现不佳的租户。这也包括寻求不同品类零售商的正确的店铺数量及适合的规模的问题。这是非常重要的，因为如果某一相同品类在一个购物中心中有太多的店铺，那么他们都将很难达到最佳业绩；同样如果某一相同品类在一个购物中心中店铺太少，也不能满足消费者的比较购物的需求和基本的供需匹配，最终会影响购物中心的租金增长能力。

同样地，如果某一品类的购物中心中店铺太少，那么消费就可能就会流失到竞争对手的购物中心那里去，零售销售也无法达到最大化。

5.3.5 通过估值和净营运收入不断提升购物中心的价值

对一个资产的长期总体规划同时平衡其短期目标，对于购物中心的价值增长至关重要。很多经理人都习惯于聚焦"这里和当前"的事宜，因忙于处理正在发生的资产管理运作而忽视了资产的长期规划，这会带来灾难性的后果。

另一方面,有一个长期的总体规划,同时保持对近期当务之急事项的优先考虑,长此以往,会对资产的总体价值的提升带来莫大的益处。本节所述的信息和相关案例将阐述长期总体规划的必要性,以及如何保持长期规划和短期优先事项平衡的重要性。

(1)长期战略总体规划

1)购物中心的长期(15~20年)的愿景

在上一节中,我们介绍了资产的生命周期以及如何延长资产在其生命周期内的跨度和寿命。的确,资产管理通常都是面对未来1~5年的操作性事宜,主要重心自然聚焦在当前的年度预算和工作计划上,有时也会将预算延伸至5年期间。

例如,西田集团就是实施5年滚动式长期预测,并在每一年的年度预算中作为年度预算的一个组成部分得到更新,然后在6个月内接受评估和调整。这包括一个5年的资本支出预测,而且是根据一个更长的10年的资本支出的预测制定的。就像之前讨论的,这对于维持所有的设备和其他基础设施的最佳状态是十分必要的。

然而,对于每一个购物中心,有一个更长远的愿景和总体规划非常重要,通常需要15年到20年,甚至更长(图5-10)。

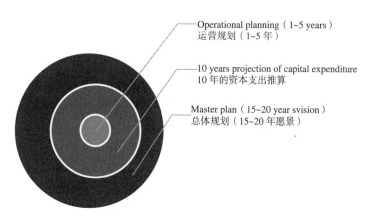

图5-10 西田的长期总体规划

资料来源:Azurium Asset Management to CRL 2016

西田邓卡斯特(Doncaster)购物中心就是一个长期总体规划得很好的案例。这座购物中心位于墨尔本东部近郊的富人区,从1968年开业至今,已经有50多年的历史,邓卡斯特也一直是西田澳大利亚购物中心资产包中表现最好的购物中心之一。购物中心成立之初引入Myer百货作为主力店,双方租赁合约中规定了限制第二家百货进驻的条款。西田集团在1993年买进这个购物中心之后的数十年里,一直尝试无数种改造方案,包括引入第二家高端主力百货和增加新的租赁店铺。

但是，扩建的改造计划因为不能引入第二家百货主力店而在财务上无法实施，而Myer百货也无意改变条款以配合西田的扩建计划。20世纪90年代初，西田在接手购物中心后进行了较大规模的翻新改造，但用地面积无法扩展。

在21世纪来临之际，Myer百货的所有人决定将该连锁百货出售，需要西田同意将租赁合约转让给新的所有者。西田利用这个机会修正了合约中的限制条款，从而可以引入第二家主力百货店。

2009年，机会终于降临，西田集团耗资6亿澳元扩建邓卡斯特购物中心，并引入了大卫琼斯百货商场作为第二家主力店。购物中心的占地面积也扩展到12.3万 m^2。2019年，邓卡斯特购物中心的动态年度销售额突破9.35亿澳元，成为澳大利亚"大枪❶类"购物中心销售额排名第8的购物中心。扩建的新增地块还为邓卡斯特购物中心的未来发展预留了空间。

邓卡斯特的案例归功于西田集团长期的总体规划，再开发的机会本来就具有不确定机会型的性质，只有把握住未来长期的愿景和长期的总体规划才能帮助西田抓住这种稍纵即逝的机会（图5-11）。

图 5-11　西田邓卡斯特购物中心

西田库梅拉购物中心（Coomera）是西田（Scentre Group❷）集团2018年在黄金海岸的绿地上完全新建的购物中心。也是近年非常少见的在澳大利亚新建的购物中心项目。但是，通过西田库梅拉新建项目的规划和改造，可以更加清楚地了解什么是西田

---

❶ 英文 Big Gun（大枪）——澳大利亚对区域型购物中心的别称。
❷ 西田集团2014年分立重组后的澳大利亚和新西兰购物中心划归西田 Scentre Group。

的长期总体规划。

2018年,笔者和第一财经的《决战商场》摄制组于购物中心开业前大约3个月,来到黄金海岸的库梅拉项目工地。购物中心是地下一层和地上二层的结构。根据项目长期的总体规划,一期开业的面积约为6万 m^2,主要利用购物中心的一层空间和部分的二层空间(电影院和娱乐租户的部分)。主力租户为两个超市和两个折扣百货,地下一层、地上一层以及目前一层顶部的大部分空间作为停车空间。西田开发总经理介绍了地下一层的高度达6m高(感觉是一个非常明亮和宽敞的停车场),目的是在未来可以改为商业用途或增加夹层停车预留空间。

一层也配有停车库,但这些车库据开发总经理介绍,都预留了未来改为商业用途的灵活性。图5-12就是西田开发总经理为我们展示的未来二期将要增加的另一个主力店的位置(黑框部分)。

关键是购物中心一期开业面积约为6万 m^2,但已经预留了未来15~20年的2.5倍即15万 m^2 的扩容面积。澳大利亚政府的规划部门还创造了一个专门的术语叫作"未来批准"(Future Approval)。这不仅代表了西田的长期总体规划的科学理念,也代表了未来城市发展和更新的最前沿的实践(图5-12)。

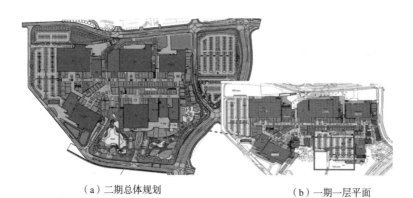

(a)二期总体规划　　　　　(b)一期一层平面

二期新增主力店扩容利用了一期一层的原车库面积

图5-12　二期新增主力店扩容利用了一期的停车空间

资料来源:*Share in the Vision of Westfield Coomera*

这两个案例完美诠释了西田集团的核心理念和商业模式,即开发和购买未来具有长期发展潜力的物业项目。西田在澳大利亚的购物中心根据其所处的资产生命周期都经历了至少一次的扩建,很多购物中心已经经历了两到三次扩建。这些如果没有长期的愿景和总体规划是不可能实现的。

2）增加市场份额的重要性

如果西田的邓卡斯特仅仅是维持其初始的规模，你可以想象今天邓卡斯特的样子。随着时间的推移，邓卡斯特购物中心的零售额和市场份额一定会大幅度下降，净营运收入和资产价值也是一样。如果没有长远的愿景和总体规划，这就是不可避免的后果。西田库梅拉购物中心的愿景和总体规划已经将这种理念转变成为澳大利亚购物中心开发营运以及政府规划的共识和全球领先的实践方法。

澳大利亚与时俱进的开发理念和先进实践，尤其值得国内购物中心的企业和商业地产开发商（包括政府规划部门）研究和学习。

3）将消费逃逸降到最低

今天的消费者对于受迫性消费和非受迫性消费的支出都有很多选择。我们已经讨论了资产的生命周期并强调了购物中心还要与其他消费模式的竞争。购物中心商圈的消费潜力随着时间的推移以及工资、收入的提高而得到提升，但是生活的成本也在不断增加。

因此，购物中心需要不断进行改造，从而促进零售消费最大化，防止消费逃逸并流失到其他竞争对手的购物中心或其他模式的消费中。

（2）估价准则

1）净营运收入和资产价值的增长

$$净营运收入的增长 \rightarrow 资产价值的增长$$

对于一个资产价值的评估是一个复杂的问题，计算公式中包括大量的变量。但是，从广义角度讲，评估者是分析一个购物中心的当前零售表现和其租金的可持续能力，同时也关注销售额和租金的长期增长潜力，以及可能遇到的现有和未来竞争项目的冲击。

一个表现强劲、管理良好并且具有可持续的长期战略增长计划（愿景和总体规划），会比一个表现平平或对未来增长没有想法的购物中心获得更积极的正面评价。

2）维护市场份额

就像之前讨论的，保持购物中心在消费者心目中的新鲜感和与它所服务的市场的相关性至关重要，只有如此零售额和市场份额才能得以维护，购物中心才能在一个良好的定位中不断获得可持续的发展。

3）保持购物中心与其所服务的市场的相关性

在 5.3.4 一节中，本书没有详细地展开如何延长一个资产的寿命即生命跨度的问题，关键是需要对一系列业绩和相关标准连续监控和对比（对标）。这种市场表现和潜力的分析必然导致如下结果：

①将理想的资产方案概念化；

②确立一个战略性的资产计划；

③管理战略性的资产计划；

④实施并完成资产计划；

⑤持有或出售分析。

这样就能够使购物中心保持与其所在市场的相关性，同时也需要公司在人力资源和财物方面的支持。

（3）平衡长期和短期的商业目标

1）积极的资产管理

有效的团队合作 → 资产价值的增加

我们的主要任务就是提升购物中心的资产价值。以下事项与资产价值关系重大：

· 现金流（净营运收入）；

· 客流量（顾客到访量）；

· 销售和收入；

· 位置、位置、还是位置；

· 消费者认识度和喜爱度；

· 购物中心内营运的租户；

· 当地市场的竞争情况；

· 建筑状况；

· 扩建潜力；

· 基础设施——路网和交通；

· 环境影响。

构建高效的资产管理团队

· 没有个人或部门比整体更重要；

· 尊重每一个人；

· 所有意见和选项都被考虑，但服从最终的决定；

· 个人利益与大局利益；

· 对团队成功的鼓励和褒奖；

· 分析并敢于讨论失败；

· 敢于与众不同；

· 挑战常规；

· 超越想象；

· 灵活和适应。

2）持续完善长期总体规划

我们之前对此有所讨论，西田邓卡斯特和西田库梅拉的案例展示了长期的愿景和总体规划的有效执行会为过去包括未来带来怎样的成功。所以，对于每一个企业的资产包中的每一项资产都要有长期的承诺和专注的聚焦。

3）管理冲突的优先事项

长期总体规划的目标常常会与短期目标发生冲突，如何管理因为长期和短期目标的不同所引起的冲突事项并作出区分权重的决断是一个挑战。

而在现实中又非常简单，如果一个商业地产企业对每一个购物中心都有明确的长期总体规划，那么有关改造的提议或其他相关的支出就可以在这些长期的规划框架下得到审议，如果某个特别的改造提议与长期规划的内容冲突，则不能获批。反之，如果某一个提议符合长期总体规划，则可以获批。

案例分析：西田悉尼购物中心的故事

在悉尼建市的两百多年的发展历史中，传统的市中心并没有一个"大盒子"购物中心。2012 年，西田集团在悉尼塔下的 CBD 核心商业区执行了一个也许是人类有史以来最大手笔的，发生在都市中心的购物中心改造项目。

西田集团在原有的西田中央商场、空中花园和帝国拱廊三个项目的基础上，通过购买周边多达 300 多个分散物业的业权，共同打造了一个时尚高端的零售目标地——西田悉尼购物中心。其中，最早的帝国拱廊于 1891 年开业，中间经过改造成为一个四层楼的商场，西田集团于 2004 年以 9 000 万澳元购入。中央商场在 1972 年开业时共有 52 家商店，2001 年收归西田集团旗下。中央商场的廊桥连接城市的 Myer 和 David Jones 百货商场，也与帝国拱廊连接。空中花园商场是 1988 年开业的空中花园办公楼的裙楼商场，7 层的商业空间包括零售、餐饮和美食广场，并在 2004 年被西田集团收购。

2009 年，西田集团投资 9.3 亿澳元，开始对这个悉尼市中心的购物中心进行改造。改造工程非常复杂，有拆除、有翻新，重新整合连通、统一形象和品牌塑造。改造分为 2009—2010 年的一期和 2010—2011 年的二期两个阶段进行。复杂程度和各种困难可想而知，西田也遇到了难缠的"钉子户"问题。

西田悉尼的改造获得了巨大的成功，澳大利亚第一家快时尚品牌 ZARA 落户西田悉尼。西田悉尼 ZARA 店也成为那几年 ZARA 全球销售额第一的旗舰店。西田悉尼购物中心创造了西田集团全球最高销售坪效（西田纽约的世贸中心商场和西田伦敦的西田伦敦购物中心的销售坪效都是所在城市最高的）。西田悉尼的成功也带动了皮特大街的租金重新回到世界前 10 的行列（图 5-13）。

图 5-13　Westfield Sydney

图 5-14 为西田悉尼改造的数据分析：

- 2008 年对现有土地和项目的评估：7 亿澳元（资本化率 7.25%）
- 改造总投入：12 亿澳元（投资回报 8.0%~8.8%）
- 西田悉尼购物中心项目总成本：19 亿澳元
- 改造后 2010 年的价值：26.8 亿澳元（资本化率 5.60%）
- 资产增值（改造开发利润）：7.8 亿澳元
- 2019 年估值：56 亿澳元（资本化率 4.00%）

图 5-14　西田悉尼改造数据分析

资料来源：Westfield Sydney-Overview of Development

2016 年，西田 Scentre Group 以 3.6 亿澳元买下了相邻的大卫琼斯百货商场，并开始新一轮西田悉尼的扩建规划。新一轮改造已经于 2020 年 3 月开始并计划在 2023 年下半年完工。

4）西田悉尼改造对于国内业者的特殊启示

上文通过对西田悉尼的购物中心改造的介绍，进一步阐述了西田的资产管理理念。然而，西田悉尼的改造还有其应该引起行业注意的特殊意义，即西田集团 2005 年伊始实行的在"最好的城市做最好的购物中心"的战略转变。

西田集团在 2005 年到 2015 年的 10 年间，购物中心的总数从 128 个缩减到 87 个，但购物中心价值不降反升，提高了 2.5 倍。西田集团的做法是将其 ABCD 类的购物中心中不具发展潜力或者没有拓展空间的 C 类和 D 类购物中心出售，将获得的资金用来全力做好欧美和澳大利亚大都市的 A 类购物中心。西田集团最终放弃了创始人最初的

"100个购物中心王国"的梦想和已经达到的现实。作出这一战略转变非常不易,其中最关键的就是要克服"规模就是一切"的线性思维的认知。

通过对西田悉尼案例的分析可以看出,西田集团顺应2000年由于互联网和数据技术的发展所带来的变化,比过去任何时候都更加强调注重效益、价值和回报,而不是规模的发展。西田集团这种追求效益而不是规模的战略转变与业内许多企业过度开发三、四、五线城市购物中心的情况正好相反,增长驱动的理念和追求的不同形成鲜明对比,非常值得国内商业地产企业决策者和有关规划部门的注意和研究。

西田悉尼购物中心的改造,完美诠释了西田资产管理的四个重要概念,即改造和营运都是资产管理,特别重视改造、认清和把握资产的生命周期,以及不断通过净营运收入和资本化率的优化,强化和提升购物中心在整个生命周期内的资产价值。

在第5章的最后一部分,本书还将资产管理的理念与复杂系统理论的网络思维相结合,对西田集团的"最好的城市做最好的购物中心"的战略转变进行深层次的分析和揭秘。

5.4 以资本的运动和资产的价值对"轻资产"的剖析

本章从资产的价值和资产管理的理念,阐述了购物中心的资产属性。中国购物中心发展的时间较短,整个行业还没有充分形成从资产的角度去审视商业地产的观念,一部分人甚至还不知道购物中心的终极目的是资产增值,把购物中心和百货商场混为一谈。在目前国内市场,业内包括媒体在评价购物中心时几乎听不到谈论购物中心价值的问题。加上这些年急功近利的线性发展思维,整个行业又在大谈所谓的"轻资产",恰恰说明了行业对商业地产长期增值属性的忽视和无知。因此,在本章的最后部分,将在前面叙述资产价值的基础上结合马克思的《资本论》中关于资本的运动方式对"轻资产"做一个深入浅出的剖析。

5.4.1 资本的定义和资本的流通过程

马克思在《资本论》中阐述了资本的生产过程和流通过程以及资本主义生产的总过程。

资本,顾名思义就是资金和成本,即用于投资可以产生利润的资金或本钱。按马克思的观点,资本是可以带来剩余价值的价值。资本在现象上可以表现为货币和生产资料(包括资源、设备、材料和劳动等),但货币和生产资料本身并不是资本,只有在资本主义社会中当劳动成为商品的前提条件下，货币和生产资料被资本家用来作为剥削工人的手段时，才转化为资本。我们暂且把剩余价值作为利润继续分析，因为马克思也承认剩余价值和利润实际上是一个事物的两种说法，所以并不影响本文分析的结果。

资本的流通过程可以总体理解资本从 $G—W—G$ 的循环，即从预付形式的货币资本（G）转为商品形式（W）的生产资料的资本，诸如建筑、设备、材料和人工再到商品制成品形态的资本，最后在流通环节转变为增值的货币形式的资本（G），然后开始新一轮的资本增值的循环……

资本的产生和流通不仅包括生产环节也包括流通环节，才能实现从生产资料到消费资料的转变，最终完成 $G—W—G$ 的闭环。用马克思的资本生产和资本流通理论看购物中心就是处于流通环节的资本和生产资料，而且是具有抽象和具体的劳动已经投入的状态。

按照马克思的分析，剩余价值（利润）就是预付资本 C 的价值的增值，即产品价值超过各种生产要素价值总和的余额。预付资本 C 可以分为不变资本 c 和可变资本 v。不变资本主要是指固定和流动的生产设备和生产资料等，可变资本主要由具体和抽象的劳动构成。生产过程的价值可以用 $C=c+v$ 表示。而生产的商品的总价值为 $c+v+m$ 表示。其中 m 就是利润（剩余价值）。$\dfrac{m}{v}$ 为剩余价值率，$\dfrac{m}{c+v}$ 为利润率。

5.4.2 一个投资 10 亿元的购物中心的资本运动的静态分析

假设一个投资 10 亿元建造的购物中心，年销售额为 10 亿元，购物中心业主可以每年收获平均 1 亿元的租金（租售比 10%）。按 $c+v+m$ 的价值构成形式，可将这 1 亿元的租金构成分解如下：

5 000 万（c—不变资本）+2 500 万（v—可变资本）+2 500 万（m—利润）

其中不变资本 c 是假设 10 亿元的贷款按 5% 的利息，每年从不变资本转移 5 000 万元到购物中心作为商品的价值中。20 年可以偿还全部贷款。使这个购物中心变为购物中心业主的自有资产。这里的不变资本主要为土地和购物中心建筑。

2 500 万的可变资本 v 主要为劳动力资本。

2 500 万的利润 m 为剩余价值或利润。

在这个例子中，以可变资本"劳动"为基数计算的剩余价值率为 100%，以总资本为基数的利润率为 33%。

利润的形成不仅要有利润的总额，还要有资本的流通时间，或者用周转率表示。

我们可以认为购物中心的周转率为 1 年。假设以 20 年为一个长周期作一个静态分析，看这个 10 亿元投资的购物中心的资本循环运动和增值的情况。

在这个购物中心完成第 20 年的周转后，购物中心业主的总资产变为：

10 亿的不变资本 c + 5 亿的利润积累 m = 15 亿元（总资本）

在这 20 年中，购物中心业主的总投入为 10 亿元加上每年 2 500 万的可变资本投入，总计为 15 亿元。粗看上去，这似乎是没有赚钱的买卖，但故事还远没有结束。购物中心作为不变资本类似于土地，而不同于机器设备等作为不变资本的投资。机器设备到了 20 年后，价值归零。而购物中心绝大部分土地的价值是会逐年递增的——这也是购物中心作为地产投资的盈利模式的关键所在——既要获取租金收入以补偿借贷成本或自有资本收益，还要获得资产增值。而且，地产作为资本密集型的投资性质决定了其在资本运动的过程中，不变资本创造价值的比例要远高于可变资本创造价值的比例。

在这个例子中，不变资本的利润贡献率为 22%，可变资本的贡献率为 11%，合计利润率为 33%（见表 5-6 第 4 行）。但是正如马克思所揭示的，如果离开了人的劳动的介入，任何剩余价值和资本增值都是空谈。购物中心正是由于密集的资本和较小的弹性所创造的稳定的租金收入撬动合理的资金杠杆，获得长期的资本增值（不同于劳动密集型的那种以可变资本占主导的资本盈利模式）。

20 年购物中心资本运动说明　　　　表 5-6

	不变资本（c）	可变资本（v）	利润（m）	剩余价值率	利润率	总计
20 年资本投入（亿元）	10	5				15
年均价值构成（亿元）	0.50	0.25	0.25	100%	33%	
20 年静态累积（亿元）	10	0	5			15
年均利润贡献率	22%	11%				33%
第 20 年资本价值（亿元）	10+5*	0	5			20
*说明	按 20 年的年均 CPI 2% 推算，其余数据均采用静态分析，不计利息和税负等					

5.4.3　以马克思的地租理论对案例的深入分析

马克思在资本论中以一个资本家用 4 000 镑购买土地，每年可以为他自己提供 200 镑地租的案例非常清楚地诠释了这个道理。马克思说："这就相当于这个资本家从这 4 000 镑得到每年的平均利息 5%，和他假设用这 4 000 镑这个资本投资在有息证券上按 5% 的利率直接借出去时得到的收入完全一样。实际上，这就相当于一个 4 000 镑的资本按 5% 的利润率在增值。20 年内他就能够用他的地租收入，对这一土地的购买价格进行补偿。"马克思提到，在英国是按年收益的若干倍来计算土地的购买价格，这只不过是地租资本化的另一个表现，这就是现在资本化率概念中对应的收益乘数。在这个案例中，4 000 镑就是相当于年收益 20 倍的增值，但这并不是本来意义上的土地购买价格，而是土地所提供地租的购买价格（就像评估一个购物中心的价值不是看土地和建安成本，就是看租金收益的资本化率或收益乘数是基于同样的逻辑）。

马克思又谈到，在这个案例中，假定地租是一个不变量，那么土地价格的涨落就同利息率的涨落成反比。如果普通利息率由 5% 下降到 4%，那么这个 200 镑的年地租就不再代表 4 000 镑的资本的年增值额，而是代表 5 000 镑的资本的年增值额。这块土地的价格因此就会从 4 000 镑变成 5 000 镑，或者从年收益的 20 倍上涨到 25 倍。这和地租本身的运动没有关系，而是由利息率决定的土地价格的变动。由于在社会发展的进程中，利润率会有下降的趋势，而且从利息率由利润率决定这一角度来说，利息率也会下降。另外，由于借贷资本的不断增大，也会引起利息率的下降。由此得出结论，土地价格会有不断上涨的趋势，这和我们所看到和理解的市场的情况非常一致，而且通货膨胀通常也会压缩实际的利率。

至此，可以用通胀率和实际利率进一步分析上述购物中心例子。在这 20 年中，假设平均的年通胀为 2%，则 20 年后 10 亿元的购物中心（包括土地）的价值变为 15 亿元。购物中心的开发和营运企业的总资本变为 20 亿元（15 亿元购物中心连土地的资产 +5 亿元货币）（见表 5-6 最后一行）。

用上述马克思资本生产和循环的基本逻辑看一下国内行业目前比较热衷的"轻资产"的情况，所谓"轻资产"是指不变成本的投资为零（但是轻资产被服务的对象仍然是要投入 10 亿元的）。仍然以同一案例分析，"轻资产"项目的服务方提供可变资本的劳动服务，工资和工资以外的总的报酬由资本方支付。这样 20 年后，总的资本变动情况如表 5-7 所示。

"轻资产"项目第 20 年的资本分布情况　　　　表 5-7

（单位：亿元）

	购物中心价值	购物中心增值	货币资本积累	总价值
投资人	10	5	0.5	15.5
服务方	0	0	4.5*	4.5
*说明	按年租金扣除可变成本后的剩余三七分成后 20 年的累积：(1.00−0.25)×30%×20=4.5			

表5-7是以表5-6的案例分析为基础，对"轻资产"项目的投资人和受托方（服务方）到20年的时候的分布情况的说明。其中，"轻资产"项目的投资人获得了购物中心和货币资本的总额共计15.5亿元。"轻资产"项目受托人按净营运收入的三七分成获得了4.5亿元的货币资本（含部分工资支出）。在"轻资产"的合作模式中，真正的受益方是（重资产）的投资人，他通过整合人力资源、土地资源和货币资源的资本获得了高效的回报。而受托方以同样的劳动付出为他人创造了本该完全应该由自己获得，至少比现在要高出4～5倍的价值（表5-7）。

从机会成本和经济利润（不仅是会计利润）的角度考量，就好像一个具备能力的经理人放弃了20万元的年薪而选择了4.5万元固定报酬的工作。所以，轻资产服务的提供方对资源的这种使用方法，放弃了本该可以获得至少4～5倍的更高盈利的机会。也好像一个住宅开发商降格为劳务输出商，不能分享为别人建造公寓的任何增值收益，只能分得一小部分租金形式的当期工资的补偿。完全把自身具有的全产业链的专业积累和优势降格为在资本运动链下游的一个中介代理。这也许是受托人的无奈，或者也可以说是一种权宜之计。这就是对"轻资产业务"本质的解剖。

购物中心作为商业地产的资本增值的模式就是依靠长期稳定的收益并借力适当地杠杆创造和提升价值。文中所举的例子是根据市场的一般和静态的情况作的简单分析，关键是为了说明购物中心业务的资本运动和增值规律。这里没有谈及如果一个业绩出色的购物中心可以带来的额外收入和超额利润，从而具备更好的资本化的能力；也没有考虑在市场过剩的情况下购物中心连基本收益都不能确保的情况，因为在后面这种情况下，再多的分析已经失去意义。

如果搞懂了本书按照马克思资本论的逻辑分析，很多热衷于轻资产的开发商也许会恍然大悟。但是为什么会产生这样的问题？关键是国内不少房地产商不了解购物中心的真谛和商业地产资本的运动规律。行业普遍缺乏购物中心的资产价值意识，也有目前国内市场商业地产融资困难和运营水平参差不齐的现实。另外，我们对于劳动创造价值这个马克思早就揭示的经典理论真正理解到了什么程度？特别是对于各类不同资本的结合和运动的规律。

结论：购物中心的"轻资产"运营方式背离了资本运动和价值积累的基本规律，忽视了商业地产以创造资产价值和资产增值的终极目标，为较小的会计利润而失去了巨大的经济利润。

总结

本章节阐述了商业地产的价值构成和估值方法,然后针对国内市场情况对收益法的资本化率作了较大篇幅的介绍和阐述,包括定义的内涵、外延、意义以及应用等。在此基础上,根据国际商业地产的领导企业的前沿理念和先进实践,对资产管理的概念和西田集团的资产管理的四个概念作了详细的介绍。最后结合马克思在《资本论》中对资本运动规律的论述对国内热衷的"轻资产"现象的本质作了剖析。

国内行业对资产管理从概念到过程都存在较多的误解和混淆。第一是对购物中心资产管理与企业的资产托管或金融类资产炒作混为一谈;第二是把开发过程和资产管理过程分离,以为开发部门将购物中心造好交付后才是资产管理的开始;第三是把商业管理和资产管理分离,大谈商业地产因为从增量进入存量年代,所以要从商业管理上升到资产管理的水平等。如此种种都是对资产管理概念和过程的不了解。所以,通过本章节的阐述,结合国际成熟市场多年发展的科学总结和最佳实践,针对国内市场的缺失和痛点,对资产管理的理念作了科学和综合的阐述。

第6章

以网络思维开启
商业地产企业决策新思路

本书3.5节在对网络思维和规模法则初步介绍的基础上,面对VUCA时代商业和管理的四大挑战,以网络思维的原理对我们生活的非线性世界作了深入浅出的叙述。通过无尺度网络和幂次法则的内在联系、克莱伯定律和我们为什么会停止生长,探寻复杂系统包括复杂生命系统和复杂社会系统等一切网络属性的事物所遵循的共同和相似的规律,为应对不确定的未来的决策提供全新思维。最后,通过城市规模缩放的法则介绍人类互动、社会发展、科技进步和城市更新的内在机理,揭示西田集团在21世纪的成功战略转变的背后的深层原因。

6.1 不确定的 VUCA 时代与商业和管理的四大挑战

决策是作出决定和选择。决策是有限理性的人面对不确定的未来需要作出的抉择。决策需要信息充分，决策需要知识背景，决策要求决策者是在理性条件下作出抉择，而决策的最大挑战是要面对不确定的未来。而商业和管理的四大挑战就是：第一，信息的不对称；第二，知识的无形化；第三，人类的有限理性；第四，未来的不确定性。这四个问题既相互独立又互相关联。本节将分别阐述。

6.1.1 世界就应该是信息不对称的

首先，我们需要纠正的是对信息不对称的误解。信息的不对称来自分工，分工就产生了不对称的信息和知识，所以信息就应该是不对称的。就分工而言，这种不对称是要鼓励的，因为越是不对称就越有利于分工，就会产生越专业化的信息和知识，从而导致效率和经济水准的提高。专业化的不对称信息是不需要被强制对称的。如果所有信息都具备，那就只是计算的问题，也就不需要决策了。因此，掌握该掌握的信息，也得接受每个人掌握的信息是有限的这个事实。

对于主观的知识与客观的信息，哈耶克在《知识和信息在社会中的作用》中说，知识和信息分散在每个人的大脑中。一个人再聪明，也掌握不了全部的知识，处理不了全部的数据，这就是信息不对称。我们生活在一个信息爆炸的年代，但信息不是越多越好，这里还需要纠正人们对于大数据概念的一个误解。博弈论说明了当博弈方超过 3 个时，更多的信息并不能导致任何一方作出更优的决策。太多的信息只会增加数据收集和分析的成本，形成信息噪点并分散和干扰了你的注意力。

创新是不对称信息的碰撞结果。创新对于未知部分信息的意义重大。人类需要不断努力的就是未知部分，因为那是一个未知的世界，也是创新的源泉。只有之前不被任何人了解的部分才能称得上创新。那么，既然无人知晓，又如何撬动并产生突破呢？这就需要各方在各个界面的充分沟通，保证信息的流通。生活中，每个人都有这样的经历，谈话间突然灵感涌现。所以，如果不能保证信息的充分流动、碰撞以及自由的表达，一个企业乃至国家的创新能力就会受到极大的限制。

6.1.2 越无形的知识越有价值

知识的无形化作为一种隐形的知识，往往代表着许多经济和商业行为的组织中最关键和最具价值的部分。通常来讲，越有价值的知识越是无形化的。体育比赛中，我们常说运动员的状态如何，打篮球时的运动员的手感，但如何具体描述或说清状态和手感，很难。这是一种说不清道不明、却可以感觉到的东西。专业化积累的具有价值的知识，具有无形化的特点，很多传统手工艺就非常具有这个特点。

生活中，一个人具有洞察力（insight），也是一种说不清道不明、但可以感觉到的东西。高尔夫天才老虎伍兹肯定避免不了与人分享他的挥杆技巧，但一来他可能无法描述这些挥杆的细节，二来很多细节和环节他或许做到了，但他自己也没有意识到，或者意识到也说不清楚。所以，即使你按照他的描述去做，也永远击打不出他能够击出的好球。

PayPal的创始人彼得·蒂尔是畅销书《从0到1》的作者和一位成功的基金投资人，他从不投资商业模式非常清晰的公司。彼得认为，最好的公司应该是暂时找不到词语描述其行业和商业模式的。因为如果是能够被说清楚的模式，也容易被模仿，因而不属于知识无形化，所以没有投资价值。

我们人生的择偶也是一样，相对来说，长相、学历、身高、收入等都是有形化的东西，但是决定择偶成功和婚姻幸福的往往是那些无形化的内容，诸如道德、品格、使命、愿景和价值观等。对于购物中心来说，土地和建筑也是有形化的价值，而营运管理则是无形化价值的体现。

无形化的东西存在人的大脑里和思想中，无形化的知识对于组织形式的敏感度很高。如何让无形化的知识创造收益和让无形化知识的拥有者得到回报，就是商业模式的核心问题。如果将无形化的知识和商业模式结合在一起来看，无形化的知识都比较难以定价，商业模式就需要体现对无形化资产的保护和体现。人为机械的管理方法往往会破坏一直在发挥关键作用的无形化的知识的作用。

我们要习惯和无形化共存，接受一些说不清和道不明的事理的存在，以避免"过犹不及"，即把事情做过了头，其效果和做得不够是一样的。所谓"水至清则无鱼"的道理也在于此。

6.1.3 正常人都是有限理性的

上文谈到的信息的不对称和知识的无形化都是属于客观的限制，而人的有限理性则是属于主观的限制。我们人类几乎不可能做到完全理性，完全理性要求信息完备、知识有形，但是现实世界中这两个条件很难得到满足。

"完全理性"思维隐含的是追求结果的唯一性，就是相信最优解并追求最优解。但是，在现实世界中，如果条件相同结果就一定相同的话，世界就太简单了，决策也失去了意义。我们每个人都会对相同信息做出不一样的反应，同样的事情换一个说法效果会完全不同。"有限理性"思维是人们面对人类不可能做到完全理性和对于"完全理性假设"的不足的思考、补充和修正的努力。"有限理性"是让人们的最优决策不再具有唯一性的原因，也就是人们对同样条件会有不同反应的现象。

亚当·斯密在《国富论》中谈到"理性经济人"的概念，他认为每个人都在力图应用他的资本来使其生产的产品得到最大的价值，他们并不企图增进公共福利，也不知道所增进的公共福利是多少，他们所追求的仅是个人的安乐和利益。

"完全理性"的方法论假定一切信息都具备，行为人非常清楚哪些信息对自己重要、哪些有利，他们的选择结果具有唯一性。行为人具有完备的计算能力和推理能力，可以像计算机一样迅速进行海量数据的计算，同时也不存在感性因素对决策的人为干扰。然而，在运用这个理念决策的时候，这些条件实际都很难具备，所以，以赫伯特·西蒙（Herbert·Simon）为代表的学者提出了"有限理性"的概念。他们从信息不完善、信息处理成本太高和一些非传统的决策目标函数三个方面对"有限理性"提出了挑战。关键是近年来学者普遍认为这三个批评都没有抓住"有限理性"的本质。

行为经济学的到来把人们对有限理性的研究和讨论提高到了一个新的高度。丹尼尔·卡尼曼（Daniel Kahneman）是迄今为止唯一获得诺贝尔经济学奖的心理学家，也是行为经济学的奠基人。他获得诺贝尔奖在于他"把心理研究的成果与经济学融合到一起，特别是在有关不确定状态下人们如何作出判断和决策方面的研究"。

卡尼曼的理论对"理性人"的假设作出了否定。在卡尼曼前景理论的相关实验中，信息是完全的，而且对于信息的分析的计算对于有一定数学基础的人也是简单的，但恰恰就在作出判断并根据判断采取行动时，人的心理因素起到了决定性的作用。这样就是为什么人会对同样的信息作出不同的反应，说明了"理性人"的概念需要修正，需要加入心理学的内容，而这是不难察觉到的。

当医生告诉病人，一种疗法有 90% 的成活率的时候，大多数病人会选择接受这个治疗方案；但是如果这个医生告诉病人有 10% 的人死了，则人们会趋向拒绝这个疗法。同样的事实和同样的客观存在，人们会对基于同样的客观事实的不同表述作出不同反应。但这些反应又都是经过思考的，人们在选择时还是以自己的利益最大化为出发点，所以不是不理性，是有限理性。行为经济学和博弈论都告诉我们，在既定条件下，答案却不一定是稳定和唯一的，这就是卡曼尼所揭示的有限理性的本质。

另一个限制人类不可能做到完全理性的认知就是，人类天生的线性思维的习惯。人类的大脑对于三维以上空间的思维受到极大的限制。我们从小到大所受的教育都是在信息公开，知识有型和人类完全理性的假设条件下，在一个封闭和静止的系统里寻找最优解，习惯于两个变量之间"成正比"的整数倍的增长。而对于客观世界所有事物的发展，其实是基于对过去积累的"非整数倍"增长的变化（幂次增长）缺乏想象和认识。其实线性思维只是在现实世界中所有的从无穷大的负数到无穷大的正数之间的一个幂指数等于1的极端特例，而这个线性思维却在很大程度上影响并主宰了我们对世界认识和决策的全部。

6.1.4 未来都是不确定性的

不确定性是不知道什么事情会发生。世界充满了不确定性，这本身没有争议，但是对于如何定义不确定性和对不确定性的处理，以及不确定性对人类的互动行为以及价值观的影响，则充满了争议。索罗斯说："不确定性是人类事物的关键性特征。"然而在所有有关经济和决策的话题中，不确定性大概是最被低估和误解的概念。

首先，不确定性不是风险，这是两个不同的概念，但很多人会把不确定性和风险混淆。风险通常是用概率来描述一个事件的多种可能性，主要针对过去的重复性事件再发生的可能，可以用概率计算；而不确定性是描述未来不可知的事件，没有概率可以计算。大约100多年前，富兰克·奈特就提出了这个观点，认为风险和不确定性是不同的。风险是知道会发生的事件以及事件发生的可能性，而不确定性不知道会发生什么，更不知道发生的概率。奈特提出的"不确定性"因为无法计算概率而没有融入主流经济学的模型构建，今天的新冠肺炎疫情正在叫醒人类，不确定性的讨论又回到了话题的中心。

世界的不确定性不会因为我们的管理而改变。风险管理是依据过去发生事件的统计对未来作出判断。严格讲，如果是具有概率规律的重复事件，保险市场就可以解决。保险就是基于概率的一个行业。

对于不确定性，大多数时候我们的处理方式是给一个未来可能事件发生或不发生的百分比，其实只是代表了决策者们自己对于未来可能性的主观判断，可是主观判断甚至连概率都算不上。

对于明天的股票市场的走势，比如25%的可能上涨，75%的可能下跌，无论这个判断是谁作出的，巴菲特也好，李嘉诚也罢，都只是代表他们个人的判断，并不等于明天股票市场的真实走势。明天的股票市场的走势一定是不确定的。

传统的随机网络理论把复杂性和随机性等同看待，而复杂系统理论的网络思维对复杂的重新定义就是不确定性。因为构成所有复杂系统无论是生命系统还是社会系统都具有网络结构，而无尺度网络节点无限开放的特征决定了所有具有网络属性的事物都是不确定的。例如，飞机和火箭的制造虽然庞大复杂，但都不属于复杂系统，而是人工系统。因为对于专业人员来说，飞机和火箭的系统是封闭可控和可确定的。巴萨俱乐部以卓越传控能力称霸足坛，其传球成功率在90%以上，你肯定会认为巴萨是一支优秀的足球队。但是，如果今晚的你从深圳飞回上海的飞机下降时起落架成功放下的可能性是90%时，你还敢坐这架飞机吗？——这就是开放性的复杂系统与封闭性的人造系统的区别，也就是不确定性和确定性的区别。

飞机和火箭这样的人工系统因为是闭合的非扩张系统，所以都不是真正意义上的复杂系统。我们都在谈论人工智能是否会在未来打败人类，包括对人机大战的反思——其实棋盘外（开放的系统）的世界才是考验你决策的现实世界。对于火箭发射或航空旅行，你都可以购买保险，因为有概率可以计算。而如果成立创业公司，因为未来是不确定的，所以没有人会为你提供保险。

在这里，我们要认清一个现实，即无论是过去的统计，还是主观的判断，都没有改变市场的不确定性。接受世界是不确定性的还是确定性的，对人的行为影响很大。如果你认为世界是确定的，你就会自然而然地采用计算并按照一个确定性的结果去求最优结果。而对于不确定性的条件，你将算无可算。那种对未来事件强加一个百分比的概率其实就是赋予了未来一种确定性。这是一种对未来的控制行为和过度的自信，是一种算计。而只有当人们承认未来是不确定时，就会有敬畏之心，就会关注规则，关注道德、公平和正义。

美国人为什么选那些手按圣经宣誓的人当国家领袖？因为这些人的宗教信仰存在来世，来世就是未来。但人类又从没有人活着看到未来，所以来世本身就具有很大的不确定性。因为这种不确定性的存在，人在现世的行为就会有所收敛和顾忌。这大概就是宗教对于人类的价值所在了。

未来的不确定性是绝对的，所有真正的决策都是面对不确定性的决策。从这种意义上讲，一家企业的CEO就是被请来负责不确定性管理的，而这家企业的CFO和COO等都是负责确定性管理的。总的来说，如果确实是确定性管理，类似网络的营运，可以从绩效考核、流程再造、精益生产等方式提高效益为目标。如果是不确定性很强的决策，类似布局和做局即创建网络，诸如风险投资、新产品开发、创业公司等，这时重要的是要找出一个适合的模式，注重那些无形化的知识和价值的保护，不是简单强调效益，而是更加关注未来。

综上所述，商业和管理的四大挑战既单独存在又相互作用，从而使我们的世界面对更多的挑战，其中不确定性是最大的挑战。复杂系统理论的网络思维对复杂的重新定义是不确定性。英文VUCA的定义也是说我们处在"易变、不确定、复杂和模糊"的时代，而不确定是VUCA的最突出特征，构成了VUCA时代的主旋律。复杂系统的网络思维对于应对 VUCA 时代的不确定的挑战可以极大限度地开拓视野,成为商业、科学和生活的全新思维。

6.2 无尺度网络与非线性世界的幂次法则

6.2.1 幂次法则和我们生活的非线性世界

我们都生活在一个非线性的世界里,但是,一般的生活经验和思维方式却都是线性的。人类思维的一个最大挑战就是线性思维和对于指数形象理解的限制,尽管幂函数是我们中学时代就学习过的内容。幂次方无时无刻不在主宰着我们的生活和事业的各个方面。

我们可以从一个人开始练习举重的简单例子讲起。在开始的时候,他只能非常吃力地举起很轻的重量。但是,随着坚持练习,他逐渐能够举起比开始时重得多的重量。经过一段时间锻炼后,他发现自己进步显著,然后继续坚持练习,但这时他会发现自己的进步速度放缓了。如果说开始几天或几个星期的练习可以使他突飞猛进,或者每次都可以使力量增强 10%,现在即使再练上数月,要增加 1% 的力量都很困难。他甚至发现他还会因为过度锻炼而受伤,能够举起的重量也很难再增加了。

现在,我们可以把这个令人沮丧的举重练习改为跑步。类似的事情又发生了。在开始练习跑步时,他感觉非常困难,但随着时间的推移,尤其是在开始的几周里,他跑步的耐力迅速增加,但是等达到一定水平后,尽管他继续投入练习,但进步(或收益)的递减开始显现。

无论举重还是跑步,都是幂律在起主导作用。幂次法则就是说在系统的两个变量之间,一个变量的变化会导致另一个变量更大或更小的变化。或者,用我们习惯的线性思维的说法,就是这两个变量不成"正比"了。在举重和跑步的例子中,开始的时候,较少的时间投入和练习都会带来较大的进步和改善(举起的重量和跑步的耐力)。幂次法则的意义就是所有事物的发展都是幂次量变的结果,幂次量变是指对于过去投入积累的"非整数倍"的增量。对于举重和跑步的开始阶段,这种进步和收获是超线性的(收获和投入之比大于 1)。但是,随着时间的推移,这种进步和收获就变成亚线性的了(收获与投入之比小于 1)。

让我们尝试用简单的数学分析上面跑步的例子。千万不要对数学公式感到害怕,让我们一起回忆或复习一下中学时代的幂函数。理解幂次法则背后的道理及其广泛应用的巨大收获是非常值得投入一点时间的——用一点的学习时间投入获得巨大认知提升——这本身就是幂次法则威力的显现（英文叫 Power Law，直译为威力法则，也是幂次法则得名的原因）。

首先，幂次法则的公式如下：

$$Y = MX^B \tag{6-1}$$

其中每一个字母都代表一个数字：

Y 是函数（是要求的结果）；

X 是变量（是可以控制和改变的事物）；

B 是幂指数（代表系统缩放的秩序或状态的数值）；

M 是常数（一个不变的量）。

若 $M=1$，则式（6-1）变为：$Y=X^B$，这就是一个标准意义上的幂函数。这时如果 $B=2$，则等式变为：

$$Y = X^2 \text{（}Y\text{等于}X\text{的平方）} \tag{6-2}$$

这时，如果 $X=1$，则 $Y=1$；$X=2$，则 $Y=4$；$X=3$，则 $Y=9$，依此类推。X 的一点小的变化可以导致 Y 的很大的变化（B 大于 1 的是超线性幂次变化的例子）。

当 $B=1$ 时，这就是我们非常熟悉的线性关系了，这时，X 等于几，Y 就等于几。比如，你要做双倍的蛋糕，就要准备双倍的面粉和调料。你要开车去两倍远的路途，就要用两倍长的时间。线性关系就是成正比的关系，X 扩大数倍，Y 扩大相同的倍数。这个非常简单和直观，也是我们从小到大所受教育形成的思维习惯（也是我们现在学习复杂系统理论和网络思维要努力突破的思维束缚）。

而不等于 1 的非线性的关系，尤其是所有小于 1 的亚线性关系就更多也更复杂了。所有 B 不等于 1 也不等于 0 的情况都是非线性的关系。现在可以用跑步的例子，通过这个数学公式分析其中的原委。就以相对简单和直观跑步为例，随着这位跑者继续不停地练习跑步，我们可以发现一些不利的限制性因素产生了。根据公式：

$$Y = MX^B \tag{6-3}$$

我们假定在式（6-3）中：Y 是跑步者在筋疲力尽之前可以跑出的最大距离叫耐久距离，也正是需要计算的函数；M 为常数，代表跑者的跑步能力，这是由跑者的天赋和他们训练历史的综合表现决定的。可以想象，跑步运动员的 M 值很高；而一般人的 M 值很低；最后一项就是 X^B：变量 X 是可以控制的训练里程，B 通常都是 0 到 1 之间的一个幂次方数值（B 不等于 0 也不等于 1），那么 X 和 Y 之间的关系，即训练里程和耐久距离的关系就建立了。这是一个非线性的比例关系，可以通过输入一些数字观测效果。

为简单期间，令 M 等于 1，并假设 $B=0.5$（一个通常的近似值），这时，如果 $X=4$，那么 $Y=2$，即跑者的 4km 的锻炼里程可以使他一次跑出 2km 的耐久距离。

如果把 X 增加到 16，即增加和扩大锻炼里程 4 倍，Y 增加到 4，即跑者为了增加一倍的耐久距离需要付出 4 倍的努力。

为清楚说明，本书特绘制图 6-1 说明。横坐标为锻炼里程从 1km 到 10km 的标度，纵坐标为耐久里程的累积（蓝色）和耐久里程随锻炼里程扩大的增量（绿色）。

图 6-1 跑步者锻炼里程和耐久里程的亚线性增长图

从图 6-1 可见，耐久里程随着锻炼里程的增加呈亚线性的增长，即小于 1 的非整数倍的幂次增长。而且随着锻炼里程的增加，耐久里程的增加是逐步递减的。比如 1km 的锻炼可以增加 1km 的耐久，而 2km 的锻炼只能增加 0.41km 到 1.41km，3km 的锻炼增加 0.32km 到 1.73km，而 4km 的锻炼仅能增加 0.27km 到 2km，而这时锻炼的投入正好是 4km……依此类推，到 16km 只能增加耐久距离到 4km（图 6-1 中没能显示）。即相对于 4km 的锻炼获得 2km 的耐久力，为了再提高耐久力 1 倍，需要将锻炼扩大 4 倍。

跑者还可以凭其坚强的意志和毅力继续加大锻炼里程，比如再把训练里程从 16km

增加到64km（假设他能坚持下来），但是他这时已经几乎不再可能使耐久距离再增加一倍到8km了。就是说，式（6-3）不成立了？答案是肯定的。因为，随着X变量的不断增加，B指数会下降，这就要求我们在过去在中学学习幂函数的基础上有所突破，这就是复杂系统理论的网络思维所要关注的系统的状态变量。

设想，当B指数从0.5变成0.4时，可见由于幂指数的降低，跑者的耐久距离仅为5.3km。相对于64km的4倍巨大付出换来的仅是1.3km耐久距离的增加，收益递减显著，非常得不偿失。可以从理论上继续推算，如果面对B指数是0.4的情况，为了增加耐久距离从4km到8km，他必须在先前16km锻炼里程的基础上再提高10倍（$160^{0.4}=8$），而且这时B指数还会继续下降。最终，训练里程与耐久距离之比将接近无穷大。显然，这在现实世界是不可能发生的。由此可见指数的微小变化在规模放大后对整个系统状态的影响。

甚至还可以继续看一下当B指数变为负数的情况？如果$B=-0.5$并且依然$X=4$，则$Y=0.5$，4km的训练路程只获得了0.5km的耐久距离，这时如果X扩大到16，Y缩小到0.5。就是说更多的锻炼换来了更少的耐久距离。这很像一些人锻炼得过量过急，造成了伤病的积累使训练效果适得其反。

在负指数的情况下，变量X增加越多，函数Y减少越多。这种关系被称为反比例函数。例如，$B=-2$被称为平方反比定律，是物理学中的自由落地重力加速度的一个重要公式（$g=9.8m/s^2$）。

任何从单个点辐射出来的力量——包括热量、光照、磁场和电波——都遵循平方反比定律。站在离火1m远的地方，人们所感受到的热量是离火2m远的地方的4倍，是离火3m远的地方的9倍，依此类推。

图6-1中的蓝色曲线代表了耐久历程累积的增加，而绿色部分则代表每一单位锻炼里程的增加所带来的实际的耐久里程的增幅，很显然这个增幅是随着锻炼里程的扩大而逐步递减的，清楚地显示了幂次法则对于过去积累的非整数倍的增量，这就是我们熟悉的"二八定律"（图6-2）（"二八定律"的本质就是强调幂次方而不是底数，而线性思维只关注底数并假设幂次方恒等于1）。所有复杂系统包括生命系统和社会系统都具有网络属性，因为都服从"二八分布"的幂次法则。系统单体的"二八分布"决定了系统整体的亚线性增长。

根据图6-2，现在可以一起解释举重或跑步，在锻炼开始阶段都会有一段快速进步的成长期，如图中绿色部分所显示的。但是随着时间的推移和练习的积累（举重次数和锻炼里程）的不断增加，也就是随规模的不断扩大（这里规模可以理解为次数、里程和时间投入等），进步的收益逐渐呈现递减状态，如图中的黄色部分。这种类似跑步

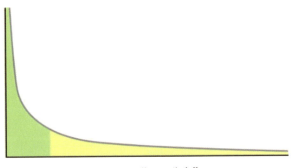

图 6-2 "二八分布"

练习的随规模扩大到一定程度后,收益递减的分析,大家在生活中一定还可以有许多类似的经历和体会。比如要想获得 60～70 分考试及格的成绩,那么你只要平时认真上课,按时提交作业就可以轻松达到;但是若要考出 80～90 分的好成绩,则要付出双倍乃至三倍的时间和努力,包括大量阅读参考书籍和做大量的练习题等,总之,绝不是为了 60 分仅付出 60 分的努力,或为了 90 分只要付出 90 分的努力的线性增加的事情。

所有事物的发展几乎都是非线性的幂次变量的积累,关键是所有事物和幂次量变,事物的发展都是在不断积累量变,这就是无处不在的幂次法则所揭示的世界运作的底层规律,就是我们生活的非线性的世界。量变到质变的积累不断促进人类社会的创新和进步,但也会造成癌变、熵增和企业消亡等不好的结果。而线性的"成正比"的积累不会发生质变。除了举重和跑步的例子外,身体的运行机制,包括伤口愈合、体力和脑力的消耗和恢复也都是非线性变化的过程。甚至,衰老也是一个非线性变化的过程,我们不是慢慢变老、不是每天都以相同的速度变老,而是在生命的最后一段时间突然非线性地变老。

如果这个非线性的变化发生在大脑里,就会让神经网络快速形成结构化与抽象化的知识和认知——这就是学习。

如果这个非线性的变化发生在大脑外,就会让现实世界快速按照我们的期望和想象,发生迭代和改进——这就是创造。

试想,如果人类的学习和创造过程,是一个线性的过程,那就可能永远也无法获得,学习能力和创造能力的质变增长,也就没有今天的人类文明。

非线性的例子举不胜举,癌症就是突变积累产生细胞质变;顿悟就是信息积累产生思维质变;发明就是技术积累产生知识质变。诸如病毒传播、牙齿矫正、产品迭代、经济、战争、宗教、天气等,都是幂次量变积累到指数质变的过程。

我们还会发现,从受精卵到胚胎,细胞的分裂过程(1、2、4、8……)都是一个非线性变化的过程。

最后，生命的进化、人类的诞生、文明的演进、公司的成长，统统都不是线性的。而无论幂次变化还是指数变化都是非线性变化，非线性变化就是世界普遍存在的最突出的特征。

而促进事物不断从量变到质变，并不断重复新的量变到质变的过程就是循环。这种循环模式，在宏观层面是让质变之后循环下一次质变，在微观层面是不断增强量变的积累，加速质变的过程。幂次法则中的复利计算就是一个典型的循环积累。我们经常听到的所谓"马太效应、赢家通吃、偏好依附、莫非定律、摩尔定律"本质上都是这种非线性的循环增强。西田集团董事长弗兰克·洛伊在解释成功时，以登山作为比喻，他说当你以为你登上了山顶就说："我到了，我成功了"，其实这种事情是不存在的，因为前面一定会有一个更高的山峰向你召唤。弗兰克以60多年带领西田集团披荆斩棘、乘风破浪的亲身经历和成功实践生动地诠释了循环和商业地产的周期概念。

至此，我们用日常的生活事例、简单的数学公式和图示，揭示了我们所生活的非线性世界以及控制这个世界运作底层规律的幂次法则。对于具体实例的计算不尽精确，但是追求大问题的模糊正确要比追求小问题的完美精确重要得多，这正是网络思维和幂次法则关注的要点，关注度而不是节点，关注质量而不是数量，关注状态而不是规模。我们也进一步通过构成世界事物的网络属性，说明了为什么世界是非线性的原因，以及所有事物不断通过非线性变量的积累，不断重复从量变到质变的过程。

6.2.2 无尺度网络与幂次法则的内在联系

复杂系统理论的网络思维认为，幂次法则就是主宰所有生命体、城市、经济和公司的成长、创新、可持续以及生命节奏的普适法则，而无尺度网络作为所有具有网络属性的事物的单体随规模扩大呈现的"二八递减"的规律，揭示了事物的总体不再是构成事物的各个部分的简单叠加，无尺度网络的没有特征代表值的特点也告诉我们，平均值和中位数都不再有意义。构成大厦的特征不再与他们的砖瓦有关，总体不再是个体的简单加总，窥一斑也不能再见全豹。

本书在3.5.1介绍网络思维的开始就用无尺度网络的"二八分布"介绍了上海购物中心的销售额分布情况。现在，我们用2019年国内的9个恒隆广场的租金收入可以让大家更清楚地了解其中的关系（图6-3）。

从图6-3可见，蓝色的9根柱代表国内9个恒隆广场的租金收入分布，排名第一和第二的为上海的两个恒隆广场，收入合计25.49亿元，占恒隆广场当年总租金收入40.03亿元的约70%，呈现非常典型的"二八分布"。"二八分布"的幂次函数通常都是幂指数小于零的某个负值的反比例函数，而图中绿色柱则是恒隆广场各个项目的租金收入的依次累加。最后一列就是 9 个恒隆广场的总的租金收入累加的 40.03 亿元。如果将这 9 根绿色柱的顶点相连，则正好就是一条幂指数大于零小于 1（亚线性）的正幂曲线。

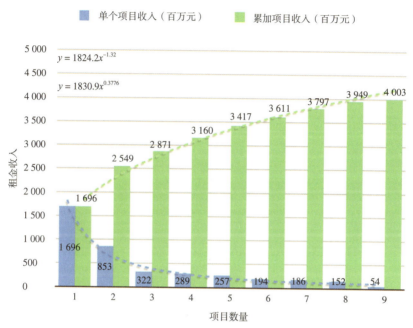

图 6-3　2019 年国内 9 个恒隆广场的租金收入

资料来源：根据 2020 年恒隆集团的年报数据绘制

通过恒隆广场案例的分析，我们得知一个事物或一个网络的个体属性按负的幂指数的反比例函数分布，而他们的总体累加则是按大于零和小于 1 的正幂函数分布，这是幂次法则分析事物的一个普适原则（上节中的跑步计算的例子也是一样）。另外，从恒隆广场的单体和总体的租金收入分布，我们得知总体不是单体的简单叠加。如果尝试按照通常线性思维的逻辑找出这 9 个项目的平均值 4.4 亿元，则在这 9 个项目中没有一个项目等于或接近平均值的。这就是为什么网络思维认为尝试用平均值去分析事物已经没有意义。

由此引入复杂系统理论的又一个重要概念，即涌现行为。复杂系统的普遍特点是整体大于其组成部分的简单线性总和，而且整体通常也与其他组成部分存在很大不同。一个典型的复杂系统是由无数个体成分或因子组成的，他们聚集在一起会呈现出集体特征，这种集体特征通常不会体现在个体的特性中，也无法轻易地从个体的特性中预测。整体的系统行为被称为涌现行为，即一个系统所表现出来的特性与它的组成个体的简单相加所表现出来的特性存在很大的不同。

另外从网络结构来解释，如果一个网络的链接数超过一个临界值，并且链接的间隔（强弱）达到某种程度，网络将发生涌现。20世纪后期对网络和幂律研究的最新理论进展就是出现在涌现、混沌、分形和相变等领域中，从而将网络思维置于认知和理解复杂系统的前沿。我们熟知的水变冰和水变气的现象都是涌现、混沌和相变的典型例子。气体的分子在空荡的空间飞行着，两个分子之间距离较远，只有在彼此碰到时才会注意到对方的存在；而晶体的分子则是手拉手紧密地结合在一起，构成完美的晶格。液体则是在这两个极端状态之间形成一种微妙的平衡，让水分子保持在一起的吸引力不足以迫使它们形成严格的秩序，处在有序和混沌之间。而当温度达到0℃时，严格的链接全部形成，在神秘力量的作用下，水变成冰。反之，当温度达到100℃时，链接进一步松散，水变成了气。

涌现表现的一个最直接的例子就是语言表达中整体与局部的关系——即句子整体的含义，要比局部的每个单词之和更为丰富多变，而只有理解了每个单词的意思，才能理解整句话的含义，甚至领会更为深刻的内涵。这里一个句子的整体信息就会大于每个单词的信息之和。再则，你不是组成你肌体的细胞那么简单，你所认为的你自己（意识、个性、特征）是你大脑中的神经元和突触多次发生作用的集合表现。一座城市不仅仅是所有建筑、道路和人的集合体，一家公司远不是其雇员和产品的集合体，一个生态系统也远大于居住在其中的植物和动物的总和。一座城市或一家公司的经济产出、文化创意、繁荣昌盛都根植于其居民、员工、基础设施、环境的多重反馈机制的非线性特质。

我们要警惕幼稚地将系统分拆为相互独立的组成部分去尝试理解复杂系统，然而人类的直觉和线性思维会让我们习惯性地以点带面，以局部观察整体，从而造成了我们对事物理解的巨大偏差。这样就能更好地理解为什么局部不能代替整体和窥一斑也不再能见全豹的道理。

最后，通过恒隆的例子我们可以看到，正是因为恒隆广场九个项目的租金收入是随着恒隆广场数量的增加而逐步递减的，所以，恒隆广场的租金收入的累加不可能按线性增长，而只能是一个亚线性的幂次增长曲线（这是适用于任何企业的普适规律），可以理解恒隆集团的决策者对这一结果一定是心有不甘的。他们应该会以为如果不能以收入第一和第二的上海两个恒隆广场作为参照，那么其他尾部的项目至少也应该看齐比如第三或第四个项目的水平。所以，他们接下来的努力其实都是在假设没有增加新节点的基础上尝试增加度的指数。这恰恰是最应该也是最值得尝试的，即按照网络思维的观点，关注度而不是节点，通过减缓二八曲线的衰减速度，提升度指数从而提升整个国内恒隆广场的系统性表现。当然，恒隆广场一定还在开发新项目，但是由于网络的度的增加一定慢于节点的增加，靠扩大规模的收效必然不会显著。除非，恒隆还可以创造类似上海那样的枢纽节点，但是无尺度网络的生长机制和偏好依附的特性决定了这谈何容易。再说，现在国内的各个市场的发展已经没有像当初20世纪90年代上海那样的情况了。

恒隆的例子是通过9个单体项目的租金看总体租金的系统性表现，从"二八分布"到正幂成长。我们也可以通过跑步的例子，通过总的耐久距离的累积看单位锻炼里程的扩大所带来的耐久距离的增量，反过来看从正幂成长到"二八分布"。无尺度网络系统正幂函数的求导是单体的"二八分布"的幂律，而单体的"二八分布"幂律的积分就是系统累加的正幂函数。在跑步的计算例子中，跑步的耐久距离是锻炼距离的0.5次方，即 $y=x^{0.5}$，代表总的耐久距离随锻炼里程增加的幂次增长；而对于 $y=x^{0.5}$ 求导数，则为 $y=0.5x^{-0.5}$，则正好就是一条"二八分布"的幂律曲线，代表每增加一个单位的锻炼里程对于耐久距离的增加值，随着锻炼里程的不断增加呈现递减趋势。见图6-4。

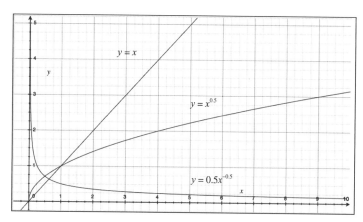

图6-4　系统正幂曲线和单体"二八分布"的导数与积分的关系

图6-4显示了三条函数曲线，第一条为 $y=x$ 的线性直线；第二条为正幂函数曲线 $y=x^{0.5}$，显然这是一条亚线性增长斜率小于1的曲线；第三条为反比例的幂律函数 $y=0.5x^{-0.5}$。注意在横坐标 x 小于1的范围内是以大于1的比例超线性增长的。这也就解释了为什么对于任何复杂性系统的事物，无论举重和跑步或者我们生活中学习任何新事物的初期，都会有一个快速的进步和收获的数学解释，然后随着横坐标大于1以后的数值的扩大，进步和收获逐步递减。

6.2.3 克莱伯定律和我们为什么会停止生长

养过很多宠物的人都会注意到，动物的体型和寿命之间的关系。像老鼠这样的小动物，往往只能活一两年。再大一点的比如狗和猫，可以活到 10 ~ 20 年，个别的会活得更长。动物的寿命随动物的体型和规模扩大而延长，大象的寿命可以长达百年，一些鲸鱼的寿命更可以超过 200 年。这些都可以归结为幂次法则。

生物学家很早就发现动物的体型和新陈代谢之间存在的明显联系。马克斯·克莱伯在 1932 年通过大量的实验发现，小到老鼠、大到大象的哺乳动物的代谢率都惊人地服从同一个 3/4 次方的幂次法则，即所有哺乳动物所需要摄取的热量与该动物的体重的 3/4 次幂成正比。举例说明，假设一个体重为 30g 的小老鼠为维系生存需要的热量为 1g，那么大约比小老鼠体重重 100 倍的 3 000g 的猫所需要的热量并不是 100g 而只需 32g（注意不是线性的 100 倍放大，因为 100 的 3/4 次方等于 32）。同样的，大约比猫重 100 倍的体重为 300 000g（300kg）的牛所需要的热量仅为 1 000g（32g 的 32 倍），而不是根据 100 倍的线性推算的 3 200g（图 6-5）。在这些例子中，动物的体重每扩大 100 倍，所需热量按 32 倍增长，体现了无尺度网络的一个重要的分形概念。如果从大象的体重大约是老鼠的 10 000（10^4）倍来看，根据 3/4 次幂，大象的代谢率也不是老鼠的 10 000 倍，而只是 $10 000^{3/4}$（10^3）倍。其中 3 : 4 恰好是 10^3 和 10^4 的指数之比。其实就是网络的节点与度之间随规模缩放的自相似性原理，本质就是由幂次法则控制的，在生物体的例子中，这个幂次方就是 3/4。

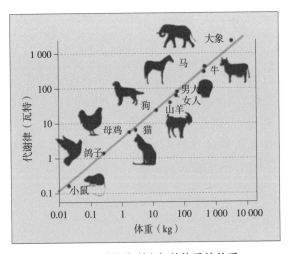

图 6-5　动物代谢率与其体重的关系

资料来源：Fossil Huntens'《The Power Laws of Biology》

第 6 章 以网络思维开启商业地产企业决策新思路

在上面的例子中，构成生物体的体重其实都是由细胞组成。而无论老鼠还是大象，其细胞大小都是一样的，所以生物体的体重越重，细胞的数量就越多。然后通过代谢产生的氧气、水和营养物质都是通过血液进入这些末端细胞。但是大型动物，比如猫的结构比老鼠更有效率，牛的结构比猫和老鼠更有效率。这是因为较大的动物有更多的骨架结构和更少的脂肪储备。

老鼠每天要吃大约相当于自身体重一半重量的高密度食物。同样的道理，体型比人类大两倍的动物只需要比我们多吃75%的食物而不是100%。这意味着以单位体重计算，大型生物体比小型生物体更加节能。这可以让我们对克莱伯定律有了另一种理解：即体积较小的动物每克体重需要更多的能量，而体积更大的动物每克体重需要更少的能量。而随着生命体的单位体重的扩大，所需的能量的增加是逐步递减的（二八分布）。

克莱伯定律还能够揭示生物体的生命节奏和生命长度，即所有动物一生中的心跳次数都在15亿次左右。这就解释了为什么心跳快的小老鼠短命，而心跳慢的大象长寿的原因。大象在代谢过程中的单位细胞的能量减少使细胞损伤率下降，构成了大象更加长寿的基础。如果按一个人每分钟70跳的平均心率计算，15亿次大约相当于40年的时间，这与克莱伯在20世纪30年代提出该定律的时候当时人类的平均寿命也非常吻合。但是由于近100年的城市化和科技的飞速进步，人类的平均寿命的增长是到目前为止唯一突破这一时限的特例。克莱伯定律的另一个重要意义能够解释我们人类为什么会停止生长以及所有生物体和所有复杂系统事物的规模限度。

所谓代谢率是指哺乳动物摄取热量后，去除排泄物后可以转化为维护现有细胞和供应新细胞生长的能量。所以任何哺乳动物在刚出生时，由于体积相对较小、细胞数量不多，哺乳动物通过代谢获得的能量，除了维护现有较小体积的细胞后尚有剩余，而这些剩余的能量就造就了新细胞的产生和生长，从而促进身体不断长大。这就解释了人类从出生后到18岁之前为什么会不断生长，而当生长达到成熟期后，身体已经足够大，这时依然不断进食的人类在代谢后所产生的能量仅够维护现有躯体的细胞数量，不再有多余的能量生成新的细胞，于是人类不再生长。这个时候就达到生命体的规模限度。所有的哺乳动物，无论大小都遵从这一规律。通常，心率快的动物体型较小，心率慢的动物体型较大，因此，生物体的适合规模都是由生物体的天生和内在的生命节奏决定的，生命的节奏会随着体形的增大而系统性地变慢。

图6-6显示，红线代表生物体代谢供给的能量，蓝线代表生物体维持现有细胞所需的能量，可见在生物体规模生长的早期（横坐标小于1的时候），由于代谢能量减去维护现有较小体量的能量尚有剩余，即红线减去蓝线的数值为正，用绿色曲线表示，这时生物体还能产生新的细胞，所以生物体不断生长。但是随着生物体体积的不断扩

大，即细胞数量的不断增多和积累，代谢的能量最终要与维护细胞的能量达到平衡，没有可供新的新细胞再生的增长能量产生，即规模达到它的限度（等于 1 的时候）。因为 3/4 次方的代谢率毕竟小于 1，是一种亚线性的比例增长。

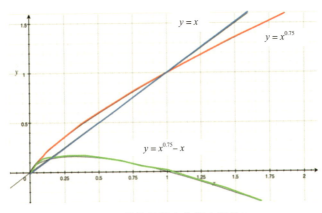

图 6-6 我们为什么会停止增长？

热力学的两大定律可以帮助我们加深对这个非线性增长的理解和认知。热力学第一定律说的是在封闭系统中的能量守恒，但是网络思维告诉我们世界上任何事物都是处在开放的环境中，所以热力学第二定律又告诉我们能量做不到 100% 的守恒和转换，热量在传递过程中不会全部转化为功，而是被很大比例地无用地消耗掉了。这种消耗就是熵增，熵增解释了生命成长的进程和必然的死亡。管理学的全部意义就是对抗熵增，但是绝不可能消除熵增，就像开放世界不会有永动机的道理一样。生物体和事物往往随规模的扩大，熵增会超线性的增长，熵增随着时间的推移特别是规模的无线扩大会超线性的增长，最后追上和超越生命体的成长曲线造成生命进程的衰减直至消亡。网络思维对于这种过渡扩大规模所产生的不良后果有一个专门的术语，叫"规模诅咒"。我们在前节提到的跑步的例子中所阐述的当你过量投入锻炼后，幂指数会下降（比如从 0.5 变成 0.4），这就是熵增的结果。

传统经济学认为的那种规模扩大降低成本的理论也正在受到复杂系统理论和网络思维的挑战。因为，传统经济学在考虑线性规模放大的时候，没有考虑到系统的状态会随着规模的扩大发生非线性的变化。而由克莱伯定律和复杂系统理论的研究发展所揭示的更大生物体所需更小的能量规律所产生的"规模经济"概念对于我们今天应对 VUCA 时代的挑战和制定企业发展的规模战略则具有非凡的意义。

今天，复杂系统理论的研究和发展已经把克莱伯对哺乳动物的实验范围从小鼠到大象的 6 个数量级扩展到 20 多个数量级，从最小的线粒体和细菌到无穷世界和宇宙的现象解释，从而也促进了定量分析公司和城市科学的发展。复杂系统理论的网络思维认为世界皆网络、万物皆比特，在这个世界上凡是说得出名字的事物都是网络。因而服从网络分布的这个统治着我们自然、社会、生活和事业方方面面的幂律法制。因此，我们同样也可以用图 6-6 解释公司的成长。这时红线可以理解为收入，蓝线可以理解为支出，而绿线就变成了收入减去支出的利润，可见任何没有利润的公司都将停止增长。

复杂系统包括复杂生命系统和复杂社会系统，通过克莱伯定律我们可以理解，世界上任何事物的尺度和规模都不可能无限放大，更不可能"成正比"的线性放大。我们行业流行的"做大做强"的说法，其实是有严苛的时间和条件限制的。

在过去的 30 多年中，依托国家的改革开放和我们起步时并不强大的经济躯体，我们的很多企业都普遍经历过一段快速增长的好时期，这些企业的老板或决策者对这些总是不能释怀，认为"过去发生的还会发生"。用图 6-6 的解释就是在节点 1 之前发生的超线性增长的事情还应该再发生，至少沿着 $y=x$ 的直线继续发展——这就是典型的线性思维。这些企业现今的发展战略依然还是依据这个线性思维的逻辑而制定的，自然是继续不断地扩大规模，结果可想而知。但是在反思问题的时候，这些企业往往又会把不能获得线性增长的结果归咎于管理和执行层面的不利，而不会在已经严重背离了科学规律的失误决策中寻找原因，从而因为始终没有抓住主要矛盾而在泥潭中越陷越深。这应该就是目前不少企业也不仅限于地产企业所遭遇的困境。

复杂系统理论的研究权威杰佛里·韦斯特在其《规模》一书中揭示了复杂世界中生物体、城市、经济和公司的生命节奏以及成长、创新、可持续的基本（规模）法则。在世界众多的复杂性和多样性背后，作为一种简单、类似和潜在的具有普遍规律并且令人信服的法则，克莱伯定律的研究和发展从复杂生命系统拓展到了复杂社会系统的公司和城市科学，包括网络思维的"规模经济"和"规模诅咒"的概念以及城市规模的缩放法则等。所有这些，尤其值得今天的企业决策者们学习和认知。有着"生物学的牛顿定律"之称的克莱伯定律，也一直在激励人们继续探寻"复杂系统的牛顿定律"的研究和发展。

6.3 网络思维开启商业地产企业决策新思路

6.3.1 以网络思维对国内购物中心市场的分析

本书通过对全球方兴未艾的复杂系统理论和网络思维的研究、学习和介绍，对国内的一些具有代表性的地区市场和连锁企业，根据相关公开的信息作了深度的挖掘和整理，借助网络思维的幂次法则，得到许多经多种渠道验证核实并非常令人鼓舞的结果。相较于传统随机网络的正态分布理论带给人们的巨大误导，网络思维的无尺度网络的幂律分析法则不仅可以从规模变量，而且可以从状态变量帮助企业分析过往、认清现实、从而更精准地把握未来。

本书在3.5节开始介绍网络思维与商业地产的关系时，就以上海购物中心市场的购物中心的销售额分布提出问题，并由此引入网络和网络思维的概念。在经过本章的对无尺度网络和幂次法则的深入介绍后，现在可以对上海和国内的购物中心市场作出更为系统和详尽的分析。

（1）上海购物中心的销售额分布情况

在此，笔者将上海购物中心2019年和2020年的数据作为分析基础。根据《上海购物中心协会的发展报告》中的名单将上海约300个购物中心分为十组，30个购物中心为一组。2019年为290个，最后一组实际数量为20个；2020年为306个，最后一组为36个（两个最后一组都是位于长尾的尾部，对分析结论没有影响）。从图6-7左图可见，仅第一组，即上海排名前30的购物中心2019年的销售额累加就超过当年上海销售总额的50%。再看图6-7右图，虽然由于新冠肺炎疫情的影响，2020年上海购物中心的销售额下降近10%，但是排名前30的购物中心的销售额甚至比2019年更高。这也与2020年媒体报道的像恒隆、国金等奢侈品购物中心销售额不降反升的情况相符。但是第二组之后每一组购物中心销售额的衰减都是非常明显的。如果用2019年的7亿元（2 010/290=7）和2020年的6亿元（1 815/306=6）的平均值验算，那么排名第三组以后的购物中心的销售额都达不到上海市场的平均值，也就是说，排名100以后或者至少2/3的上海购物中心都达不到上海购物中心的平均销售额——与正态分布的大多数（2/3）的假设至少相差一倍。《21世纪经济报道》2019年的11月12日报道中提到的"百强房企所持64%商业项目亏损"，也从另一个侧面印证了这一事实。尽管上海坐拥国内最好的购物中心市场，情况也不例外。

在上海购物中心的网络结构中，每一个购物中心都是一个节点，通过对消费者的吸引形成网络互动，而每一个购物中心所拥有的租金收入和销售额就可以作为度的衡量指标。因此构成了上海购物中心的节点和收入及销售额之间的幂律函数。笔者以同样的方法对国内和国际购物中心的领导企业恒隆、华润和西田作了同样的分析，见图6-8。

图6-8是作者根据这些企业的年报数据整理和推测的企业内部的购物中心租金收入或销售额的情况。可见所有这些国内和国际的领导企业的购物中心的业绩分布也都是服从幂次法则的。笔者也尝试找出每家企业的平均值，恒隆和华润购物中心的平均

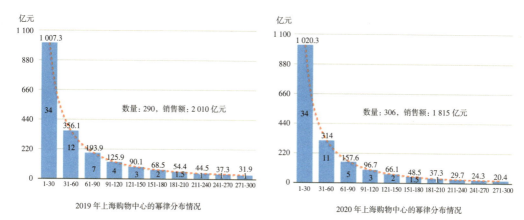

图 6-7　2019 年和 2020 年上海购物中心销售额的分布

资料来源：根据《上海购物中心发展报告》的相关信息绘制

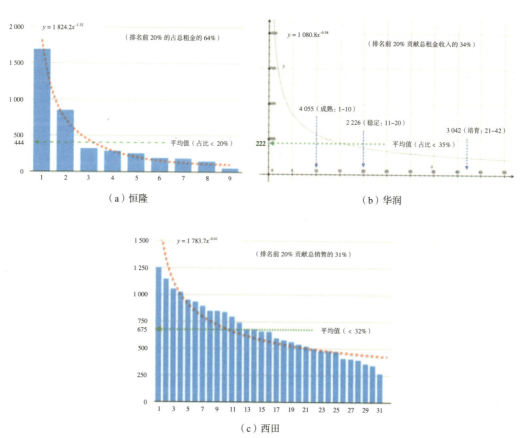

图 6-8　恒隆、华润和西田购物中心 2019 年的租金和销售额分布

资料来源：根据相关企业 2019 年年报和澳大利亚《SCN》数据绘制

租金收入分别为 4.44 亿元和 2.22 亿元，西田集团则是平均销售收入 6.76 亿澳元。但是值得注意的是，即使在这些表现最好的企业内部，能够达到或超过平均值的购物中心的总数仍不超 1/3。再次证明了正态分布的所谓大多数购物中心可以达到或超过平均

值结论的错误。其实这是由网络构造机理的自相似性即分形结构决定的（其实这也对很多企业用 KPI 或平均值考察部门或个人业绩提出了挑战，这里本书不做展开）。

（2）国内有多少销售额过 10 亿元的购物中心

作为一个国内购物中心业者，作者一直很关注国内究竟有多少个年销售额能够达到或超过 10 亿元的购物中心。因为 10 亿元是购物中心投资回报的一个门槛。假设一个 10 万平方米投资 10 亿元的购物中心，以目前国内商业地产的 40 年期限为计，10 亿元的销售额代表每平方米的年坪效为 1 万元。租金收益按 10% 的租售比为 1 000 元，再按 75% 的比例去除财务和管理成本及相关税费后的净营运收益约为 250 元。那么一个销售额达到 10 亿元或每平方米销售坪效达到 1 万元的购物中心经过 40 年后正好达到投入和产出的静态平衡，收回平均 1 万元的投资。

10 亿元的销售额也是国内商业地产抵押支持证券（CMBS）要求的入门门槛，因为 CMBS 的基本要求是毛租金达到 1 亿元，按 10% 的租售比反推就是 10 亿元的销售额，业内人士都明白租金都是销售额做出来，而不是合同能够确保的。

由于中国购物中心发展起步较晚，国内到目前为止尚没有系统的官方对购物中心表现的数据统计和发布。一些上市地产企业虽然有披露要求，但很少有企业会公布其具体到每一个购物中心的收入数据。比如万达可以告诉外界 300 个购物中心约有 300 亿元的租金收入，让人有每一个万达广场都可以达到平均 10 亿元销售额的感觉。即使在欧洲和亚洲的许多国家，由于没有租户必须向购物中心业主报告销售额的法规要求（不同于美国和澳大利亚这些由购物中心主导零售市场的国家），所以，这些国家购物中心销售额的统计也是有限的。

我们的许多媒体平台或机构可以竭尽所能每年报道一些国内购物中心的销售数据，但主要都是针对排名前 100 到 200 名的头部市场的情况。而目前国内购物中心的总数已经突破 6 000 个，这 6 000 个购物中心的总体表现究竟如何？比如究竟有多少个销售额过 10 亿元的购物中心？这 6 000 个购物中心的总销售额又是多少？其实这些问题都很值得行业关注和研究，相信也是真正的业内人士所关切的。

本书以新商网 2019 年和 2020 年公布的数据为基础，对主要市场和主要企业及主要项目进行了多方面、多渠道的比对核实，确定包括了相对完整和可信的购物中心节点数据。即使其中个别购物中心的数据一定存在偏差，但是总体上可以保证大致准确（上下误差控制在 10% 之内），不可能出现像正态分布所引导的那样大于 100% 的误差。见图 6-9。

图 6-9 是根据 2019 年和 2020 年国内排名前 100 的购物中心及对应的销售额得出的两条幂律分布曲线，其中蓝色线条为 2019 年的曲线，红色线条为 2020 年的数据。

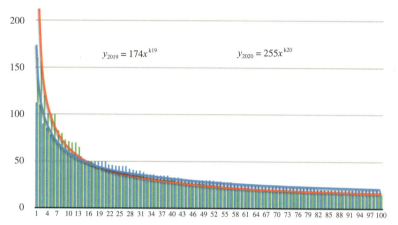

图 6-9　2019 年（蓝线）和 2020 年（红线）全国百强购物中心的销售额分布

资料来源：根据《新商网》2019 年和 2020 年发布的百强购物中心数据绘制

可见与上海购物中心的情况非常类似，排名头部的购物中心的销售额在 2020 年也超过了 2019 年的销售额，但是总体因为疫情的影响则是衰减较大的。

根据 2019 年的幂律函数 $y_{2019}=174x^{k19}$，

令 $y_{2019}=10$，则可以求出 $x=497$

即 2019 年国内销售额达到或超过 10 亿元的购物中心总数约为 500 个，占国内购物中心总数的 8.3%。

同理，根据 2020 年的幂律函数 $y_{2020}=255x^{k20}$，

令 $y_{2020}=10$，可以求出 $x=221$

即 2020 年国内销售额达到或超过 10 亿元的购物中心总数仅为 221 个，较 2019 年有了较大的跌幅。见图 6-10。

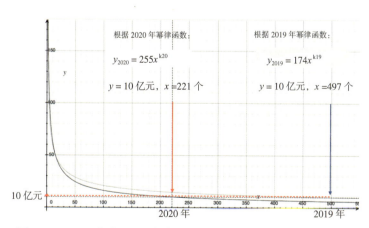

图 6-10　2019 年和 2020 年全国销售额过 10 亿元的购物中心测算

资料来源：根据《新商网》2019 年和 2020 年发布的百强购物中心数据计算绘制

（3）对国内购物中心的总销售额的分析

本书以 2019 年国内 6 000 个购物中心为基数，对总销售额也作了分析和推测。原理就是将这 6 000 个购物中心节点的销售额积分。用函数表示，如图 6-11 所示。

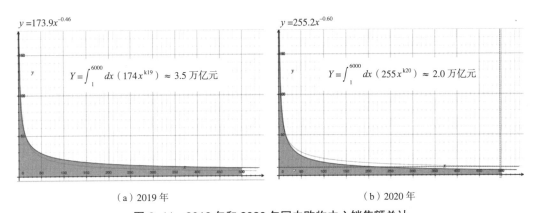

（a）2019 年　　　　　　　　　　（b）2020 年

图 6-11　2019 年和 2020 年国内购物中心销售额总计

资料来源：根据《新商网》2019 年和 2020 年发布的百强购物中心数据计算绘制

从图 6-11 的积分计算得出，2019 年国内购物中心的总销售额约为 3.5 万亿元，占当年国内消费品零售总额的 8.5%，这与成都市购物中心占零售总额的比例相当。上海这个占比约为 14%，全国最高。如果用 3.5 万亿元除以 6 000，则 2019 年国内的购物中心平均销售额约为 6.8 亿元。但是，就像上面分析的根据幂律的自相似性原理，国内能够超过 6.8 亿元的购物中心总数一定不会超过 2 000 个。笔者根据上海购物中心的数据推测也得到了有关方面的证实，2019 年上海超过 10 亿元的购物中心总数不超过 70 家，这也与上海当年没有超过 7 亿元平均值的 100 家数据匹配。同时本书还对像华润置地、万达、龙湖等国内地产企业的总销售数据加总折算分析，都证实了这个接近 500 个的数据是符合实际情况的。

进一步可以对 2020 年的购物中心的销售额做同样的测算，可见 2020 年因受疫情的影响，购物中心的总体销售额的下降达 40%，相对于国内零售总额约 10% 的下降，购物中心所受到的影响首当其冲。笔者在走访国内许多城市的情况了解中也证实这个约 40% 的跌幅。2 万亿元的购物中心销售总额仅占当年国内消费品零售总额的 5%。考虑到上海购物中心市场也经历了 3 个点的下降，所以 2 万亿元购物中心的总销售额也是符合实际情况的。

分析到此，人们可能会问，大多数的购物中心都表现不佳，为什么还有这么多的企业还在大力建造。这可以从两个方面解释：第一个原因就是大多数企业的决策者并没有网络思维的意识，而是依据线性思维制定发展的决策战略；第二个原因是无尺度网络的稳定性体现在故障主要影响大量的小节点，而只要有20%的头部购物中心的表现良好，这个市场给人的感觉就是稳定的。所以很多新投入的购物中心业绩虽然很不好，但影响的是企业自己，这些表现不好的企业通常都很安静和低调，或者正想着正态分布曲线的培育期阶段的概念，所以也不会引起政府和媒体的注意和重视，但是作为企业自身的灾难则是确定无疑的。

至此，相对于目前国内众多的媒体平台仅会也仅能报告少数头部市场的情况，借助于网络思维的幂次法则对国内购物中心的总体市场情况分析将有助于国内购物中心企业的决策者、投资人和相关政府部门对购物中心的总体表现和走势有一个完整和全面的了解，从而对规划、建设和营运购物中心提供有益的警示和借鉴。

6.3.2 以网络思维抓住事物的主要矛盾

我们都很熟悉要抓住事物的主要矛盾的说法。"二八分布"的幂次法则可以在本质上加深我们对这个问题的理解。所谓"二八法则"就是少数关键法则。我们也已经在前面的叙述中理解了平均没有意义，因为构成所有复杂系统事物的特点就是少数的枢纽节点和多数的长尾节点的非线性分布。网络事物的特点就是大量微小事件和少数重大事件并存。

复杂系统的非线性结构增加了我们理解和认识它的困难，但是，复杂系统的"二八分布"的特点给了我们观察、理解和把握我们面对复杂问题和系统的框架和切入点。复杂系统对分析问题和制定决策的意义在于，即使存在很多未知要素和很多未知规律，网络思维还是可以帮助我们对问题及其产生的环境，形成一个整体和现实的理解和认识，特别是抓住主要矛盾的思想。

复杂系统包括复杂生命系统和复杂社会系统。从动物到植物的所有生物体，从公司到城市的所有社会组织都是复杂系统。所有的复杂系统都具有网络结构，因而遵从统治世界的幂次法则。"二八定律"告诉我们构成这些系统的单体表现会随着单体数量的增加即规模的扩大而呈现系统性的递减。而作为单体累加的整体系统的表现就会呈现必然的亚线性的幂次增长。比如一个国家或地区的个人财富分布因为是随着人口数量的增加而逐步递减的，那么这个国家和地区的总的财富的增长也就一定是亚线性的。我们国家从2012年到2019年的国内生产总值（GDP）的总体走势也是符合这个亚线性成长规律的。

关于幂次增长，我们可以用以下的幂函数简单说明：

$$y = x^k \qquad (6\text{-}4)$$

在式（6-4）中，y 代表函数——是我们要计算求得的结果；x 代表自变量——是我们可以控制的规模变量，比如时间、数量等单位；k 代表幂指数或者幂次方——是我们要给予特别关注的状态变量。

亚线性的增长代表 k 的数值小于 1，即 y 的增长小于 x 的增长。本章前面所引用的跑步锻炼和克莱伯定律都是典型的亚线性增长的例子。当 k 等于 1 的时候，$y=x$，这就是我们非常熟悉的线性关系，即所谓的"成正比"，变量 x 增加多少倍，函数 y 也相应增加多少倍。但在现实世界中，k 等于 1 的情况只是在自然和现实世界中的无数复杂系统的幂指数从无穷小到无穷大之间的一个特例。那是我们的数学老师为了让我们理解复杂世界的变化规律所采用的，便于我们的大脑接受和理解的简单特定的说明模式——线性思维。这远不是现实世界的真实情况，但却在很大程度上主宰和误导了我们对生活和事业中的很多问题的判断。

幂次增长是对过去累积变量的非整数倍的增长。所以，在 $y=x^k$ 的等式中，x 是系统的规模变量，k 是系统的状态变量，对于一个系统函数的最终结果，k 的权重要比 x 重要得多。我们通常说的"要重视效益而不是规模"或者"要重视质量而不是数量"的本质都是说的 k 变化，但是由于 k 通常隐含在幂指数中，不像 x 的规模变量那样直观，而且我们在绝大多数的情况下都是把 k 假定为 1 的。这也是我们在很大程度上不能抓住事物的主要矛盾并最终误导自己作出错误决策的根本原因。

网络思维作为复杂系统理论的具象化的表达方式，使我们可以通过"二八分布"的现象发现其中的幂次变量。好在借助于智能手机的计算器和今天的电脑，这些计算都已经变得简单可行。

对于管理活动而言，"二八分布"的长尾意义在于，如果你找对了起头部作用的要素，就会事半功倍；如果没有找对，始终在尾部做文章，则事倍功半，效果可能微乎其微，甚至可能还会产生反作用。通俗地讲就是：

20% 的问题导致了 80% 的结果，

是哪 20% 的问题导致了这 80% 的结果。

如果能够处理好这 20% 的问题，那就能产生 80% 的预期的效果。

人的一生要做的决策不计其数，但只有不到 20% 的决策是重大决策，诸如专业方向、婚姻大事、职业选择、买房置业、创业投资和交友合伙等是重大决策。对商业地产企业来说，决策就是布局和做局，诸如做与不做购物中心？在哪里做？做多大？做什么组合，能够创造多大价值，这些都是决策问题。属于网络的构建，而诸如招商、推广和物业管理则都是属于网络营运的战术问题。

对商业地产企业来说，重视度而不是节点，就是要重视效益和价值而不是规模和数量。对于所有企业和社会组织来说就是重视质量而不是数量。不然的话,战术上的勤奋不能弥补战略上的懒惰,精确的数据无法替代大方向上的判断,网络思维强调"追求大问题的模糊正确远比追求小问题的完美精确要重要得多[1]"。这就是复杂系统理论和网络思维的要抓住事物主要矛盾的核心思想。

网络思维将以前所未有的程度主宰这个21世纪,在未来的10年里,网络思维将推动我们重新审视形成我们世界观的一些根本问题,包括被传统经济学的思想视为灾难的复杂系统的亚线性规模缩放法则。因为,国家和城市的健康经济特征都是持续的开放式的指数级增长,或者至少保持个位数的百分比循环往复。而对于很多企业,一切的目的也是为了增长而增长,但增长的聚焦往往都只是在规模而不是在状态。这就是我们要通过网络思维改变的状态。

6.3.3 以网络思维面对不确定的未来

亚马逊创始人杰夫·贝佐斯在回答今后十年什么会变和什么不会变两个问题时,他认为"第二个问题实际上更重要,因为你的商业战略只能建立在那些对于时间而言相对稳定和确定的东西之上"。

无尺度网络的分形即自相似性原理,即无论节点的规模或数量如何变化,在任一尺度之内都会保持相似的分形结构,比如"二八分布"里面的二依然还是"二八分布","二八分布"里面的八还是"二八分布"。这种随节点数量扩大"二八分布"形态不变,就叫自相似性(图6-12)。

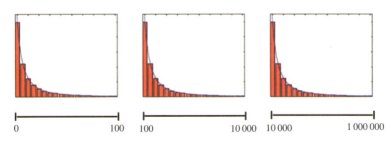

图6-12 节点随数量扩大的"二八分布"形态不变的自相似性图示

这一自相似性(分形)理论对于我们面对不确定的未来决策其实是一个福音。特别是对于我们突破传统的"成正比"的线性思维的增长模式的束缚具有形象化的意义。在现实世界的所有复杂系统中,没有"成正比"线性缩放,但却有不变的成比例的幂

---

[1] 摘自《价值》,引自:张磊. 我对投资的思考 [M]. 杭州:浙江教育出版社,2020.

次法则。比如克莱伯定律不变的幂次方是 3/4。

因为无尺度网络的"二八法则"告诉我们要重视度而不是节点。增加网络的节点容易，但是增加节点的链接数即增加度就很难。无尺度网络的度随节点增加必然递减的规律，决定了节点间隔的增加要比节点数量的增加慢很多。节点的间隔也代表了链接之间的强弱和远近的距离。

传统经济学推崇的"规模经济"随规模扩大边际成本递减的假设，一方面忽视了规模的限度，另一方面忽视了随着规模的扩大，交易成本、风险、熵增和涌现会发生，这些都会超线性地增长最后追上和抵消传统经济学的规模经济效应，形成了"规模诅咒"的效应。就像本章开始中所举的跑步的例子中，如果锻炼过量，系统的幂指数还会发生变化，造成锻炼受伤和系统表现的急剧下降。这是决策者面对不确定的未来需要避免的——规模是网络系统的结果，不应该是决策的目标。

6.4 城市规模的缩放法则和西田成功原因的深层揭秘

6.4.1 城市是生态系统和社会系统的集合

网络思维为理解规模法则及定量分析生物学中的系列问题提供了思路和框架，并且这一思路和框架还可以延伸并用于其他的网络如城市和公司科学的研究。城市与生物体和生态系统存在着很多共同的特性。城市也会代谢能量、消耗资源、产生废弃物、处理信息及生长和进化；城市也会感染疾病，甚至发展成肿瘤而不断扩大，变老直至消亡。但只有极少数的城市会消亡。

把城市比喻为生物体源于其物理特性，比如电、气、水、汽车、卡车和人等作为能源和资源的运输和传递，这与人的心血管系统、呼吸系统、植物和树木的维管系统类似。

我们用"城市的新陈代谢"形容城市，就是把城市当作生物体。建筑领域近年兴起的颇具影响力的"新陈代谢运动"就是从生命体再生的新陈代谢过程中获得的灵感。这个运动将建筑视为城市规划不可或缺的组成部分，同时强调这是一个不断进化的过程。这就意味着从建筑物开始设计时就要有改变的意识。城市新陈代谢运动的倡导者之一的日本设计师丹下健三在 1987 年获得普利兹克建筑奖（相当于建筑界的诺贝尔奖）。西田集团 2018 年在黄金海岸的绿地上新建的购物中心酷梅拉一期开业面积为 6 万 m^2，但是当地政府同时批准了未来 20 年内 2.5 倍的面积扩容方案，称之为"未来批准"。

城市的商业生态系统也已经成为标准的术语，使人联想到达尔文的适者生存进化理论。城市是遵守生物学和自然进化规律的庞大生物体。近年全球复杂系统理论即网络思维的发展还对城市的社会互动的属性进行了大量的研究，并将基于网络的标度理论从生物学延伸至社会组织及城市科学的研究。

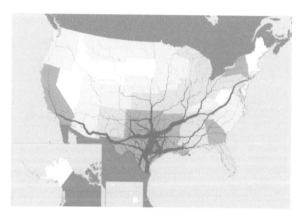

图 6-13　2010 年驶入和驶出德克萨斯州及州内的主要卡车流

资料来源：杰佛里·韦斯特著. 规模——复杂世界的简单法则 [M]. 张培译. 张红校译. 北京：中信出版集团，2008：300.

图 6-13 是美国德克萨斯州的交通流量图，它揭示了潜藏在道路系统下的分形结构。分支的粗细代表了交通流量的大小。其中许多较细的分支——"毛细血管"代表非州际道路，而较粗的部分——"主动脉"代表规模更大的道路。这与人体心血管的血液运输系统类似。

城市不但具有生物特性还具有社会特性——这与动物世界的互动完全不在一个层级，人类的互动促进科技创新和技术进步，进而提高代谢率将生物特征转变为社会特征。

20 世纪 30 年代克莱伯定律提出时，所有哺乳动物也包括当时的人类，一生的心跳都在 15 亿次左右（大约相当于 40 年的时间）。人类能够在后来的七八十年间提高代谢率并延长寿命，其实都是和城市的发展紧密相关的。

城市作为新兴的复杂社会的适应网络，促进人们的互动，激发创新灵感和财富创造，鼓励企业家精神和文化活动，这就是 1 万年前开始的城市进化过程发现的神奇公式。

城市是人类创造的社会互动和人类合作的有机载体。互动和合作是创新和创造的两个必要条件。城市与人口的增长紧密相连、相互促进，最终使人类在地球上占据了统治地位。

我们的社会和经济生活以指数级速度扩张的最明显的表现就是过去 200 年间世界

人口数量的巨大增长。人类世开始于 1 万年前的农业革命,但世界人口以超指数的速度不断增长开始于 1800 年,这同时也是工业革命和城市化的开端(图 6-14)。

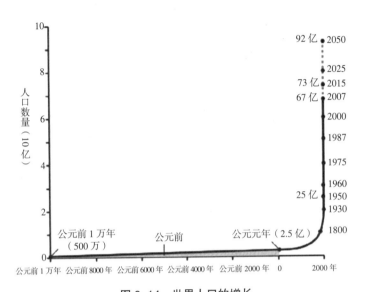

图 6-14 世界人口的增长

资料来源:杰佛里·韦斯特著.规模——复杂世界的简单法则[M].张培译.张红校译.北京:中信出版集团,2008:217.

从图 6-14 可见,生活在地球上的人类的数量在 1805 年突破了 10 亿大关。在经历了漫长的 200 万年的缓慢增长达到 10 亿人口之后,继续增加 10 亿人口只用了 120 年的时间,而人口达到 30 亿时仅用了 35 年的时间。又过了 25 年,1974 年,全球人口达到 40 亿。而到 2020 年,世界人口达到 78 亿,不到 50 年间又将增长一倍。到 22 世纪初,全球人口将有望达到 120 亿。

伴随着城市化的进程,经济也在快速增长。图 6-15 是美国 GDP 自 1800 年以来的持续增长曲线。尽管发生了多次危机、繁荣和泡沫破灭,图中的灰色实线呈现了完全的指数级的增长趋势。

图 6-16 是 1950 年到 2020 年中国国内 GDP 生产总值的增长。

由图 6-16 可见,中国国内的经济起步和起飞,得益于 20 世纪 80 年代的改革开放政策。中国人口的城市化率从 1980 年的不到 20%,到 2020 年已经突破 60%。中国已经成为世界第二大经济体。

经济的发展经历了由人类世到城市世的发展过程,地球成为一个由城市主导的地球。伴随着城市化带来的科技进步,城市化的驱动由工业革命向信息科技和服务业转变。吴志强院士提出了技术进步推动城市发展的七波理论,见图 6-17。其中中国还有三波未落实的空间。

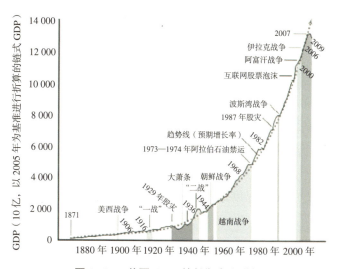

图 6-15 美国 GDP 的长期真实增长

资料来源：杰佛里·韦斯特著. 规模——复杂世界的简单法则 [M]. 张培译. 张红校译. 北京：中信出版集团，2008：217.

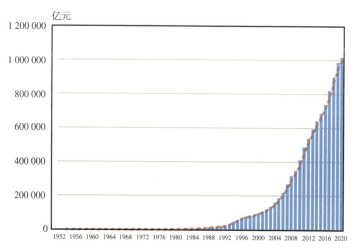

图 6-16 1950—2020 年中国国内 GDP 生产总值的增长

资料来源：根据国家统计局数据绘制

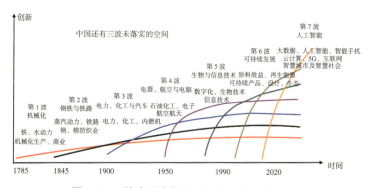

图 6-17 技术进步推动城市发展的七波理论

资料来源：根据吴志强院士在 2019 年 4 月 17 日 AFC 资管金融学院开学典礼的发言稿整理

城市是文明的熔炉，创新的中心，财富的引擎，权力的中心；城市是推动观念进步和创意增长的催化剂。城市的定位具有多维度和多样性：步行、技术、绿色、生态、园林、后工业、可持续、智慧、花园……这些都能够作为城市的一个定语并反映城市的一个特点或物理痕迹，但是这些又都没有抓住"城市即人"这个莎士比亚说的核心特点，忽略了社会互动的核心角色。熔炉、搅拌机、反应堆揭示了城市的社会互动属性。但城市也有阴暗面：犯罪、污染、贫困、疾病及能源污染等。

6.4.2 网络思维与城市规模缩放的两个法则

（1）城市是两个网络的叠加

以网络思维审视城市，城市是两个网络的叠加：一个是物理基础设施的网络，对应于城市的生态系统；另一个则是社会经济互动的网络，对应于城市的社会系统。这两个网络就是构成城市的两大要素。一座城市不仅是由构成物理基础设施的道路、建筑、管道和线路的集合体，而且是所有公民的生命活动和社会互动的交融，是一个充满生机和多重维度的鲜活实体。城市作为复杂适应系统，是两种"流"结合的产物：一种是维持并促进自身基础设施和居民生活的能源和资源流；另一种是连接所有公众的社会信息流。

城市不仅是各种运输系统连接的建筑物和物理结构的表现，更是生活在其中的人的社会组织网络的交织。这两种不同网络的结合及共同作用带来了魔法般的基础设施的规模经济和社会活动、创新和发明及经济产出的极大增长。

复杂系统理论通过生物学的比例缩放法则结合经济学和社会学等跨学科的研究为综合分析城市系统打开了全新的窗口。而且也使城市科学的研究从过去的定性分析向现在的定量分析迈进。

克莱伯定律揭示了不同体积大小的动物遵循简单的幂律法则的关系按比例缩放，潜藏的规律是它们体内运输能量和资源的基础网络的物理学和数学的表现形式。复杂系统理论的网络思维也将物理学、生物学和社会经济动力学相联系，为定量分析城市系统构建研究框架。在生物界，或者说对于复杂生命系统，鲸、大象、长颈鹿、人类、猫和老鼠等都按近似同样比例缩放，而网络系统构成的城市的实体命脉也像哺乳动物一样有规律可循。

（2）城市基础设施随人口规模扩大的 0.85 亚线性法则

大量研究发现，一个城市人口数量增加 100%，加油站数量增加 85%。图 6-18 是根据法国、德国、荷兰和西班牙的调查统计结果。

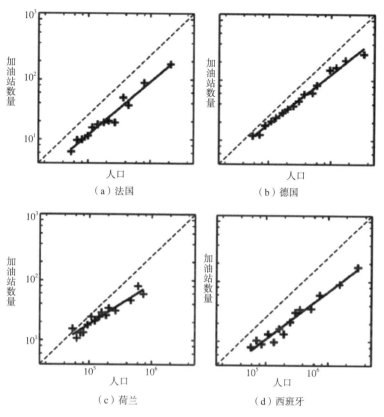

图 6-18 加油站数量与人口规模的关系

资料来源：杰佛里·韦斯特著. 规模——复杂世界的简单法则 [M]. 张培译. 张红校译. 北京：中信出版集团，2018：279.

注：在以上 4 个欧洲国家中，加油站的数量与城市规模呈对数关系，它们都以类似的指数按亚线性比例缩放。虚线的斜率为 1，代表线性比例缩放。

从图 6-18 可以看出，不同国家和城市呈现出令人惊讶的简单性和一致性的规律。图中描绘的是这些城市最平常的特点，即城市规模与加油站之间的函数关系。图中纵轴代表加油站的数量，横轴代表按人口标准衡量的城市规模。数据以对数坐标绘制，即坐标单位以 10 的倍数增长。你并不需要知道对数的定义便可以直观地看到，不同城市的加油站的数量差异呈现出非凡的规律性。数据的分布近似一条简单的直线，位于斜率为 1 的 45°对角线的下方（代表了随城市人口的亚线性的增长）。这清楚地表明加油站数量并不是随意变化的，而是严格地遵从系统性规律。这些斜线的指数大约为 0.85，均小于对角线 1 的斜率。

这让我们想到了克莱伯定律描述的动物的体积越大，即动物细胞数量的规模越大，所需要的能量仅按 0.75 的幂律增长的规律。无论对于 0.85 还是 0.75，关键是这里比例缩放都是亚线性的，即斜率小于 1。这意味着，城市规模越大，人均所需的加油站的数量越少。也就是对于更大规模的城市，平均每一座加油站服务的人数会更多。每个月卖出的汽油数量也会比小城市的更高。或者,更直接的说法就是人口每增加一倍,加油站只需要增加 0.85 倍,典型的非整数倍的幂次增长而不是翻番。因此,人口每增加一倍,都会带来 15% 的系统性节约。这就是网络系统所带来的规模经济,这与传统经济学的通过扩大规模降低固定成本的规模经济在本质上不同。我们称之为网络思维的"规模经济"。

进一步的类似研究也在非洲、美洲和亚洲的国家和地区得到了证实。几乎所有国家都是如此,都遵守相同的规模缩放法则,而且指数都接近 0.85。更加令人惊奇的是,其他与交通和供给网络相关的基础设施的数量也都以同样的指数按比例缩放,如电线、道路、水管、燃气管道的总长度及商场的规模等(一个大城市的商场就像大城市的加油站可以服务更多的顾客是显而易见的)。综上所述,在整体基础设施方面,城市的表现就像生物体,它们遵守简单的幂次法则,按亚线性比例变化,并表现出系统性的规模经济,只是指数与生物体略有不同,生物体为 0.75,城市为 0.85。

圣塔菲研究所招募了大量优秀人才,对全球更大范围的国家是否也遵守同样的规模法则进行了大量的实证研究。研究团队收集和分析包括欧洲的西班牙和荷兰、亚洲的日本和中国、拉丁美洲的哥伦比亚和巴西等地方的大量数据。分析的结果证实了之前的判断,并为城市中系统性规模缩放的普遍性规律提供了强有力的支持。因此,一座拥有 1 000 万人口的城市与两个各自拥有 500 万人口的城市相比,需要的基础设施的数量要少 15%,这便带来了材料和能源上的巨大节约。

对于商场来说,如果一个 100 万人口的购物中心需要 10 个商场(平均每 10 万人拥有一个商场),那么一个 1 000 万人的城市并不需要 100 个同样规模的商场,而只需要 71 个就够了(因为 $10^{0.85} \approx 71$)。

伴随着类似加油站和商场等的规模经济所带来的节约,排放和污染也大幅减少。城市规模越大,越绿色,人均的碳足迹越小。在美国,纽约是最绿色的城市,而圣塔菲的居民向大气中排放的碳是纽约居民的两倍。这并不是纽约市政规划者的明智结果,也不是圣塔菲城市规划者的不当错误,而就是网络结构的规模经济的结果。这对于今天的城市规划者的意义显而易见。

(3)城市活动产出随人口规模扩大的 1.15 超线性法则

在上一节中讲述了城市作为基础设施的网络的亚线性的缩放法则。现在我们再来看一下,城市作为人们社会互动的网络所带来的超线性的规模缩放规律。这里城市活动包括人们的经济活动和社会活动。

首先,我们来看一下美国的俄克拉何马城和洛杉矶市的城市人口和 GDP 的对比。2013 年,美国的人均 GDP 为 5 万美元,拥有 120 万人口的俄克拉何马城的 GDP 约为

600亿美元，用120万人乘以5万美元（120×5=600），则与美国的平均数相符。那么人口数比俄克拉何马城高出10倍的拥有1 200万人口的洛杉矶市的GDP是不是按线性放大的6 000亿美元呢？或者正好比俄克拉何马城也高出10倍？答案是否定的。事实是洛杉矶的GDP实际上超过了7 000亿美元，比通过人均线性推算的预计高出了15%。

关键是洛杉矶比俄克拉何马城的超出并不是一个特殊案例，而是普遍现象，并且这个结论适用于和城市活动相关的经济产出的收入、零售额、专利数甚至社会活动的犯罪率等，都遵从这个超线性的+15%的法则。

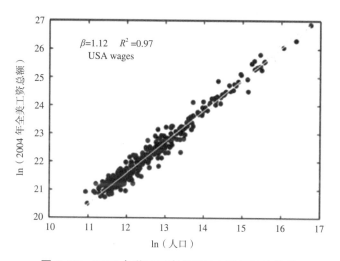

图6-19　2004年美国工资总额与人口规模的关系

资料来源：杰佛里·韦斯特著.规模——复杂世界的简单法则[M].张培译.张红校译.北京：中信出版集团，2018：282.

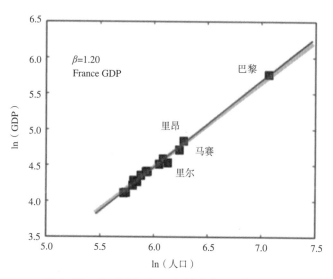

图6-20　法国城市GDP与城市人口规模的关系

资料来源：杰佛里·韦斯特著.规模——复杂世界的简单法则[M].张培译.张红校译.北京：中信出版集团，2018：283.

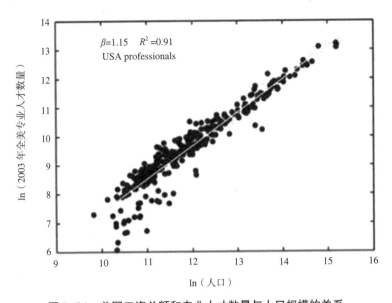

图 6-21　美国工资总额和专业人才数量与人口规模的关系

资料来源：杰佛里·韦斯特著．规模——复杂世界的简单法则 [M]．张培译．张红校译．北京：中信出版集团，2018：283．

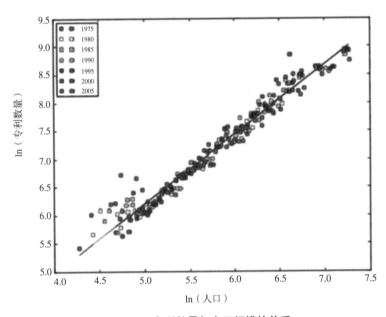

图 6-22　专利数量与人口规模的关系

资料来源：杰佛里·韦斯特著．规模——复杂世界的简单法则 [M]．张培译．张红校译．北京：中信出版集团，2018：283．

从图 6-19 到图 6-23 的五张图，清晰地显示了另外一个令人惊奇的结果。这些不同的社会经济和社会活动的数量的连线接近同一个近似值，即在 1.15 附近浮动。这些指标不仅按经典的幂次法则以十分简单的方式按比例缩放，而且它们按比例缩放的方式也大体相似。无论城市体系如何，指数均约为 1.15。

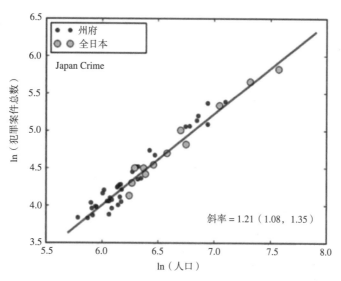

图 6-23　日本的犯罪案件数量与人口规模的关系

资料来源：杰佛里·韦斯特著. 规模——复杂世界的简单法则 [M]. 张培译. 张红校译. 北京：中信出版集团，2018：284.

遵循同样的思路，本书对中国主要城市的社会消费品零售总额和人口规模情况也作了验证，结果发现完全符合 1.15 的超线性分布规律（图 6-24）。

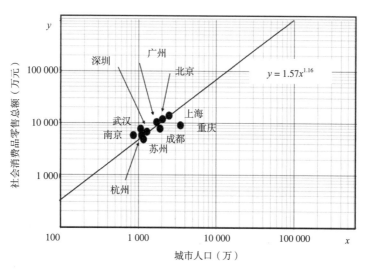

图 6-24　国内社会消费品零售总额排名前十的城市和人口规模

资料来源：根据国家统计局网站（data.stats.gov.cn）数据绘制

图 6-24 所呈现的是中国社会消费品零售总额排名前十的城市与各个城市人口规模的对应分布情况。几乎所有城市（除重庆以外❶）的零售总额和人口规模都在以幂律 1.16

---

❶ 作者以为重庆的较大偏离是因为人口总数中包括了近 50% 的农村人口。

为斜率的直线附近（幂律在对数坐标中为直线）。比如人口约为 1 200 万的苏州市的社零总额大约是 6 000 亿元，而人口规模比苏州大 1 倍达 2 400 万的上海的社零总额是 13 500 亿元，而不是根据线性推测的 12 000 亿元。或者简单说，这些主要城市的零售额都比通过人均计算得出的预计高出约 16%。

城市的社会经济和活动总量的 1.15 的超线性缩放与城市的基础设施的 0.85 的亚线性缩放形成鲜明的对比。作为城市本质的社会经济总量呈超线性规模缩放，体现了规模收益的系统性增长，代表了全球所有城市系统化发展的一个普遍趋势。城市规模越大，销售额、平均工资、专利数量、犯罪率及其他许多城市指标也会越大。这反映出了所有城市的基本特征，即社会活动和经济生产将随着人口规模的扩大而系统性提高。这一伴随规模扩大而出现的系统性"附加值"奖励就是经济学和社会学中的"规模收益递增"，用数学和物理学的语言描述则为"超线性规模缩放"。

充分理解和正确认识城市经济活动的超线性缩放法则所带来的"规模收益递增"和城市基础设施的亚线性缩放法则所带来的"规模经济节约"，对于今天的城市更新和商业地产企业的购物中心的开发布局的决策都具有特殊的战略意义。

（4）关于城市的社会活动网络的超线性的研究

在所有复杂系统包括生命系统和社会系统中，城市的超线性发展是一个特例。超线性的法则解释了为什么全球近两百年城市人口和经济的指数级的增长，也解释了城市长生不老的根本原因。除了城市以外，所有的生命系统和社会系统都遵从亚线性的缩放法则，而且都有生命和规模的限度。

对于城市的社会网络结构的研究可以让我们理解其中的原因。城市的超线性发展归根结底都是城市作为社会网络互动的结果。我们可以通过邓巴人际关系层级网络和社会活动的网络来发现其中的原委。

对于城市的社会互动网络的研究，长期以来，理解并解构社会群体结构一直都是社会学和人类学的焦点。其中进化心理学家邓巴和他团队的研究展现了对这种社会网络结构的量化特点。邓巴提出，一个普通个体的社会网络可以被解构为离散嵌套集群的层次系列，它们的规模遵循令人惊讶的幂次法则。每一层次的群体都会随着其在层级结构中的升级而系统性增长，比如从家庭增长到城市，处于群体中的人们之间联系的强度则会系统性减弱。举例来说，大多数人都会与最亲密的家庭成员保持最强有力的联系，而与小区保安和门卫的联系则非常弱。

邓巴和他的团队发现，在社会互动网络层级结构的最顶层，在任何时刻与普通个体有着最紧密关系的人只有 5 个。他们通常是父母、儿女和配偶，也可以是极其亲密的朋友或伙伴，主要界定依据是"受访者在寻求个人建议或处在快乐时光或困难时刻首先会想到的人"。

下一层级则包括通常被称为亲密朋友的人，人们享受和他们度过的有意义的时光，或者在需要时向他们寻求帮助，即便与他们不像与核心圈里的人那样亲密，这一层级通常包括大约 15 人。

再往下一个层级是被人们称作朋友的人，尽管人们很少会邀请他们共进晚餐，但是会邀请他们参加派对或聚会。这一层级由同事、一般同学和邻居及不经常见面的亲戚组成，大约会有 50 人。

接下来的这个层级定义了这个人在互动领域的社会边界，通常是人们口中所称的"普通朋友"——仅知道他们的名字，或保留他们的电话，并且与他们存在社会联系。这一群体大约由 150 人组成。这个数字通常被称为邓巴数字。见图 6-25。

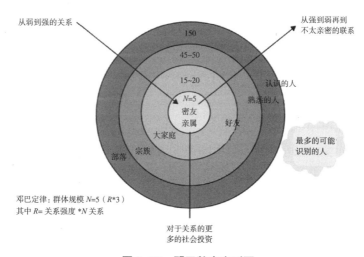

图 6-25　邓巴数字序列图

资料来源：杰佛里·韦斯特著．规模——复杂世界的简单法则 [M]．张培译．张红校译．北京：中信出版集团，2018：313．

从图 6-25 可以看到，量化这些群体中连续层级的数字序列按照近似的比值—3 顺序相关，即 5、15、50、150。这一规律也是我们在学习无尺度网络中的分形和自相似性模式，不仅见于我们自身的生命的循环和呼吸系统的网络层级中，也见于城市的交通网络的流量的模式中。它们之间主要的几何差异是分支比的数值，即层级结构中每一级的单位数量和人数与下一级的比值。在社会网络中，这一分支比的模式在群体中会持续超过 150 级，其规模将按照 500、1 500 这样的模式扩展下去。虽然是一个近似的接近 3 的比值，但是通过粗粒度的透镜看到社会网络的近似分形的特点。

数字 150 代表了一个普通人通常能够与其保持联系、将其视作普通朋友，并因此成为其社交网络成员的个体的最大数量。这也是一个群体中的个体能够保持凝聚力并维持社会关系的近似规模。邓巴利用的大脑的容量的相关性估计，150是人类社会群体的理想规模，同时也限定了人类交际能力的边界。

复杂系统理论的研究认为社会网络的分形特点其实是我们大脑物理结构的表现。城市的结构和组织是由社会网络的结构和动力学决定的，城市的普遍分形特点可以被视作社会网络的普遍分形特点的表现。

接下来，我们还可以通过城市人口成对互动和城市人口规模的关系对城市社会和经济活动的超线性现象做一个分析。

简单举例，就从假设只有两个人开始，那么这两个人之间有一个互动；如果扩大到三个人，这时互动就变成了三个（A和B，B和C以及C和A）；如果是四个人的群组，那么在这个群组中，每一个人都有3个互动，那么4个人就有12个互动，由于A和B及B和A其实是一个联系，所以4个人的群组中有6个互动。依此类推，得到公式$Y=X(X-1)/2$。

其中，Y是总的互动数，X是总的人数，你可以很容易利用公式核实如上所说的2个人、3个人和4个人所拥有的互动数，并可以据此对更多和更大的人群中的两两互动的总数进行计算。比如现在把人数翻番提到8个，那么总共会有$8\times(8-1)/2=28$个联系。这时你就会发现人们之间联系的增速要比人数的增速快很多，几乎是以接近人数的平方的一半的速度在增长。这也很像网络的梅德卡夫效应。

人们之间联系的最大数量与总人数之间的简单非线性二次平方关系带来了各式各样有趣的社会影响。

《规模》一书的作者杰佛里·韦斯特谈到他祖父母的家庭由祖父母和8个孩子组成。因此，在这个家庭中便会产生45种二元关系。如果按照邓巴的数据模式，除了父母以外，每个孩子都会与2到3名手足存在密切关系。任何人都无法做到平等地对待家庭中的每一个人。而杰佛里自己的家庭由父母和两个孩子组成，在这个4人组成家庭中，会产生6种相互独立的关系。杰佛里只要处理5种不同的关系即可，而他的祖父母则要应对44种关系，尽管家庭总人口只是杰佛里家庭的二倍半。

如果一个庞大快乐的家庭中的每一个人都能与其他人产生有意义的互动，上述论点就意味着，所有的社会经济指标都应该随人口规模的平方按比例增加。这意味着指数为2，肯定是超线性大于1的，也要远远大于1.15。然而这是一种极端的状态，所有人都处于一种狂热的状态。所以是不现实也是不可能的，也不是人们所希望的。设想即使对于一个20万人口的小城市，就会有大约200亿种可能的人际关系，即使每个人只花1分钟处理每个关系，他将耗费一生与他人联系，并且没有时间处理其他事情。这再次让人想到了邓巴数字的限制和我们为什么很难与超过150个人的人群保持有意义的联系，更不用说与数十万和数百万的人保持联系。正是这一限制使得超线性的增长数值远低于其最大的极限值 2。

这样，通过邓巴数据和人际互联的关系说明了社会互联与社会经济规模随人口规模变化的超线性变化的原因。城市中的人与他人进行互动的数量和频率受限的根本原因还在于空间和时间的限制。我们的所有互动都必须发生在物理背景下，无论是房屋、办公室、剧院和商场还是在大街上，即便你是通过手机和电脑，你也必须身处某地。这些又都与城市的物理和基础设施发生关系。城市的亚线性缩放在某种意义上也限制了人们的无限互动的可能。

本书的 6.2.3 节通过克莱伯定律的发展揭示了理解复杂生命系统方面的基本理论，这些理论在网络结构的幂次法则的基础上发展而来。同样，基于城市中的复杂社会系统包括城市中的社会活动和基础设施的网络的普适性观念也必须用数学语言表示，从而发展出类似的能够量化分析城市规模缩放法则的基本理论。

城市规模缩放的两个基本法则的意义揭示了一个重要和意义深远的结果：一座城市中每个居民与他人的互动数量与城市规模的变化呈幂次正比关系，与基础设施规模呈幂次反比关系。即基础设施和能量的消耗的亚线性缩放的程度与普通个体社会互动的超线性规模缩放的程度基本相当。由此，控制社会互动的指数即所有的社会经济和活动指标——好的、坏的、丑陋的一面都与城市规模之间均按大于 1（1.15）的比例超线性缩放；而控制基础设施和能量及资源流动的指数均按小于 1（0.85）的比例亚线性缩放。这就基本解释了图 6-19 到图 6-23 中的所有斜线的斜率均大于 1，其程度等同于图 6-18 中斜线的斜率小于 1 的程度。

城市规模每扩大一倍所带来的社会互动及收入、专利、犯罪等社会经济指标 +15% 的增长可以被理解为物理基础设施和能量使用的 –15% 的节约所带来的额外红利或报酬。因此，按照相同的 15% 的法则，城市越大，每个人的收入、发明、创新和互动越多，每个人所经历的犯罪、疾病、娱乐和机遇也越多，而所有这一切还能够使人使用的基础设施和能量越少。这正是城市最具魅力和吸引人的地方。从某种意义上讲，正是城市互动的超线性法则促进了全球近 200 年间城市超线性的指数级增长，而且在所有复杂系统的生命体中，解释了城市作为唯一的长生不老的特例的根本原因。

6.4.3　西田集团成功原因的深层揭秘

（1）"最好的城市，最好的购物中心"的战略转变

到 2005 年，西田集团一共拥有 128 个购物中心。创始人弗兰克·洛伊数十年的梦想是要打造 100 个购物中心的王国。西田的公式非常简单：更多的购物中心带来更多

的消费者，消费者带来更多的消费，从而促进了更多的增长。但是西田家族的第二代掌门人兼联合首席执行官史蒂文对资产的情况更加了解，他发现那个公式已经不灵了，并且资本的投资回报要比公司持有的购物中心数量更重要。特别是当西田集团继2005年成功打造新一代的邦迪枢纽购物中心获得巨大成功之后，史蒂文开始推动西田集团进行变革，不再执着于为了增长而增长的目的。

史蒂文极力让大家知道，不同于质量和回报俱佳的A级购物中心，B级和C级购物中心已经失去了同样的增长潜力。人口的迁移、新技术的应用及其他因素使B级和C级购物中心的发展呈现停滞甚至倒退之势，西田集团需要处置它们并把注意力集中在A级购物中心上面。史蒂文的父亲弗兰克非常厌恶这个动议，他一生的目标都是买入而不是卖出购物中心。他问史蒂文："你想缩减业务规模，你是疯了还是怎么啦？"然而史蒂文的观点得到了董事会和高管的支持，弗兰克提倡"做忠诚的反对者"的西田文化引发了像以往一样的激烈辩论。弗兰克最后理解并接受了这个观点，并和史蒂文站在了同一战线上。于是，西田集团作出了在最好的城市，持有和营建最好的购物中心的战略转变。

西田开始处置那些已不具备发展潜力的B级和C级购物中心，把得到的资金投资到最优质的A级购物中心的开发和改造之中，然后在伦敦、洛杉矶、圣何塞、纽约和米兰等世界级的金融中心、科技中心和时尚中心的顶级大都市开发和营运"旗舰购物中心"。西田的这一战略转变提升了集团资产包的品质和资产的价值。到2015年，西田集团的购物中心总数由最高的128个减少至87个，但是市场价值从2000年的200亿澳元飙升到2015年的700亿澳元，巧合的是，2000年西田购物中心的总数正好也是87个，而价值提升却达3.5倍。如果仅从2010年受全球金融危机影响后的低点335亿澳元起算，5年间价值增长达2.1倍，实现了超线性的指数级增长。

这里，本节做了一个简单的模拟回归分析❶，通过净营运收入和资本化率的两个变量，看西田集团如何实现资产价值的指数级的增长。西田集团资产管理的一个重要理念是通过持续扩大净营运收入和不断优化资本化率提升资产的价值。根据估值公式：

$$价值 = 净营运收入 / 资本化率$$

通过对西田年报数据的综合分析得出，西田集团在2000年到2015年间的年平均租金增长率约为3.5%，你也许会觉得这一数值并不太高，按澳大利亚专业人士的分析，

---

❶ 仅是一个简单和近似的回归分析，期间的实际波动会更大些，但15年的总趋势分析依然可以帮助得出有意义的结论。

也仅仅是跑赢通胀或就比通胀多一点，但是却凸显了商业地产租金收入的稳定特性（图 6-26）。

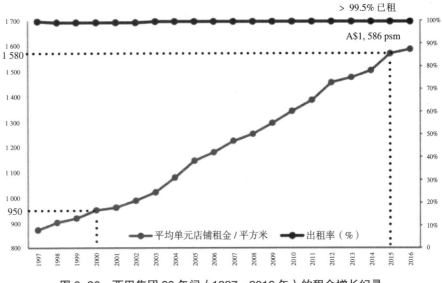

图 6-26　西田集团 20 年间（1997—2016 年）的租金增长纪录
资料来源：西田集团 2017 年年报数据

图 6-26 信息取自西田集团 2017 年度年报，显示了从 1997—2016 年 20 年间的租金增长情况。笔者从图中标出，2000 年的租金为 950 澳元 /m^2，2015 年的租金为 1 580 澳元 /m^2。年平均租金增长约为 3.5%。

进一步分析估值公式的分母——资本化率的数据。笔者综合西田年报的数据，得出从 2000 年到 2015 年的 15 年间，西田集团的综合资本化率从大约 10% 优化至大约 5%。

简而言之，本文假设西田集团的资本化率从 2000 年的 0.1000 开始，数值逐年按 0.0035 递减，与西田集团的租金增长对应，每年优化的比例为 3.5% 左右。由此可以列出一个从 2000 年到 2015 年的租金、资本化率和估值的数据图表。见表 6-1。

西田集团 2000—2015 年价值增长模拟回归分析　　　　表 6-1

年份	2000	2001	2002	2003	2004	2005	2006	2007	2008	2009	2010	2011	2012	2013	2014	2015
收益	1.000	1.035	1.071	1.109	1.148	1.188	1.229	1.272	1.317	1.363	1.411	1.460	1.511	1.564	1.619	1.675
资本化率	0.100	0.097	0.093	0.090	0.086	0.083	0.079	0.076	0.072	0.069	0.065	0.062	0.058	0.055	0.051	0.048
估值	10	11	12	12	13	14	16	17	18	20	22	24	26	29	32	35

资料来源：参考西田年报和《弗兰克·洛伊的第二生命》综合编制。

此处，本书做了一个简单的模拟回归分析，通过净营运收入和资本化率两个变量，看西田集团如何实现资产价值的增长。将表6-1所列数据描点连线，得到一条近似的 $y=8.89e^{0.08x}$ 指数曲线（图6-27）。

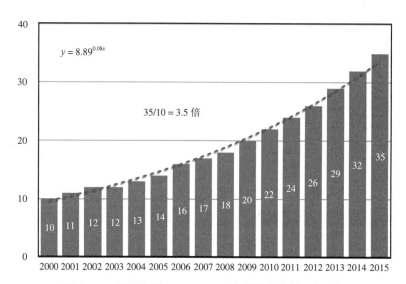

图6-27　西田集团2000—2015年价值变化的回归分析
资料来源：根据相关西田集团的公开资料绘制

由此可见，西田集团在这15年间获得了指数级的超线性增长，价值提升达3.5（35/10=3.5）倍。

特别值得注意的是，这期间西田的租金收益并不是大幅度地增长。但是西田集团资产管理的一个重要理念就是通过持续扩大净营运收入和不断优化资本化率提升资产的价值。

如表6-1第三行所列，每年争取资本化率数值递减0.0035（0.0035是基于0.1000的优化，约合3.5%）。这样有点巧合的是，分子和分母的两个3.5%共同作用，实现了西田集团15年间资产价值3.5倍的指数级的超线性增长。

（2）西田成功原因的深层揭秘

关于西田集团60多年作为国际商业地产的领导企业长盛不衰的骄人业绩，业界可以列出很多原因，诸如：

1）创始人天才的零售基因；

2）不断地学习和创新；

3）澳大利亚激烈和有序的市场竞争环境；

4）关心消费者和零售商；

5）创造性的资本运作；

6）专注购物中心事业。

……

人们还可以列出许多，但这些其实都不是秘密。本书这里要说的秘密就是西田集团在2005年后实施的"最好的城市，最好的购物中心"的战略转变，是面对当今世界由于互联网和信息技术的飞速发展所带来的VUCA（易变、不确定、复杂和模糊）时代的最恰当的决策。西田的这一战略实施很好地借力了城市规模缩放的两个幂次法则，即：

经济产出—人口规模：1.15 幂
基础设施—人口规模：0.85 幂

首先，西田集团面对国际形势的新的变化，在2005年将战略重点放在欧美经济实力和人口众多的大都市，诸如伦敦、旧金山、洛杉矶、圣何塞和纽约。这使西田很好地利用了社会经济产出变量随人口规模的超线性缩放（+15%）的额外红利；其次，西田集团处置并出售许多B类和C类的购物中心，从而可以集中精力和财力做好A类购物中心的开发，很好地利用了基础设施随人口规模的亚线性缩放（-15%）的节约。两者合并效应可以为西田集团带来额外30%的潜在增长。加上西田集团60多年经营购物中心的综合实力，西田传奇不断延续。这一战略转变也很好地帮助西田集团抵御了2008年全球金融危机的冲击。

就像PayPal的创始人彼得.蒂尔（Peter Thiel）所说的，"最优秀的企业家明白这样一个道理：每一个伟大的事业都是围绕着一个不为外人知晓的秘密建成的。一个伟大的公司就是一个改变世界的谋略；当你分享你的秘密，秘密的接受方就成了同谋"。他认为一个最好的公司应该是暂时找不到词语描述其行业和商业模式的。他说："作为一个投资人，你永远在找那个别人没有看到的闪光点……"所以，西田集团2005年开始所实施的战略转变就是发现别人还没有看到的闪光点。现在本书根据城市缩放的两个幂律法则揭示了西田集团成功背后的深层次的秘密。西田集团的"最好的城市，最好的购物中心"的战略转变其实就是网络思维的重视度而不是节点，或者更直白地讲就是"追求质量而不是数量，追求效益而不是规模"。这点，对于今天的国内市场的发展尤其具有的指导和借鉴意义。

6.5 企业战略决策的价值观与企业的社会责任

本节从企业追求理想发展的路径，企业决策如何面对不确定性以及企业的社会责任和环境社会治理三个方面综合阐述。企业战略决策的目标都是企业价值观的体现。今天，面对21世纪的全球环境变化，企业的社会责任和对环境的保护被提高到了前所未有的高度，而企业的价值观就是企业战略决策的经济价值和社会价值紧密联系的具体体现。

6.5.1 企业追求发展的理想路径与价值观的转变

首先，让我们从日本企业追求理想发展的路径谈起。虽然中国的经济总量在2010年就已经赶超日本，但是了解日本企业从20世纪60年代的经济起飞到70年代的石油危机、再到80年代的泡沫崩溃，以及90年代开始关注企业的经济利润而不再只是会计利润，再到现在主张企业的社会责任（CSR）的演变过程，对于我们今天企业发展目标的定位和战略决策的制定可以提供诸多有益启示，特别是2020年中国政府已经宣布了两阶段碳减排的双碳目标，其实也是对所有企业提出了要将发展目标与社会责任和环境治理一并考虑的要求。

在60年代日本企业高速起飞的时候，企业的目标着重在扩大市场占有率，大家关注的都是做大规模和市场占有率及如何做到销售额第一，从而获取规模经济。日本作曲家山本直纯的广告词"大就是好"风靡一时。经济的高速发展也伴随着交通拥堵和事故频发，特别是70年代先后经历了两次石油危机的打击。这时"狭窄的日本，急着去哪里？"的口号宣告了一个高速发展时代的结束，整个社会对于追求"规模和效率至上"的价值观已经转换。80年代日本大众开始反思过去对于"大"的迷思。三菱商社1986年决定放弃竞争营业额成为象征性事件。从三菱商社的自省："难道规模越大，一定越赚钱？"，可以看到企业已经将目标改变为确保获利。

随着之前追求规模所形成的经济泡沫在80年代末的崩溃，日本经济的发展进入了90年代。以投资信托和养老金为代表的投资机构提出要创造"经济附加价值"（EVA，Economic Value Added）的概念，并由此带动了日本企业愈发重视价值。过去会计上的"利润"被重新定义为比现金流更为广义的"经济利润"。如今，提倡企业的社会责任，就是企业必须对它所有的利益相关人和所涉及的社区负责。利益相关人包括顾客、股东、员工、供应商、附近居民、投资人、金融机构和政府部门等。今天企业的社会责任包括对环境和我们所生活的地球的保护以及社会的可持续发展。这些已经远远超过之前企业在经济和法律方面的责任。21世纪的企业必须是有社会担当和对环境和社区负责、遵守道德伦理和拥有良好信誉的企业。

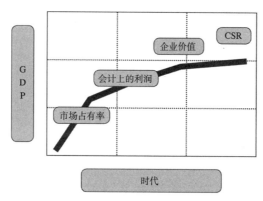

图6-28　日本企业追求理性发展的路径

来源：高杉尚孝.麦肯锡问题分析与解决技巧[M].郑舜珑译.北京：北京时代华文书局，2014：66.

图6-28是对日本企业随时代变迁和经济增长所伴随的企业追求理想路径的转变。企业的主要目的是获利和存续，这一点从未改变。但是，随着环境和经济形势的变化，企业的战略决策的目标定位和价值观发生了从追求规模到利润，再到价值和社会责任的转变和提升。

联想到国内行业的情况，那些曾经的地产龙头企业也都曾喊出"要做世界第一"或者"打造万亿级企业"的口号。这与日本当年的"大就是好"如出一辙。现在我们也听到了"活下去"和"要么死，要么活，没有中间状态"的呼吁。有点类似经历石油危机后"狭窄的日本，急着去哪里"的那种情景。关键也是宣告了国内房地产的一个高速发展时期的结束。企业要开始强调并关注经济利润而不只是会计利润，也就是价值观的提升。这里，用一个简单例子解释会计利润与经济利润的区别。假设一个人打工可以轻松获得100万元年薪的报酬，而这时他选择创业，结果一年下来辛辛苦苦只挣50万元而且前景堪忧。这时他的会计利润就是50万元，而他的经济利润则是负50万元。因为经济利润要考虑机会成本。目前，商业地产行业盛行的"轻资产"本质上就是为了追求规模和会计利润而放弃对经济利润和价值的追求，违背了商业地产的本质即通过稳定和持续的收益撬动适当的杠杆带动资产增值的规律。本质上就是一种因为要做大规模而忽视价值追求的低层级的价值观在驱使。

说到这里，需要再次提醒千万不要以为我们经济总量更大而对上面所阐述的内容不屑一顾。因为规模和销售额都是一个初级的价值观决策指标（况且我们的销售额也不高）。以国内自行车生产为例，这些年随着产业链的转移，中国已经无可争议地成为了全球自行车生产领域的规模第一。连续多年全球产量世界第一，占全球产量的2/3。而且中国自行车近八成都是出口。据海关统计，2021年我国出口自行车数量6 926万辆，但是如此庞大出口量的总金额只有51.08亿美元（约合人民币322亿元）。而掌握自行车关键变速器部件技术的日本企业禧玛诺的销售额达到4 437亿日元或38亿美元（约合人民币239亿元）。需要说明的是根据天眼查专业版显示的资料，这是国内的总计61万家自行车企业与一家日本企业之间的比较。如果从利润角度比较数据会进一步逼近，因为日本禧玛诺在高端自行车销售上占有更大的市场份额。而且中国生产的自行车的关键变速器部件（占总成本的40%）还需从禧玛诺等国外企业进口。

在这方面，中国家电市场的发展及美的企业在2011年的战略转型倒是给我们提供了一个很好的正面案例。相对来说，国内的家电市场是一个开放度很高的市场（我们老百姓现在可以买到很多物美价廉的家电产品也许要在很大程度上归功于政府的无为而治）。2011年是中国经济增长由之前的两位数变为个位数进入新常态的开始，家电行业在经历了之前改革开放和加入世贸组织的爆发增长后的天花板效应凸显。为数众多的家电企业所面临的问题本质上都非常类似于今天房地产企业的"要么活，要么死"的情况。美的实施战略转变的核心思路是从规模导向向质量导向转变。以2015年美的的收入与2011年相比，5年一共只增长了3%。但是美的的盈利显著增长，2011年的税后利润是66亿元，2015年达到136亿元，从2013年到2015年美的的合计利润达到400亿元。2011年6月以后，美的在国内没有投资一亩土地，也没有新建一条生产线，还将7 000亩土地还给了地方政府，这些综合举措使固定资产的投资下降了70亿元。员工人数也从2011年的19.6万人减少到了2015年的9.3万人。

美的集团董事长方洪波先生在2016年7月13日由佛山市委组织的专题报告中谈到了20年前（20世纪90年代）只要在顺德作家电都可以活得很好；15年前（2001年21世纪之初）中国加入世贸，所以只要你能够既做好国内市场又抓好国际市场，日子也非常好过；七八年前（2008年全球金融危机之前），你在某一方面做得好，比如成本控制、供应链，或者营销，你都能生存；但是5年前开始一直到今天（2011年到2016年，由于中国经济增速换挡进入新常态），你就需要一个综合优势了。

美的发展到2010年时规模超过1 000亿元。而此前的成功都是通过大规模投资形成的成本优势。用方洪波的话说发展原因本质上和其他中小型企业没有太大区别。都是通过规模构建成本优势，没有差异和核心竞争能力。在2006到2010年的"十一五"期间，美的投资240亿元，都是在产能、厂房和土地等方面，在全国发展了14个生产基地。这种投资驱动的模式到了2010年和2011年，导致了美的的经营性现金流呈现负数，库存高启，完全是一种粗放型的经营模式。进入新常态以后，这种大规模、低成本的优势已经失效。或者用本节 6.2.3 的网络思维的"规模诅咒"概念很容易解释，就是系统达到了规模的限度。

美的转型的三大主轴是：

1）产品领先，在硅谷等地建立了 11 个全球的研发中心，做好研发；

2）效率驱动，从提高生产效率和人工成本率入手，关闭和停建不必要的产能，裁员、放弃低毛利的微波炉和电饭煲等产品线；

3）全球经营，从 OEM 向 ODM 乃至 OBM 发展。在国内市场以退为进。这里关于美的转型不做具体的展开，总的来说，如果以图 1 的日本企业发展路径图来说明，美的已经从追求规模转型到追求利润和效益的轨道上来了。如今美的与海尔、格力成为硕果仅存的代表中国家电企业在全球领先的行业三强。

美的的成功转型以及书中 6.4.3 谈到的西田 2005 年到 2015 年所实施的战略转变本质上都是企业面对变化环境作出的放弃规模而追求价值的发展目标的改变和战略决策价值观的提升。如今，如果从企业的环境和社会治理责任（ESG）考虑，这种战略转变也直接降低了碳排放，在展现企业的经济价值提升的同时也对环境和社会做出了有益的贡献。

6.5.2 企业面对不确定性的决策与价值观的体现

企业的发展从来不会一帆风顺，尤其是我们处在今天这样的一个巨变时代。第二次世界大战之后，被称为石油"七姐妹"的世界七大石油公司都经历过一段高速发展期。但是，除了壳牌公司之外，大家都把石油产品的需求与原油供给视为确定性因素。即只要需求大，供给也就一定会放大。一方面，对于发达国家而言，石油是必需品，没有其他的替代品。大家都相信在经济成长的同时，石油产品的需求也将稳定成长；另一方面，在原油供给上，蕴藏量被证实也很丰富。所以大家都把原油的需求和供给作为确定性因素。而战后很长的一段时间里，大多数石油公司的辉煌业绩也确实是基于对这种市场情境分析的决策。

但是，壳牌公司跟其他公司不一样。壳牌认为虽然原油的需求一直在增长，但是原油的供给由于当时中东形势的动荡，不确定性一直在增加。所以壳牌在制定发展战略中还包括了"产品需求稳定提升，但原油供给停滞"这种可能情境的预案。果然，1973 年和 1978 年全球发生了两次石油危机。进入 20 世纪 70 年代后，美国的中东政策无法解决区域问题，而对以色列的军事支持引起了阿拉伯国家的强烈不满。1973 年 10 月爆发了阿拉伯国家对以色列的第四次中东战争，沙特阿拉伯也加入了阿拉伯阵营。虽然，以色列军队在美国的支持下击退了阿拉伯国家的进攻。但是阿拉伯国家对几个亲以色列的西方国家断然实施石油禁运政策。由于壳牌公司之前就有预案，所以当危机爆发时，壳牌公司相较于其他石油公司所受到的冲击和影响最小。

壳牌公司应对石油危机可能爆发的预案是如何在"建设新工厂"，还是"改造即有工厂"中做出抉择。石油产业链自上而下，可以分为上游的开采投资比如挖掘原油的油井，和中游的投资石油的精炼设备比如建设石油化工厂，以及下游的石油产品的配送和销售网络比如设立加油站等。在危机情况下，敏感度最高的是中游的"开设新工厂"还是"改善即有工厂"抉择。在景气情景的预期下，石油公司可以拿到便宜的原油（原料），制造出来的产品也卖得好，投资开设新工厂的价值最高。但是，如果景气情景变为遭遇石油危机，那么建设新工厂的经济性评价就会大大降低，即使石油产品需求高涨，由于原油价格高涨，加上供给停滞，投资新工厂会变为负担，对石油企业来说是避之不及的事情。而这时改善即有工厂的投资则体现出了较高的经济价值，这时追加即有精炼设备的投资，使精炼设备能够使用有限的原油来生产出附加值更高的产品，例如汽油和煤油等。还可以用较少量的原油生产出高价值产品的装置，例如流体催化裂化装置等。而在美好环境下，这些装置的投资价格都很高，如果原油价格过于便宜，反而不能提高精炼产品的价格（图6-29的两个矩阵图说明）。

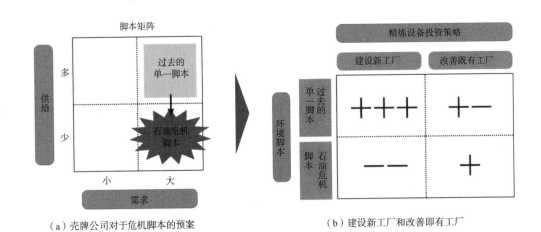

（a）壳牌公司对于危机脚本的预案　　（b）建设新工厂和改善即有工厂

图6-29　决策矩阵

来源：高杉尚孝.麦肯锡问题分析与解决技巧[M].郑舜珑译.北京：北京时代华文书局，2014：145+147.

如图6-29（a）所示，壳牌公司是唯一对石油危机的情境有预判的公司。而图6-29（b）则是壳牌公司在景气和危机情况下的投资策略分析。可见，在石油危机的情况下，改善即有工厂的方案的优势得到了充分的体现，随着石油价格的高涨和石油供给的限制，追加的在节约原油产业上游的投资的效果则会越发明显，而这时候投资新工厂的回报率就很低了。壳牌公司正是因为有了这样的预案才得以在石油危机时一枝独秀。

对这一事件的影响一直延伸到 21 世纪初，随着中国经济的快速崛起，石油价格节节攀升，而中东形势一直动荡。面对这一形势，日本石油公司所采取的行动也是改善即有工厂。如图 6-30 所示。关键就是企业做决策的时候还是要考虑到最不利情况下的预案。这时候"活下去"无疑就是最高的目标，所以选择 B 方案就凸显其合理性。而 C 方案虽然在景气预期下会有更好的收益，但是若遭遇危机则很可能会把企业带上死路。

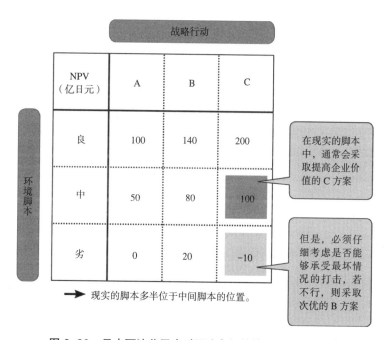

图 6-30　日本石油公司应对石油危机的情境/决策分析

来源：高杉尚孝. 麦肯锡问题分析与解决技巧 [M]. 郑舜珑译. 北京：北京时代华文书局，2014：145+147.

同样，我们可以联想到我们的房地产和商业地产的情况。经过 20 多年高速发展，市场规模已经达到了系统规模的限度已经是不争的事实。这种市场饱和度如果拿上面美的转型的时间对比，我们都已经不是在家电行业的 2010 年和 2011 年，我们的地产企业所面临的情势早已过了家电行业的 2010 年。以购物中心为例，面对市场的饱和状态和经济的下行周期，改造的效益一定好过新建。而且企业从进入商业地产行业之初，就应该明白这是一个数十年的长周期的业务，市场的周期变化和上下波动这种看似不稳定的因素其实就是一种确定和必然会发生的情境，所以是在决策预案中应该要考虑到的情境。2020 年全球发生的新冠肺炎疫情更是提醒人们和整个世界需要有面对不确定性的决策。从这个意义上讲，购物中心的改造与石油危机时的"改善即有工厂"异曲同工。现在，也非常符合双碳目标。因为改造相对于新建本身就是一个降低碳排放的最有效的举措，而水泥和钢铁属于最难脱碳的行业，所以控制无效规模就是一个最有效脱碳举措。今天城市更新又成为一个热词，但是为了配合"双碳目标"和经济发展的情况，今后城市更新的重点一定是在旧区改造而不是新区扩建，包括对近年许多新建但表现不佳的项目的改造。我们的许多空置商业或高启的空置率如果能够充分地利用，就是最大限度的节能减排。（可惜还有为数不少的房地产企业至今并不明白其中的基本道理，还是在无知而无畏地前行，等待他们的结果其实已经是非常确定的了！）。

澳大利亚进入 20 世纪 80 年代后，由于人口规模的限制几乎就没有再建新的购物中心，所有的发展都是在调整和改造中进行的，包括改造中的与时俱进的扩建。但是澳大利亚购物中心的销售坪效和企业价值始终位于世界同行的前列。现在西田澳大利亚购物中心集团（Scentre）已经明确宣布在 2030 年实现购物中心零排放的目标，就相当于我们 2060 年整个国家要实现的碳中和的目标。

至此，本节从企业决策需要面对不确定性的问题谈到了改造和新建的举措。当最不利的情况发生时，"活下去"就成为最大的价值观。而改造提升这种看似和不确定性决策没有直接关联的举措却往往可以在经济下行和危机时刻帮助企业转危为安和走出困境，主观上就是一种在不扩大规模的情况下追求效益的生存战略，客观上也是对环境和社会的保护，从而体现了这种面对危机和不确定决策的社会价值。

6.5.3 企业的社会责任与环境社会治理（ESG）的价值观

企业的社会责任（CSR）和对环境和社会治理（ESG）的目标都离不开企业战略决策的价值观。双碳目标的实现固然要依靠科技创新，但同时也需要有企业的经济实力和可持续能力作为基础和保证。这点澳大利亚的联实公司(Lend Lease)的发展历程以及铸就了公司 DNA 的创始人迪克·杜塞尔多普的故事可以给我们许多有益启示。

"二战"后的 50 年代初，百废待兴，荷兰的建筑工程师迪克·杜塞尔多普因为获得了在澳大利亚的施工合同，带着他的数位伙伴来到了澳大利亚。在为澳大利亚实施施工建设的过程中，迪克改变了澳大利亚的建筑施工程序——将施工招标前置到设计招标的同时。他发现作为建筑承包公司，往往都是在设计完成之后和施工开始之前通过招标最后介入项目，施工过程中的许多问题往往都是由于前期的设计阶段造成的，进入施工以后并不容易更改，造成很多潜在的低效甚至是浪费。而且激励机制也有问题，因为设计师是按项目的百分比提取设计服务费，这使得总的成本控制很容易变成一个不受控制的变量，而到了施工阶段，施工成本则是一个固定的常量。这些，都在很大程度上制约了建筑项目的高质量开发。迪克认为为了确保施工更有效地推进，施工企业也需要在项目的前期就介入。于是，联实公司最早将设计引入施工公司。联实是第一个在施工企业中开设设计部门的。迪克的敏锐洞察和成功实践最终改变了澳大利亚的建筑施工习惯，也使行业理解了施工也要在前期介入的重要意义。

迪克也由此获得了承建20世纪50年代末的悉尼的第一高楼——嘉士德大厦和著名的悉尼歌剧院的合同。这个时候，迪克想到了既然我们可以建造这么好的楼宇，那我们为什么不设法自己拥有呢？于是他开始借钱（Lend）造楼，造好后将物业出租（Lease），Lend Lease公司由此创立（中文翻译为联实）。迪克从施工公司起步到介入上游的设计，继而又成为开发商。60年代建成的澳大利亚广场成为当时悉尼最高的建筑，也赢得了包括澳大利亚历史最久也是最具影响力的约翰·苏尔曼爵士奖等诸多国际建筑大奖。这里要提到的是联实在规划澳大利亚广场的时候，迪克首先想到的不是要如何充分利用容积率等指标把经济效益做到最大化，而是考虑要为悉尼市民提供一个宽阔的室内花园、城市广场空间。这使得即使在50多年后的今天，发生的对澳大利亚广场的裙楼改造都非常游刃有余。

面对所获得的成就，迪克并不感到满足。他想总是通过借钱造楼也不是一个事情，如果你要想从A到Z（从头到尾）完整地做出一个价值最大化的项目，你就必须自己有钱。但如何能做到自己有钱呢？他问澳大利亚当时的总理"谁应该拥有这些城市高楼？"总理回答是银行、保险公司和机构投资人等。但是迪克说不是！他说应该是他的员工和澳大利亚的普通百姓。总理表示不理解，说他们购买了住房按揭已经压力很大了，哪有可能拥有像澳大利亚广场这样的高楼。迪克解释他们没有办法拥有澳大利亚广场，但是他们可以拥有其中的一分子。迪克根据他对英国古典金融法的研究谈到了对建筑资产所有权细分的构想。他也向总理谈起了一个房地产公司从建楼到营运后，建设和租金收益的很大一部分都以税收的形式进入了国库。如果政府可以在这方面采取灵活和适当的激励措施，比如鼓励员工或百姓投资公共建筑资产并可以作为他们所得税计算的抵扣，这样还可以拓宽建设资金的来源。迪克·杜塞尔多普一贯倡导获利和共享的理念。他说企业有两种获利模式，一种是索取，另一种是给予。企业只有在给予和共享的模式中获利才是可持续的。联实是全球第一家实行员工持股的公司，他的员工持股并不是只到高管，而是包括秘书和门卫这样的最底层的员工。

迪克要实现将建筑楼宇资产细分出售给普罗大众的想法并不容易。首先需要说服议会立法并获得税务当局的认可，还要获得澳大利亚证券交易所的批准并且有金融公司负责承销。迪克的想法就是最早的商业地产信托（REITs）的概念。但是在当时，他的这个想法由于太新而不被金融界看好，有人甚至认为他疯了。那些传统金融公司都避之不及。但是，迪克认定的事情他就会一往直前。没有承销商，联实公司自己就成为承销商。最后，他终于说服澳大利亚新南威尔斯州的议会和税务主管当局，澳大利亚证券交易所于1971年正式推出了通用地产信托（General Property Trust, GPT）并大获成功。GPT也是全球第一个以公司形式通过公募并且是通过市场定价的商业地产信托（不像之前那些已经存在的辛迪加物业产品，是以私募的形式并且定价是由管理人制定的）。今天的澳大利亚广场依然是由GPT商业地产信托拥有的。

你若走进现在的联实和GPT公司（GPT于2010年后开始独立经营），你都可以看见迪克·杜塞尔多普在1973年写的箴言："企业要开始证明其对于社会的价值，要特别强调的是对环境和社会的影响，而不是直接的经济数据"。关于联实对环保方面的贡献的案例举不胜举，2005年联实在美国建设了第一座LEED-BD+C Core和Shell Gold建筑，即从建筑内核到外壳全部严格遵从绿色建筑最高标准的建筑。2016年联实在悉尼打造的世界级滨水综合体街区巴兰加鲁更是将绿色、低碳、节能和环保的理念发挥到了极致，巴兰加鲁也是全球第一个获得WELL标准的建筑（简单说LEED建筑强调的是身体健康，而WELL建筑更强调身心的健康）。

这里简单说一下联实和迪克两个关于社会责任方面的故事。70年代中期因为石油危机造成的影响，很多企业纷纷裁员，但主要都是裁撤那些毕业不久的实习生。迪克这时大声呼吁那些企业"不要吞噬我们明天的种子"，并率先通过联实集团招募大量的毕业生。1988年当70岁迪克从联实集团董事长位置退休时，联实的员工和股东通过无记名投票的方式，按联实公司市值的1%成立了杜塞多普基金（员工和股东各出资一半）。退休后的迪克利用这笔基金建立了以"杜塞尔多普技能论坛"命名的澳大利亚的继续教育机构，旨在帮助学校毕业的年轻人通过把学校学到的知识与社交能力和工作技能整合，迅速适应新的工作岗位，构建从学校到雇主之间的桥梁。基金也同时为那些没有受过系统教育的年轻人培养工作技能、创造美好人生。

迪克相信青年人的生产力和创造性是社会福利进步的一个重要指标。但是，他的目光焦点也没有忘记老年人。人口的老龄化是各国政府共同面临的巨大挑战。随着预算支出的不断增长和税收收入的减少，还有出生率的降低和生命预期的延长，这些都给21世纪的社会养老和福利保障带来巨大挑战。基于他对房产可以证券化的理念，1996年他说服了英国政府并帮助建立了英国的老年人住房信托基金。那些拥有住房但已经没有收入来源的老者可以通过出售部分他们的房产，但仍然保留居住权。作为回报，他们可以获得地产信托的基金，不仅解决了他们生活所需的现金来源，也通过资产证券化丰富了他们的财富，还可以规避由于房地产市场波动所造成的不利影响。同时信托对他的那部分资产在房产出售之前是没有现金收入的，直到老年人不再需要而停止使用该房产时，这时信托就可以收获他那部分资产的份额以及资产的增值。这也是英国有史以来的第一个 REITs。迪克重复了他 1971 年开创的 GPT 商业地产信托的壮举。他的这一举措被行业赞誉为"是一个可以帮助下一代安度晚年的 21 世纪的最需要的创新投资产品"。

迪克·杜塞尔多普在 40 多年前就以博大的胸怀和崇高的境界将企业对于环境和社会的责任与企业的发展愿景紧密联系，并身体力行，由此，铸就了联实集团的 DNA。在迪克的领导下，联实公司的业务由施工扩大到了设计、开发、营运、娱乐和金融服务领域。今天的联实是享誉全球的地产、工程和投资集团。我们熟知的马来西亚苏利亚双塔、台北 101、酋长国购物中心以及重建的纽约世界贸易中心大厦等全球著名目标地都是联实的作品。如今联实又与谷歌联手，重新打造最前沿和高科技的谷歌硅谷中心。

杜塞尔多普和联实公司的故事为我们展示了企业的社会责任之于企业发展的战略决策和价值观的重要意义。如今，企业的社会责任（CSR）和对环境和社会责任的治理（ESG）已经成为 21 世纪企业需要共同遵守的准则和理念。特别是在我们的政府已经明确将双碳目标向世界庄严宣布的今天。从联实和他的创始人的故事也可以理解，企业的社会责任和价值观也是企业不断创新和可持续发展的源泉。

综上所述，本文通过第一部分摆事实诠释了企业决策应该放弃规模和注重效益的简单道理。复杂系统理论最新研究告诉我们规模是系统的结果，不应该成为追求的目标。如果你的价值观还是停留在满足于比如自己的经济体比你大，而如何了得，那么你的价值观还是停留在初级阶段。特别是为配合"双碳目标"的实现，更需要企业对这个问题的重新认识；第二部分讲道理解释了企业的决策在任何时候都要考虑不确定性，关键是面对危机时要有能够"活下去"的预案。而且"活下去"作为危机时刻最大的价值观也体现了企业的社会和环境责任。第三部分谈境界，重点讲了企业对于环境和社会治理即企业的社会责任。未来企业的决策特别是配合双碳目标的实现。科技保证固然重要，但是仅靠科技还不能足以确保目标的实现，我们需要有一大批有理念和创新、有实力和可持续发展能力并且勇于承担社会责任的企业。而这一切都将最终体现在企业战略决策的价值观上。应该说我们在很短的时间内实现了规模的扩张，而且是用了通常很短的时间创造了之前发达国家需要更长时间才能完成的奇迹。但是如何实现企业的决策目标从追求规模到价值再到企业的社会责任的转变和价值观的升级，则是摆在我们面前需要研究的课题和克服的挑战，而且这是对于所有想要在 21 世纪有所作为并能够可持续发展的企业都无法回避的问题。

总结

至此,本章在以网络思维开拓企业决策新思路的基础上,将规模法则与无尺度网络、幂次法则的原理有机结合。同时对企业的发展路径和价值观的转变以及环境社会治理(ESG)的理念综合阐述。以使企业能够更加从容地面对21世纪的挑战和不确定的未来。

第 7 章

总 结

7.1 构建中国购物中心可持续发展的理论框架和战略模式

至此，本书在对零售和商业地产的基本概念梳理和澄清的基础上，对零售发展的历史和商业模式的演变做了系统的介绍。中国购物中心的发展从1996年广州天河城开业至今已经走过了25个年头，经历了探索起步、稳步发展和快速跃进三个阶段。购物中心的总体数量和人均规模都已经绝对超越英法德日等零售强国，直逼美国，但是购物中心的指标包括销售坪效和资产价值，除少数头部企业和个别项目外，总体表现不尽如人意。中国购物中心的可持续发展已经成为当下国内行业需要关注和重视的一个重要问题。在今天购物中心的数量和规模不断扩大的背后，是销售额和销售坪效的下降及资产价值的缩水，造成了投资效率的低下和社会资源的浪费。中国购物中心的可持续发展遭遇瓶颈和挑战，应该引起业界的注意、研究和反思。

面对国内购物中心行业总体表现的系统性下滑，行业较多的批评和分析集中在所谓"差异化"或"体验感"这些表面问题上，还有现在的用"首店"和"场景"战术性的问题评判一个商场的好坏等，这些都依然没深入事物的本质。更有甚者将购物中心系统性的不佳表现简单片面地归咎于"电商冲击"。所有这些都没有抓住事物的本质，所以非常有必要从澄清基本概念、了解发展历史、掌握核心理论和分析前沿实践几个方面入手，透过现象深入本质，从而发现和抓住购物中心开发和营运关键的决策和战略性的问题。

购物中心的开发和营运是一个复杂系统，涉及零售、地产、人文、金融和社会学科的各个方面，涵盖经典的零售的规模和组合理论、科学的估值理论及资产管理的先进理念，以及面对不确定性的VUCA时代前沿复杂系统理论的网络思维。

纵观全球商业发展，通常世界上那些发达国家也是零售发达的国家，在很大程度上也要归因于这些国家在零售理论研究和认知方面的水准。从某种意义上说，我们目前购物中心发展所遇到的瓶颈和挑战在很大程度上也反映出对零售和购物中心理论方面的认知有待提升。因此本书花费较大精力对购物中心理论进行系统性的挖掘整合，包括结合国内市场情况和国际最新趋势的拓展，同时结合国内外购物中心发展的大量实践的观察和分析，形成了以规模、组合、价值和网络思维为主线的购物中心的决策理论，希望能够为指导国内商业地产的战略实践提供有意义的系统性理论依据。

购物中心决策理论首先是规模和组合理论。决定购物中心前期开发价值最重要的举措是市场调查，其目的是确定购物中心的规模和组合，购物中心的规划和设计需要根据规模和组合的定位才能得以进行，招商和营运的执行包括调整和改造也都是针对组合和规模的不断调整。购物中心的估值和价值提升也只有在规模适当和组合匹配的前提下，通过不断提升净营运收入和优化资本化率才能实现。

评价购物中心业绩表现的人流量、销售额和资产价值的三个关键指标正好与规模（s）、组合（m）和价值（v）这三个变量具有直接的内在关系。这三个重要的表现指标又相互联系和作用，通过中间变量有效供给的数量（Q）和客观公允的价格（P），最终决定了因变量（CS）购物中心整体的系统性表现。见图7-1。

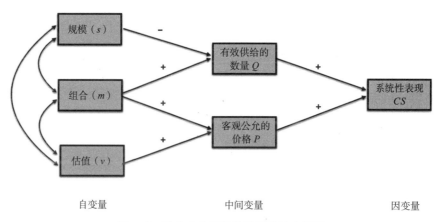

图7-1 购物中心系统性表现的决定要素

本书在对购物中心核心的原创理论整合和延展的基础上，增加了对国际上美澳两大前沿主流购物中心发展的对比分析，同时结合对大量的国内外实践案例的分析，针对国内行业的缺失和短板，将整合的决策理论贯穿购物中心从开发营运到价值提升的战略实践的全部关键过程，并结合前沿的网络思维更好地面对不确定的VUCA时代的决策挑战，为建立适合国内购物中心发展的理论框架作出了有益探索和尝试。通过静态的定位和动态的估值所构建的理论框架和实践准则为国内购物中心业者和企业提供新的认识论和方法论。

本书将相关的理论框架整理如图7-2所示，其中外部性理论的正负外部效应和资本化率概念的推证和针对国内市场的特殊意义的阐述，包括美澳对比的定位导向和组合原理是本书作者近年研究所作的综合性、延伸性和修正性的拓展（用黑色虚线框表示）。

由于复杂系统理论研究是一门正在兴起的新兴科学，网络思维作为商业、科学和生活的全新思维具有更大的普适性，因而，本书没有将其整合在购物中心的理论框架中。但是复杂系统理论的网络思维无论是对经典的规模和组合理论，还是对估值理论和资产管理的理念都是一种绝对的补充和增强。可以使我们从复杂系统的构造和机理入手，对规模的问题建立系统性的认知，包括从规模到资产管理的周期和循环概念的深刻理解，进而将幂次法则作为对商业表现和决策分析的有力工具等。

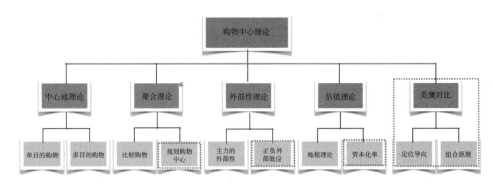

图 7-2　购物中心理论的框架和拓展

注：虚线部分为作者拓展研究的部分

7.2　创新理论大师熊彼特的周期理论与疫情下的新思考

创新理论大师熊彼特熊彼特首先提出了二阶段经济周期的波动模式，指出如果排除一切外来干扰即没有战争、疫情、自然灾害及政策和制度的变化的情况下，经济周期的波动只是按上升的繁荣和下降的衰退两个阶段循环往复不断延续。人口的增长是周期的外部因素，创新是周期的内部原因。经济周期的波动和形成是不以人们的意志而转移的客观规律。衰退的起因也是繁荣，衰退是一个完成一定职能的过程，并不是一种不幸。有繁荣就会有衰退。

熊彼特在两阶段经济周期波动的基础上又提出了四阶段的经济周期波动模式，即一个完整的经济周期需经过繁荣、衰退、萧条和复苏四个阶段。熊彼特指出，次级波和创新的共同作用是形成四周期波动模式的主要原因。次级波形成的主要原因是人们在繁荣阶段往往过度乐观从而热衷于投资过量甚至是投机行为，这些无疑会拉高繁荣阶段的上升势能，从而使这种周期的波幅更大，并且在衰退来临时就会击穿繁荣点跌落至萧条，再加上外部因素如疫情的冲击进一步加剧了这种跌幅，从而形成了从繁荣到衰退再到萧条然后再复苏的四阶段周期的循环。见图 7-3。

从图 7-3 可见，上半部分为二阶段的经济周期波动模式，用浅灰色虚线表示，上下半部的结合分为四阶段的经济周期模式，用绿色曲线表示。一旦萧条的路径形成（就像目前的情况），从萧条走向复苏，关键是要寻找和突破"繁荣点的问题"。不然的话就很可能会在萧条—复苏—再萧条—再复苏的低水平层面循环往复（深灰色虚线），很难

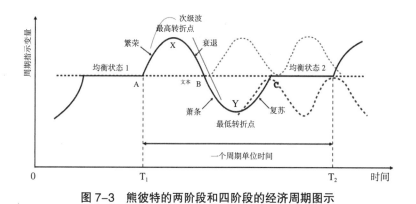

图 7-3 熊彼特的两阶段和四阶段的经济周期图示

突破"繁荣点"而再度迎接和拥抱新的景气周期。所以,关键是不但要处理好由于疫情等外部因素的冲击,更重要的是不能忽视次级波所造成的不利影响。尤其对于后者,宏观政策、企业战略和经济理论将扮演重要角色。这也是笔者撰写本书的主要目的。

我们可以在 6.3.1 一节中对 2019 年和 2020 年国内购物中心的总销售额分析的基础上,对国内购物中心总体未来走势,根据熊彼特的经济周期理论作一个综合的推测。2019 年和 2020 年的分析基数是 6 000 个购物中心,我们以 9 000 个购物中心作为预测的基数,因为根据国家统计局公布的商业营业用房的数据,这未来的 3 000 个新增购物中心都已经在路上。见图 7-4。

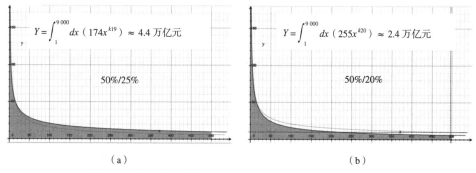

（a） （b）

图 7-4 当国内购物中心总数达到 9 000 个时的销售额预测

图 7-4 是根据幂次法则基于 2019 年的情况 [图（a）] 和 2020 年的情况 [图（b）] 作的分析。其中,图 7-4（a）是以 2019 年的情况作的推测,自然是不考虑疫情影响的。那么,当国内购物中心总数达到 9 000 个的时候,购物中心的总销售额将达到 4.4 万亿元。需要注意的是,相较于 2019 年的 6 000 个购物中心 3.5 万亿元的销售额,平均每个购物中心还能达到 6.8 亿元的销售额,而购物中心达到 9 000 个的时候平均销售额仅为

4.9亿元了（尽管平均没有意义，这里仅作参考）。注意，这是在没有疫情的情况下保持发展的情况。可见，商业地产过量发展的次级波的影响巨大。这个时候，规模虽然继续扩大了50%，但销售额的提升仅为25%，遵循幂次法则。

再来看一下图7-4（b）根据2020年受疫情影响的情况下的分析。这时，当国内购物中心的总数达到9 000个时候，总体销售额仅为2.4万亿元。可见，疫情对购物中心的影响的严重程度，这时规模增加50%，销售额的提升仅为20%。我们相信疫情的影响终会过去，所以可以暂且把2.4万亿的销售额预期作为一个最不好的情况，那么，当国内购物中心的总数达到9 000个的时候，销售额的预期则很可能处于2.4万亿元和4.4万亿元之间。这个2亿元的区间对于我们追求大问题的模糊正确而不是追求小问题的完美精确已经具备足够的指导意义。由此，我们千万不能认为当疫情结束后，一切都会恢复正常，复苏会自然突破繁荣点。为了从复苏走向新的繁荣，我们要努力消除次级波。这就是经济周期的波动理论和网络思维给未来国内购物中心发展最大的启示和警示。

7.3 迎接和开创下一个景气周期

回顾过去展望未来，中国购物中心已经到了转变发展思维的时刻。我们需要放弃过度追求规模和速度，代之以关注质量和效益的发展模式。

图7-5是2000年到2020年间每年商业营业用房的投资增速和国民生产总值增速的对比。2008年之前商业营业用房的投资保持在占GDP不到的1%的水准，2009年开始突破，2013年后占GDP的比例都在2%上下，尤其是GDP的增速从2007年最高的14.2%下降到2017年的6.9%。可见2013年后购物中心对于GDP增速拉动的巨大作用。仅在2008年到2017年的10年间，商业营业用房（购物中心和商铺）的投资总额就高达10.2万亿元，所造成的对社会资源的巨大浪费已经是不争的事实。

至少在商业地产领域，我们经历了一个由繁荣到衰退的周期。根据上海购物中心的数据分析，购物中心最好的时刻出现在2012年。上海作为国内最前沿的城市，其经济周期通常要领先国内市场3～4年，在国内具有最大覆盖度的连锁购物中心企业万达也可以证明，万达广场迄今为止收益坪效最好的一年正是2016年。俗话说"不破不立"，从危机中分析机遇，这也许会有助于我们彻底反思和转变过去的发展思维和模式。为此，我们必须重新审视和反思过去的那种急功近利的发展思维，不能继续过度追求规模和速度，忽视质量和效益。网络思维告诉我们，就像一个人的成长，你不能期待

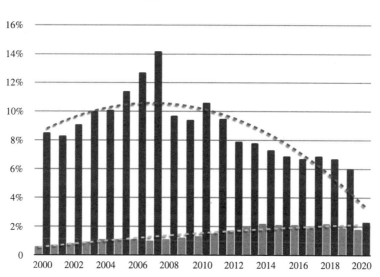

图 7-5　2000—2020 年商业面积增速占 GDP 的比例与 GDP 增速的对比

资料来源：根据中华人民共和国国家统计局网站（data.stats.gov.cn）数据绘制

他永远处在十几岁长身体和个头的青少年时期，而且一个人对社会的综合贡献也不是由他的个头决定的。

在经历了繁荣、衰退，又因为疫情而萧条的低点后，我们更要以崭新的网络思维、经典和科学购物中心理论为指导，努力开创并迎接下一个景气繁荣的新周期的到来。

新中国成立至今的发展可以分为 3 个 30 年。第 1 个 30 年（1949—1979 年），中国是封闭的，世界上发生什么事情和中国基本无关；第 2 个 30 年（1979—2009 年），中国改革开放，占全球总数 1/5 的饥饿、勤劳和智慧的人口被投放到世界市场，中国变成了世界最大的工厂；第 3 个 30 年（2009—2039 年），我们正在经历，尽管前进的道路艰难，但前景依然灿烂。期间，中国一定会成为全球最大的消费市场，对于这一目标的坚定和信心及展望也是激励自己作为一个国内购物中心业者完成这本书的强大动力。

参考文献

[1] Gwynn, David. A Quick History of Supermarket History [N]. Groceteria.com, 2009-7-4.

[2] Ellickson, Paul. The Evolution of the Supermarket Industry: From A&P to Walmart [J]. *University of Rochester*, 2019-3-15.

[3] Lloyd, M. The Australian Regional Shopping Centre and The American Mall [R]. 2013.

[4] Lloyd, M. New Shopping Centers in China and other developing markets [J]. *Shopping Center News* 2007（1）4-7.

[5] Clark, L. Finding a Common Interest, The Story of Dick Dusseldorp [M]. New York: Cambridge University Press, 2007.

[6] Margo, J. Pushing The Limits, Frank Lowy, The Inside Story of the Man Who Powers Westfield[M]. Sydney: Harper Collins Publisher, 2000.

[7] Westfield Corporation: Westfield Fiftieth Anniversary [M]. Sydney, 2010.

[8] Westfield Group's Australia/New Zealand Operating Platform [R]. 2014-4-2.

[9] Westfield Group. Westfield Group's Australia and Newzealand Operating Platform[R]. Sydney, 2014.

[10] Westfield Group. Economic Structure and Performance of the Australian Retail Industry, Productivity Commission Public Inquiry [R]. Australia, 2011, 6.

[11] Scentre Group. 2018 Sustainability Report [R]. Sydney, 2019.

[12] Scentre Group, Owner and Operator of Westfield in Australia and New Zealand, 2018 Annual Financial Report [R]. Sydney, 2019.

[13] Scentre Group. 2019 Annual Financial Report, Creating extraordinary places, connecting and enriching communities [R]. 2019-12-31.

[14] Jill Margo. Frank Lowy A Second Life [M]. Harper Collins Publishers, 2015.

[15] Peter Allen. Scentre Group Presentation: Investor Day Report [R]. Sydney, 2016-9-22.

[16] Don Kingsborough: Westfield Presentation/Macro Trends Digital & Retail, Syendy [R]. May 2015.

[17] Jack Hanrahan. Westfield Presnetation to 10th Mall China Annual Conference [R]. Beijing 2013.

[18] Michael Baker: US and Australia Shopping Centre Performance Comparison [R]. 2011.

[19] Azurium. Asset Management, Academy Function Unit [R]. Melbourne, 2016.

[20] Urbis. Scale and Performance Measures of Australia Shopping Centre Industry for SCCA [R]. 2015.

[21] Urbis. Regional Shopping Mall Benchmark Report [R]. Australia, 2015.

[22] Urbis. Sub Regional Shopping Mall Benchmark Report [R]. Australia, 2015.

[23] Urbis. Supermarket Shopping Mall Benchmark Report [R]. Australia, 2015.

[24] Urbis. Regional Shopping Mall Benchmarks [R]. Australia, 2016.

[25] Con Brakatselos, 8 Stages of Development. Value vs Captal Spend, Group [R]. AMP Presentation to China Resource Land, 2016.

[26] Loughran, F. Maximising Food and Hospitality-Is Your Centre Revenue Ready [J]. *Shopping Centre News*, 2019（4）: 74-78.

[27] Loughran, F. Divide and Differentiate-Understanding the Business of Food within Retail Centres[J]. *Shopping Centre News*, 2015（4）: 6-8.

[28] Cockburn, M. & M. Lloyd. Opportunities for Australia in the Chinese Shopping Centre Industry[J]. *Shopping Centre News*, 2017（3）: 10-12.

[29] MacGillivray, L. & D. Lees, Retail Investment Market Review 2017 Financial Year[J]. *Shopping Centre News*, 2017（3）: 14-17.

[30] Perks, H. The Shopping Center of 2100 [J]. *Shopping Centre News*, 2019（4）: 34-36.

[31] Simon Property Group, Inc. Sustainability Report[R]. https://investors.simon.com/sustainability#reports-press .

[32] Simon Property Group, Inc. Simon 2018 Annual Report[R]. https://investors.simon.com/sustainability#reports-press 2019.

[33] Deloitte Report.Global Power of Retailing [R]. 2018.

[34] Fantoni, R&F.Hoefel&M.Mazzarolo. The Future of Shopping Mall [R]. Mackinsey&Company, www.mckinsey.com.business-function/marketing and sales.

[35] Akbarpour, S. mCart Rolling Beyond "Omnichannel" to "Cross-Pollinated" Retail [R]. ICSC RECon Asia 2019 .

[36] Patel, N& M.Cordero & L.Hung. Global Shopping Centre Development [R]. CBRE, Viewpoint Global Retail 2017.

[37] Schmidt, R. What You Should Know About The Cap Rate [R]. PropertyMetrics.com 2018-10-2.

[38] Schmidt, R. Understanding the Gross Rent Multiplier [R]. PropertyMetrics.com 2014-2-6.

[39] Farley, A.How to Assess a Real Estate Investment Trust（REIT）[Z]. investopedia.com . Updated, 2019-8-26.

[40] Maitland, Barry.Construction Pr. shopping malls: planning and design, 1985.

[41] Benjamin, J.D & G.W.Boyle & C.F.Sirmans. Retailing Leasing: The Determinants of Shoppoing Center Rents[J]. *AREUEA Journal*, 1990, 18（3）: 302-312.

[42] Eppli, M.J. & J.D. Shilling. How Critical is a Good Location to a Regional Shopping Centre[J]. *The Journal of Real Estate Research*, 1996, 12（3）: 459-468.

[43] Carter, C.C. & K.D. Vandell. Store Location in Shopping Centers: Theory and Estimates[J].

The Journal of Real Estate Research, 2005, No. 3, Vol. 27, 237-265.

[44] J.M. Buchanan and W.C.Stubblebine.Externality[J]. *Economica*, 1962.

[45] Berry, B.J.& H.G.Barnum.Aggregate Relations and Elemental Components of Central Places Systems[J]. *Journal of Regional Science*, 1962（4）: 35-81.

[46] Rushton, G. Postulates of Central Place Theory and the Property of Central Place Systems[J], *Geographical Analysis*, 1971（3）: 140-156.

[47] Clark, W. A. Consumer Travel Patterns and the Concept of Range [J]. *Annals of the Association of American Geographers*, 1968（58）: 386-96.

[48] O'Kelly, M. E. A Model of the Demand of Retail Facilities, Incorporating Multipurpose Trips. [J]. *Geographical Analysis*, 1981（13）: 134-148.

[49] Hanson, S. Spatial Diversification and Multipurpose Travel: Implication for Choice Theory [J]. *Geographical Analysis*, 1980（12）: 245-257.

[50] Ghoah, A & S.McLafferty. A Model of Consumer Propensity for Multipurpose Shopping [J]. *Geographical Analysis*, 1984（16）: 244-249.

[51] Christaller, W.（trans.By C.W.Baskin）.Central Places in Southern Germany [M].Englewood Cliffs, NJ: Prentice-Hall, 1966.

[52] Hotelling, H. Stability in Competition [J]. *Economic Journal*, 1929（39）: 41-57.

[53] Eppli M.J. & J.D. Benjamin. The Evolution of Shopping Center Research: A Review and Analysis[J]. *The Journal of Real Estate Research*, 1994, 9（1）: 5-32.

[54] Chamberlin, E. Theory of Monopolostic Competition [J]. *The Economic Journal*, 1933.

[55] Eaton, B.C.& R.G., Lipsey. Comparison Shopping and the Clustering of Homogeneours Finns[J]. *Journal of Regional Science*. 1979（19）: 421-435.

[56] Eaton, B.C.& R.G., Lipsey, An Economic Theory of Central Places[J]. *Economic Journal*, 1982（92）: 56-72.

[57] West, D.S.& B.V.Hohenbalken & K.Kroner, Test of Intraurban Central Place Theories[J]. *The Economic Journal*, 1985, 3（95）: 101-117.

[58] Baumol, W.J. & W.E.Oates, The Theory of environmental policy; externalities, public outlays, and the quality of life[M].Prentice-hall, 1965.

[59] Brueckner, J.K. Inter-Store Externalities and Space Allocation in Shopping Centre[J]. *Journal of Real Estate Finance and Economics*, 1993（7）: 5-16.

[60] Fisher, J.D & A.M.Yezer. Spatial Structure and Rents in Shopping Center[A].paper presented at the American Real Estate and Urban Economics Association AnnualMeeting, Anaheim, California, January 1993.

[61] Pashigan, B.P&E.D. Gould, Internalizing Externalities: The Pricing of Space in Shopping Malls [J]

Journal of Law and Economics. 1998, 4（7）.

[62] Stanley, T.J & M.A.Sewall. Image Inputs to a Probablistic Model：Predicting Retail Potential[J]. *Journal of Meeting*, 1976, 6（40）: 48-53.

[63] Vitorino, M.A. Empirical Entry Games with Complementarities：An Application to the Shopping Center Industry[J]. *Journal of Marketing Research*, 2012, 4（12）: 175-191.

[64] Spector, R. Author of *Amazon.com Get Big Fast*, Innnovation Heart of Future [R]. Hangzhou International Retail Trend Summit, 2018-6-1.

[65] Steve McLinden, Plot Twist：Here's where Amazon is actually spurring brick-and-motor retail[J]. ICSC SCT 2020-2-21.

[66] Tse Kalun, Corporate Finance [Z]. China Europe Internatioanl Business School Executive MBA Training Material Nov, 5-8, 1999.

[67] Deb, S. A Framework for Positioning of Shops in Planned Shopping Centres[J]. *National Research Journal of Sales & Marketing Management*, 2014, 1（1）: 1-13.

[68] Schwartz, E. When Did We Become Shoppers? The First Deaprtment Store in America[J]. Economic History（Https：// Econlife.com/Auther/Elainee2/）- August 12, 2012.

[69] Green, S. Times Are Changing In The Asia-Pacific Market-But Retail Basics Still Hold True/Best Retail Brands 2014[R]. Inerbrand.

[70] Genchev,E.& J. Yarkova,Analysis of Price Elasticity of Food Products(for the period 1999-2009)[J]. *Trakia Journal of Sciences*, 2010, 3（8）: 191-194.

[71] Chen, J: Capitalization Rate[Z]. investopedia.com, 2018-12-6.

[72] West, Geoffrey, Scale, The Universal Laws of Growth, Innovation, Sustainability, and the Pace of Life in Organisms, Cities, Economies, and Companies[M]. Penguin Press, New York, 2017.

[73] Michael Baker：Australia in the Global Shopping Centre Industry [R]. December 2018.

[74] 杰佛里·韦斯特著.规模——复杂世界的简单法则[M].张培译.张江校译.北京：中信出版集团，2018.

[75] 艾伯特-拉斯洛·巴拉巴西著.链接——商业、科学与生活的新思维[M].沈华伟译.杭州：浙江人民出版社，2013.

[76] 梅拉妮·米歇尔著.复杂[M].唐璐译.长沙：湖南科学技术出版社，2018.

[77] 纳西姆·尼古拉·塔勒布著.黑天鹅[M].万丹，刘宁译.北京：中信出版社，2019.

[78] 布莱恩·阿瑟著.复杂经济学[M].贾拥民译.杭州：浙江人民出版社，2018.

[79] 彼得·蒂尔著.从0到1——开启商业与未来的秘密[M].高玉芳译.杭州：浙江人民出版社，2015.

[80] 越村幸弘.日本SC发展现状及未来发展趋势[R].百度文库，2013-8-12.

[81] 张磊.价值——我对投资的思考[M].杭州：浙江教育出版社，2020.

[82] 许小年.商业的本质和互联网[M].北京：机械工业出版社，2020.

[83] 王珞.赢在谈判 [M].天津：天津人民出版社，2018.

[84] 中华人民共和国商务部.购物中心业态组合规范——购物中心的定义：SB/T 10813-2012 [R] 2012-12-20.

[85] 仲量联行.北京 Mall 研究报告 [R].2002.

[86] 上海购物中心协会.上海购物中心 2018 年发展报告 [R]，2019.

[87] 上海购物中心协会.2005—2017 上海购物中心运营分析报告 [R]，2006—2018.

[88] 苏州市商业联合会.2019 年苏州市商业发展报告 [R]，2019.

[89] 刘念雄，购物中心开发设计与管理 [M].北京：中国建筑工业出版社，2001.

[90] 石原武政著.商品流通 [M].吴小丁、王丽等译.北京：中国人民大学出版社，2004.

[91] Margo，J.弗兰克·洛伊的第二生命 [M].王玮译.北京，中信出版社，2018.

[92] 约瑟夫·熊彼特.资本主义、社会主义与民主 [M].北京：商务印书馆，2018.

[93] 杨敬玉，石盛发.购物中心理论和应用研究 [M].北京：中国工商出版社，2011.

[94] 多恩布什 & 费希儿.宏观经济学 [M].北京：中国人民大学出版社，1998.

[95] 曼昆.经济学基础 [M].北京：北京大学出版社，2019.

[96] 谢识予.经济博弈论 [M].上海：复旦大学出版社，2016.

[97] 巫开立.现代零售精要 [M].广州：广东经济出版社，2004.

[98] 黎鹏，王欢.房地产估价理论与方法 [M].哈尔滨：哈尔滨工程大学出版社，2019.

[99] 谢富纪.经济博弈论讲义 EU DBA [Z].上海：上海交通大学，2019.

[100] 全昌明.投资最困难的事，公司基本面分析与估值 [M].北京：中国经济出版社，2017.

[101] 齐晓斋.上海市商圈客流调查报告 [M].上海，上海科学技术文献出版社，2006.

[102] 徐则荣.创新理论大师熊彼特经济思想研究 [M].首都经济贸易大学出版社，2006.

[103] 曾锵.购物中心内零售聚集的需求外部性度量研究 [J].商业经济与管理，2015，12.

[104] 周颖.国外购物中心发展模式及其启示 [J].商业经济文荟，2005，6.

[105] 褚有福.商圈建设与市场规律 [J] 商业经济与管理，2001（10）.

[106] 孙元欣.美国购物中心的规模效益分析 [J].商业研究 2007（4）：151-153.

[107] 聂铭泉.TOD 模式的理论综述 [J].城市建设理论研究，2015，5（32）.

[108] 华润置地股份有限公司.2018 年财政年度业绩报告 [R].中国香港，2019-3-26.

[109] 恒隆地产有限公司.2018 年年报——建造可持续的未来 [R].中国香港，2019-3.

[110] 卡尔·马克思.资本论 [M].朱登译.北京：北京联合出版社，2013.

[111] 厉以宁.西方经济学 [M].北京：高等教育出版社，2013.

[112] A，Coughian. & D. Soberman，A Survey of Outlet Mall Retailing：Past，Present and Future[R]. https://insead.edu.